KB014091

"유아교육 전공자라면
누구나 읽어야 하는 필독서"

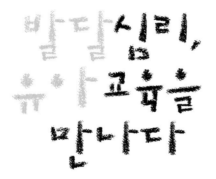

David Whitebread 저 | 성미영 · 정현심 · 정하나 공역

학지사

Developmental Psychology and Early Childhood Education:
A Guide for Students and Practitioners
by David Whitebread

Korean translation copyright © 2017 by Hakjisa Publishers, Inc.
The Korean translation rights published by arrangement with
SAGE Publications, Ltd.

Copyright © 2012 by David Whitebread
English language edition published by SAGE Publications of London,
Thousand Oaks, New Delhi and Singapore.

All rights reserved.

본 저작물의 한국어판 저작권은
SAGE Publications, Ltd.와의 독점계약으로 (주)학지사가 소유합니다.
저작권법에 의해 한국 내에서 보호를 받는 저작물이므로
무단 전재와 무단 복제를 금합니다.

역자 서문

발달심리와 유아교육은 매우 밀접한 관련이 있는 학문분야이다. 왜냐하면 유아의 정상발달을 충분히 이해하고 있어야 이들을 지도하거나 교육하는 활동이 가능하기 때문이다. 교사를 희망하는 학생들을 오랜 기간 가르치면서 항상 학생들에게 강조하였던 점이 바로 발달에 대한 이해가 교육에 선행되어야 한다는 점이었다. 『발달심리, 유아교육을 만나다(Developmental Psychology and Early Childhood Education)』라는 책 제목은 언뜻 보기에는 너무 포괄적인 제목으로 보이지만, 발달을 먼저 이해하고 이에 근거하여 교육을 해야 한다는 당연한 명제를 한 번 더 되새기게 해 준다.

저자인 데이비드 화이트브레드(David Whitebread)는 유아교육현장에서 교사가 유아와 상호작용하기 위해 발달영역별로 어떤 내용을 숙지하고, 이를 현장에서 어떻게 적용할 것인지를 이 책의 전반에 걸쳐 친절하게 설명하고 있다. 실제 유아교육현장에서 해결해야 할 문제들을 살펴보고, 주요 최신 선행연구를 고찰하며, 실제 사례를 제시함과 동시에 토론 주제 및 읽을 자료까지 추천해 준 저자의 깊은 배려를 번역하는 내내 확인할 수 있었다.

구체적으로, 1장 서론에서는 자기조절 학습자로 성장하는 아동의 발달에 대해 소개하였고, 2장에서는 정서발달, 3장에서는 사회성발달, 4장에서는 놀이, 발달과 학습, 5장에서는 기억과 이해, 6장에서는 학습과 언어, 7장에서는 자기조절에 대해 살펴보고 있다.

이 책의 내용이 유아의 발달 및 교육을 전공하는 학부생과 대학원생, 그리고 유아교육기관 교사의 실무 수행에 도움이 되기를 바란다. 이 책이 번역되어 출판되기까지 적극적인 도움을 주신 학지사 김진환 사장님과 편집부 박나리 대리님, 그리고 한국어 번역을 기꺼이 허락해 준 SAGE 출판사와 저자 데이비드 화이트브레드께 감사드린다.

2017년 7월

대표 역자 성미영

감사의 글

이 책은 지금까지 여러 해 동안 자료를 읽고, 생각해 보고, 논의하고, 강의하며 만들어 낸 최고의 결과물이며, 수많은 유아, 유아교사, 발달심리학자에게 감사의 마음을 표한다. 이들이 걸어온 여러 갈래의 길을 따라 이 길고 힘든 과정을 거치게 되었다. 특히 1980~1981년에 내가 맡았던 5~6세 반 유아들에게 감사한다. 그 당시 아이들은 그 연령에서는 보기 힘든 능력인 상위인지능력과 자기조절능력을 지속적으로 보여 주었고, 당시 석사과정을 준비 중이었던 나는 매주 월요일 오후 이들을 관찰할 수 있었다.

또한 유아교사, 유·초등 PGCE 팀, 케임브리지 대학교 교육대학원 내 교육심리학회에도 많은 빚을 지고 있다. 이들은 모두 나의 이론을 검증하는 데 있어서 아주 훌륭한 환경을 제공해 주었다. 그리고 마지막으로 유아교육학과 학부생, 석사 및 박사과정 학생들에게 마음 깊이 감사한다. 이렇게 열정적으로 유아를 생각하고 이들을 교육하기 위해 고민하는 총명하고 헌신적인 학생들과 함께 일할 수 있다는 것은 큰 행운이라고 생각한다.

다음에 열거한 출판사와 저자들에게도 감사드린다.

Taylor & Francis:

'하이/스코프 평가 27년', Schweinhart & Welkart (1993) in K. Sylva and
J. Wiltshire (1993) 'The impact of early learning on children's later
development: A review prepared for the RSA inquiry "Start Right"',
European Early Childhood Education Research Journal, 1, 17-40.

'다중저장 기억모델', Whitebread, D. (2000) *The Psychology of
Teaching and Learning in the Primary School*.

'아동의 학습: 구성주의', Whitebread, D. (2000) *The Psychology of
Teaching and Learning in the Primary School*.

'피아제의 수보존 실험', Whitebread, D. & Coltman, P., (eds) (2008)
Teaching and Learning in the Early Years, 3rd edn.

Harlow Primate Laboratory:

천으로 만든 어미 원숭이에게 안겨 있는 아기 원숭이 사진

Wiley-Blackwell:

'에인스워스의 낯선 상황 실험', Cowie, H. (1995) from Barnes, P. (ed.)
(1995) *Personal, Social and Emotional Development of Children*.

'2세 아동의 전형적인 어휘 성장 프로파일', Plunkett, K. (2000)
Development in a connectionist framework: Rethinking the nature-
nurture debate', Lee, K. (ed.) *Childhood Cognitive Development:
The Essential Readings*.

'비고츠키의 근접발달영역', Smith, P. K. & Cowie, H. (1991)
Understanding Children's Development.

'브루너의 9개 컵 실험', Bruner, J. S. (ed.) (1966) *Studies in Cognitive
Growth*.

American Association of the Advancement of Science:

'모방학습', Meltzoff, A. N. & Moore, M. K. (1977) Imitation of facial and
manual gesture by human neonates. *Science, 198.*

BBC:

'뇌크기와 사회집단', David Attenborough, *Life of Mammals.*

HarperCollins:

'휴즈의 숨바꼭질 게임', Donaldson, M. (1986) *Children's Minds.*

McGraw-Hill:

'다양한 종류의 놀이', Moyles, J. (1989) *Just Playing? The Role and Status
of Play in Early Childhood Education.*

Little Acorns to Mighty Oaks:

'엘리너 골드슈마이드의 보물주머니', www.littleacornstomightyoaks.
co.uk

Allen D. Bragdon Publishers, Inc:

'뇌와 그 기능', www.brainwaves.com

최대한 저작권자를 밝히기 위하여 노력하였으나 혹시 간과하여
명기하지 않은 경우 또는 부가적으로 기입해야 할 내용이 있다면 수
정을 위해 연락을 주기 바랍니다.

차례

서론

아동발달과 유아교육

지금은 이 책을 쓰기에 매우 흥미로운 시간이다. 시작하기에 앞서, 근본적으로 지금 이 시간은 유아교육과 관련된 일을 한다는 것만으로도 흥분되는 그러한 시기이다. 오랫동안 유아교육은 사람들의 관심 밖에 있었고, 자금이 부족한 거대한 가내 수공업과 같았다. 그리고 대부분의 경우 열정적인 아마추어들이 임금을 받지 않거나 저임금을 받으며 교회강당, 스카우트 오두막과 같은 곳에서 일을 하였다. 갑자기, 어떤 측면에서는 너무나도 갑작스럽게, 영국에서뿐 아니라 전 세계적으로 선진국, 개발도상국 그리고 심지어 후진국에서도 유아교육을 진지하게 받아들이고 전례 없는 수준의 투자와 개발이 이루어지기 시작했다. 이러한 발달 속도는 최근에 중대한 도전에 직면했으나, 이와 같은 새로운 인식을 오랫동안 기다려 왔으며, 그 중요성에 대해서는 의심할 여지가 없다. 이러한 시기에 유아교육에 몸담고 있는 우리 모두는 아동교육의 가장 중요한 단계인 유아교육을, 아동의 삶과 사회의 질적 수준에 진정한 차이를 가져오는 전문적이고 증거에 기반한 분야로 변화시키는 데 중대한 기여를 하는 기회를 가지게 되었다.

이와 동시에 발달심리학에도 동일하게 흥미로운 발전이 있었다. 최근에 우리는 유아발달을 이해하는 데 있어서 거대한 도약을 경험하고 있다. 그것은 과학적 진보에서 흔히 있는 일로, 주로 새로운 기술의 결과에 따른 것이다. 즉, 천문학에서 태양을 중심으로 지구가 돌고 있다는 갈릴레오의 아이디어보다는, 망원경 개발이 그의 가장 중요한 업적으로 받아들여지고 있는 것과 같이 발달심리학에서도 새로운 방법론적 기법이 연속적으로 출현함으로써 커다란 혜택을 가져왔다. 이 책의 후반부에 다양한 증거를 통해 알게 되겠지만, 그러한 기법에는 비디오, 컴퓨터, 신경과학 기법, 진화생물학에서 개발된 기술, 새로운 연구 설계 방법과 분석 방법들이 있다. 이와 같은 기술적·방법론적 진전으로 인해 우리가 유아를 알고 이해하는 폭이 크게 증진될 수 있었다. 가장 중요한 것은 이러한 방법들이 발달심리학의 혁신에 기여했다는 점이다. 내가 1960년대 후반에서 1970년대 초반 심리학자로서 훈련을 받고 있을 때, 유아를 대상으로 한 대부분의 연구는 방법론상 한계가 있었고, 유아가 능력이 부족한 존재라는 관점에서 유아가 무엇을 할 수 없는지에 초점을 두었다. 반대로, 보다 정교한 현대 발달심리학적 접근법으로 인해 연구자들은 유아의 놀라운 초기 성취와 관련된 수많은 정보를 밝힐 수 있게 되었다.

따라서 최근 발달심리학으로부터 얻은 지식에서 정수를 뽑아 유아에게 교육의 세계를 소개하는 데 도움이 되는 책을 이 시점에 쓴다는 것은 기쁨인 동시에 도전이다. 지금 우리가 유아의 능력에 대해서 알고 있는 많은 양의 지식들이 있기에 도전이기도 하고, 유아가 할 수 없는 것이 아닌 할 수 있는 것에 대해 정확히 초점을 맞추고 쓰기 때문에 기쁨이기도 하다.

그렇지만 유아가 할 수 있는 것에 초점을 두는 것은 단순히 즐겁다는 정서적 반응을 넘어선다. 이것은 유아교육에 있어서 상당히 중요한 사실이다. 인간은 신생대 시대에 수백만 년 동안 수렵-채집가로 살다가 특별한 방법으로 학습하고 발달하도록 진화되어 왔다. 이러한 초기 적응 과정은 인간의 뇌가 정보 처리를 매우 효율적으로 할 수 있도록 만들었는데, 그 방법이 좀 특별하다. 즉, 어떤 과제를 수행할 때는 놀랍도록 뛰어나지만(예: 얼굴 기억, 언어 학습, 상호 학습) 어떤 경우에는 매우 뒤떨어진다(예: 이름 기억, 물리학 이해, 매뉴얼을 읽고 최신 제품의 작동방법 이해하기). 지금 우리가 살고 있는 현대 사회에서 우리 뇌가 어떠한 방식으로 학습하고 발달하도록 진화했는지를 알고 있을 필요가 있다. 그래야 인간 종의 약점을 드러내지 않고 강점을 기반으로 나아갈 수 있기 때문이다. 유아 학습에 관한 나의 초기 저서들 중 하나는 수학교육과 관련된 것이었다(Whitebread, 1995). 그 책에서 나는 현대 발달 연구를 통해 알게 된 유아의 학습방법을 이해하는 것이, 전통적인 수학교육 방식(추상적, 의미 있는 맥락에서 분리된, 관습적 상징 기호로 알고리즘 가르치기)이 왜 일반적으로 비효율적이며, 유아의 자신감을 저하시키는지를 보여 주었다. 더 잘 알려진 접근방법(의미 있는 맥락에서 제시된 유아 자신의 표상과 전략을 실제적으로 수립하기)을 통해 인간 학습의 강점을 이용하여 자신감 있고 유능한 어린 수학자로 자라도록 유아를 도울 수 있다. 이 책을 통해 여

러 종류의 접근을 확장하여 유아의 발달과 학습의 범위를 보다 넓히
고자 한다.

'자기조절' 학습자로 성장하는 아동

이 책을 안내하는 원칙과 기본 주제는 분명히, 유아가 학습자이
며 발달하는 개체이기 때문에 최근에 알려진 것 또는 흔히 교육현장
에서 준비한 것 이상으로 스스로 할 수 있다는 것이다. 유아는 자신
의 학습에 대해 책임감을 가질 수 있으며 주인이 될 수 있다. 또한 그
렇게 함으로써 커다란 혜택을 얻을 수 있다. 유아들은 발달 연구에
서 흔히 말하는 '자기조절' 학습자가 될 수 있다. 이것은 이 책의 각
장마다 흐르고 있는 주제이며 유아의 지적 능력의 발달뿐 아니라 유
아의 정서적·사회적 발달과도 관련이 깊다. 그러나 이 책의 마지막
장에서는 그 전의 장들에서 다룬 유아 발달의 다양한 측면으로부터
파생된 이론을 교육에 적용하고 원칙들을 통합하는 데 주요 초점을
둔다.

최근 유아교육 분야에서는 유아를 자기조절 또는 '독립적' 학습자
로 양육하는 것에 대해 많은 관심을 보이고 있는데, 이러한 관심은
수많은 관련 저서들을 통해서(Featherstone & Bayley, 2001; Williams,
2003), 레지오 에밀리아(Reggio Emilia)와 하이/스코프(High/Scope) 프
로그램과 같이 학습에 대한 유아의 자율성과 책임감을 강조하는 프
로그램의 인기를 통해서, 그리고 최근의 공식적인 정부 지침을 통해
서 확인할 수 있다. 최근 법률이나 다양한 정부 기관에서 발행되는 문

서에는 독립적 또는 자기조절 학습자가 무엇과 관련이 있는지에 대한 다양한 제안을 하고 있다. 예를 들어, 개정 QTS 기준인 교사자격(Qualifying to Teach, TDA, 2006)에는 예비교사들이 S3.3.3 기준에 의거해 다음과 같이 가르치도록 규정되어 있다.

> 학생들의 흥미를 불러일으키고 동기를 부여하며 학습 목표를 분명히 하는 명확히 조직화된 수업 또는 일련의 활동을 가르쳐야 한다. …… [그리고] 학생들이 스스로 생각할 수 있는 능력을 가질 수 있게, 자신의 학습을 계획하고 관리할 수 있도록 학생들의 적극적이고 독립적인 학습을 증진시켜야 한다.

3세에서 5세 사이 연령의 유아를 위한 새로운 교육과정을 수립한 유아교육과정 지침(Curriculum Guidance for the Foundation Stage)(DfEE/QCA, 2000)에서는 '유아교육 원칙(Principles for early years education)'에 대해 다음과 같이 명시하고 있다.

> 유아가 성인이 계획한 활동에 참여할 기회를 가질 뿐 아니라 스스로 계획하고 주도할 기회를 가져야 한다(p. 3).

늘 그렇듯이, 이러한 정책 문서들은 그저 탄탄한 교육 실제에 관한 진술일 뿐 놀랍도록 새로운 사실(정치인들은 교육 전문가들이 이루지 못한 훌륭하고 새로운 아이디어를 개인적으로 생각해 낸 것처럼 보이려고 노력하겠지만)은 아니다. 유아가 독립적 또는 자기조절 학습자가 되도록 격려하는 것은 유아교사들에게 매우 익숙한 일이다. 하지만 일상적인 교실 상황에서는 문제가 될 만한 일들이 많이 있다. 시간과 자원의 압박을 받으며 교실을 질서정연하게 유지해야 할 의무와 수석교사, 부모, 정부 기관과 같은 외부의 기대에 대한 인식이 종종 유아의 독립성 지원과는 반대로 작용할 수 있다. 이는 불행한 일이고 대부분의 경우 비생산적이다. 과도한 교사 중심적인 교육은 모든 교육과정을 '포괄하는' 것과 같은 인상을 줄 수 있다. 하지만 그러한 교육은 유아의 학습을 증진시키는 데 있어서 매우 비효율적이고, 독립적 학습자가 되도록 하기 위해 유아의 능력과 자신감을 발달시키고자 하는 큰 계획에 전혀 도움이 되지 않는다.

예를 들어, 나는 나의 두 자녀가 경험한 유치원을 생생하게 기억한다. 아이들이 다닌 어떤 유치원에서는 유아에게 읽기, 쓰기 등을 가르친다고 하였으며 대기자 명단도 꽤 길었다. 교사는 아이들을 문 앞에서 맞이하였고 아이들이 앉을 자리를 알려 주었다. 그곳은 미리 계획된 만들기 활동이 준비된 채로 아주 깔끔하게 정돈되어 있었다. 여기서는 성인 조력자가 단계별로 절차를 알려 주기 이전에는 아무것도 만지면 안 되었다. 유아가 성취하기에 너무 어려운 과제이면 이를 다시 수정하여 제공하였다. 20분이 지나자 책상에 앉아 있는 모든 아이가 똑같은 모양의 로봇, 어머니 날 카드를 만들었다. 그리고 나서 유아들은 다른 활동이 미리 준비되어 있는 옆 책상으로 옮겨 갔다. 유아들은 선택할 기회가 거의 없었고, 자신의 아이디어를 제안하도록 격려받거나 요구받은 적이 없으며, 대부분의 경우 자리에 앉아서 하는 경험들이었다. 오전 시간이 끝나면 아이들은 나(또는 아내)에게 달려왔는데, 보통 자신들이 주변인처럼 참여해서 만든 완벽한 창작물을 들고 오는 것을 잊곤 했다. 두 번째 유치원(그 당시 실제로 놀이 집단이라고 불렸던)에서는 역설적이게도 학부모의 요구(아마도 공식적 문자 교육에 대한 요구가 없었기 때문에)가 훨씬 적었고, 유아들이 도착하면 스스로 선택할 수 있는 수많은 종류의 놀이 활동이 제공되었다. 여기에는 앉아서 하는 만들기 활동도 포함되어 있었지만, 블록, 모래·물놀이 도구, 자전거와 다른 탈것들, 역할놀이용 옷장, 상상놀이를 위한 '소꿉놀이' 영역 등이 있었다. 오전 시간이 끝나면 아이들은 주로 공주나 원더우먼 복장을 한 채 열광적으로 달려와서, 시리얼 상자를 테이프로 고정시켜 만든 헬리콥터라고 하거나 새로운 작은 인형 친구 마거릿이라며 조심히 들고 집에 가서 마무리를 할 것이라고 하였다. 그리고 나서 아이들이 옷을 갈아입도록 설득해야 했고 착한 아이들은 내일을 위해 모든 것을 정리하고 집에 가야 한다고 얘기했다. 여러분은 내가 두 기관에 대해서 서술한 것을 읽고 우리 아이들이 어디에서 진정한 학습을 했는지 짐작할 것이다. 당연히 놀이 집단이다. 그곳에서는 유아들에게 적당한 도전을 제공하였고, 유아들이 무엇을 할 수 있는지 인지하고 발달시킬 수 있었다. 그리고 유아들은 실제적·인지적·사회적 기술을 배울 뿐 아니라 어떻게 선택하는지, 어떻게 자신의 생각을 발전시키는지, 어떻게 자기 자신의 학습을 관리하고 조절하는지를 배울 수 있었다.

유아교사들은 주로 독립적 또는 자기조절 학습의 속성에 대해 명확한 이해가 부족하기 때문에 놀이 기반 접근에서 멀어지고, 성인 지시적이고 형식적으로 접근하게 된다. 내가 앞서 언급했듯이 정부의 정책 진술에는 독립적 학습이 최근 매우 강력한 실천 방안임이 명확히 제시되어 있다. 그러나 여전히 혼란스러움이 있고 명확한 정의가 필요하다. 우선, 유아교사들은 '개별화된 학습'을 제공하고 '모든 아이의 관심'에 반응함과 동시에 구성된 교육과정과 형식적 '기준'에 맞추어 다양한 아이에게 강제적으로 주입하도록 하는 '상의하달식' 압력을 지속적으로 받고 있다. 최근 정책 지침[예: 최근 유아교육 기준(Early Years Foundation Stage)(DfES, 2006) 문서]이나 논평, 문서의 강조점은 유아의 개인적인 자립 기술을 도와 독립적인 학생이 되도록 하는, 즉 유아가 성인의 도움에 지나치게 의존하지 않고 교실에서 역할을 수행할 수 있는 방향으로 바뀌고 있다. 그러나 이것은 유아를 독립적 학습자, 즉 자기 자신의 학습을 조절하고 책임감을 가지도록 돕는 것과 약간 다르다. 이러한 이유로 학습자가 자신의 학습을 통제하고 책임지는 것을 강조하는 '자기조절'이라는 개념에 대한 선호가 증가하고 있다. 앞으로 살펴보겠지만, 발달심리학 연구에서 이는 오래된 전통을 가진 개념이다.

최근 몇 년 동안, 나는 케임브리지서 독립 학습(Cambridgeshire Independent Learning, C.Ind.Le) 프로젝트에서 32명의 케임브리지서 유아교사들과 연구를 진행했다(Whitebread & Coltman, 2007; Whitebread et al., 2005). 이 연구는 3~5세 연령의 유아들도 그들에게 기회가 제공된다면 자기 자신의 학습에 대해 상당한 책임감이 있으며 자기조절 학습자로서 발달할 수 있다는 것을 밝혔다. 또한 질 높은 교육 실제를 통해 교사들은 이 부분에 있어서 아주 중요한 기여를 할 수 있었다(이 연구에 관한 더 자세한 사항은 이 책의 마지막 장에 제시되어 있다). C.Ind.Le 프로젝트에서 얻은 주요 결과나 다른 유사한 연구에서 많은 영감을 얻어서 이 책을 쓰게 되었으며, 각 장에서 고루 설명하였다.

유아교육의 질의 영향과 특성

유아를 위한 교육을 계획하는 것은 상당히 중요하다. 유아기의 교육 경험은 유아의 인지 및 사회성 발달에 즉각적인 영향을 미치며, 장기적으로 학업 성취와 장래의 생활에 영향을 미친다고 잘 알려져 있다. 실바와 윌셔(Sylva & Wiltshire, 1993)는 이러한 입장을 지지하는 연구결과들을 내놓았다. 여기에는 미국의 헤드스타트(Head Start) 프로그램, 영국과 스웨덴에서 실시된 출생 코호트 연구인 아동건강교육연구(Child Health and Education Study, CHES)가 포함된다.

먼저 짚어 볼 것은 이와 같은 다양한 연구는 일관성 없는 결과들을 내놓았다는 것이다. 예를 들어, 경제적·사회적으로 취약한 지역의 미국 유아들에게 유치원 교육을 제공한 헤드스타트 프로그램의 초기 연구에서는 즉각적인 인지적·사회적 혜택을 보고하였으나, 그 영향력이 지속적이지 않았다. 반면, CHES 연구에서는 유치원 교육과 10세가 된 후 학업 성취 간에 명백한 상관관계가 있음을 밝혔다. 그러나 최근 분석에 의하면 장기적인 효과의 지속 여부는 유아교육 경험의 질에 달려 있다. 실바와 윌셔(Sylva & Wiltshire, 1993)는 특히 하이/스코프 프로그램의 장기적 영향과 다른 질 높은, 인지 지향적인 유아교육 프로그램의 영향을 강조하였다. 이 가운데 가장 유명한 프로그램은 데이비드 와이카트(David Weikart)가 주도한 미시간 주 입실랜티의 페리 프리스쿨(Perry Pre-school) 프로젝트이다. 이 프로젝트는 초창기 헤드스타트의 일부분이었다가 나중에 하이/스코프 프

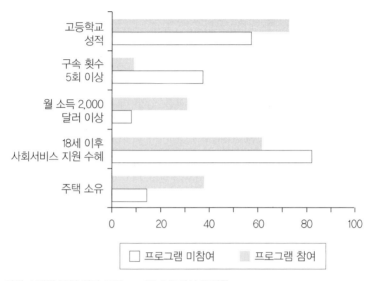

카이 스퀘어 분석 결과 모두 p<.05 수준에서 유의함.

[그림 1-1] 하이/스코프 27년 후속 연구 평가

출처: Schweinhart et al. (1993).

로그램으로 알려진 것으로 발전하였다. [그림 1-1]은 그가 동료들과
1960년대 중반 약 2년 동안 반일제 교육 프로그램에 참여했던 65명의
유아를 대상으로 수행한 후속 연구의 결과이다. 이들이 27세가 되었
을 때 이 프로그램에 참여하지 않았던 다른 통제 집단의 유아들과 비
교한 결과이다. 보다시피, 프로그램에 참여했던 유아들은 고등학교
학업 성취 수준이 높을 뿐 아니라, 범죄로 구속된 경우가 적었고, 소
득이 높았으며, 사회서비스 지원을 적게 받았고, 자기 집을 소유할 가
능성이 훨씬 높았다(Schweinhart et al., 1993).

최근 EPPE 프로젝트(Sylva et al., 2004)의 결과는 이러한 입장을 더
지지하고 있다. 즉, 유아교육의 제공과 지적ㆍ개인적 혜택의 정도는
분명히 연관이 있다.

특히 효과적인 유아교육 환경에서 중요하다고 알려진 것들은 내가 지금까지 언급했던 입장과 거의 일치한다. 이러한 환경은 우리가 앞서 언급했던 방법과 같은 실제적인 지적 도전을 제공한다. 즉, 유아가 자기조절 기술을 발달시킬 수 있도록 요구하고 허용한다. 이러한 유형의 교육적 접근 안에서 유아는 자기 자신의 학습을 조절할 수 있는 입장에 서게 된다. 예를 들어, 하이/스코프 프로그램에서는 학습 모델의 핵심을 '계획, 작업, 평가(plan, do, review)'의 순환이라고 하였다. 개별 아동은 성인 교사—'주요 작업자(key worker)'라고 불린다—와 함께 소집단으로 일정 기간 또는 하루 동안 자기가 할 활동을 계획한다. 그런 다음에 계획한 활동을 수행하기 위해 다른 장소로 이동했다가 나중에 진행 상황을 평가하기 위해 소집단으로 다시 모인다. 이때 다시 주요 작업자가 도와준다.

이러한 작업 패턴은 목적이 있는 성인-유아 그리고 유아-유아의 대화를 만들어 낸다. 이 대화는 유아들로 하여금 자신의 학습에 대해 깊이 생각해 보고 말할 수 있는 기회를 제공하고 의무감을 가지게 한다. 실바와 동료들(Sylva et al., 2004)은 특별히 질적으로 매우 높은 환경에서 성인과 아동 간에 '지속적으로 공유된 사고(sustained shared thinking)'가 발생한다는 것을 규명하였다. 이는 성인이 아동의 생각을 지지하고 아동이 생각을 확장하고 발전시킬 수 있도록 돕는 것이다. 앞으로 볼 수 있듯이, 유아들에게 자신의 학습에 대해서 확실히 이야기할 수 있는 기회를 주는 것은 자기조절 학습자로의 발달을 돕는 중요한 요소이다. 이것은 단지 인지적 활동의 문제가 아니라, 아주 중요한 정서적·동기적 요소가 관련되어 있다. 실바와 월셔(1993)가 규명한 질 높은 유아교육 제도가 이룬 것은 유아가 학습과 자기 자신에 대한 '숙달(mastery)' 지향성을 발달시키도록 돕는다는 것이다. 질 높은 유아교육 환경의 유아들은 자아존중감이 높았고, 높은 열정과 안정감을 바탕으로 자기효능감이 발달하였다. 이러한 유아들은 노력을 통해 문제를 해결할 수 있고 새로운 것을 이해하며 기술을 개발하는 것에 대한 믿음을 가지고 성장하였다. 그들은 자신의 환경에 대한 통제감이 있고 자기 능력에 대한 확신이 있었다.

자기조절에 필요한 심리발달

내가 직접 수행한 C.Ind.Le 프로젝트에서는 효과적인 교육에 대해 분석하면서 자기조절 교육을 위한 네 가지 기본 원칙을 만들었다. 이것은 최근 발달심리의 연구결과와 밀접히 관련된다. 이 원칙을 여기서 간단히 설명하고 논의하면서 유아의 정서, 사회 및 인지 발달의 보다 세부적인 내용을 다루는 나머지 장에 대해서 그 틀을 만들어 볼 것이다.

정서적 따뜻함과 안정감

아마도 그 무엇보다 근본적으로, 학교 맥락에서 효과적인 학습자로 성장하기 위해 유아에게 애정과 안정감이 필요하다는 것은 분명한 사실이다. 전통적인 유아교육의 중요한 요소는 항상 전인 아동(whole child)의 필요성을 인지하는 것이다. 유아의 학습과 지적 발달은 그들의 정서적 · 사회적 발달과 분리할 수 없다. 유아기는 유아가 기본적인 기술과 지식을 숙달하는 것뿐 아니라 자기 자신을 한 사람으로서 그리고 학습자로서 대하는 기본적인 태도를 형성하는 시기이다. 이 시기에 형성하는 기본 태도는 개별적인 존재로서 미래의 교육 성취와 건강에 중대한 영향을 준다.

발달심리학자들이 수집한 막대한 양의 연구들이 이러한 관점을 지지한다. 높은 자아존중감, 자기효능감이 학업 성취와 강력한 관계가 있으며, 낮은 자기효능감과 '학습된 무기력감(learned helplessness)'이란 개념이 학습 문제와 동일하게 관련이 있었다. 여기서 원인과 결과를 도출해 내는 것은 어렵다. 그러나 자기신념과 성취 간 상호작용의 긍정적인 순환은 분명하고, 슬프게도 자기의심과 실패는 부정적인 하향곡선과 관련 있다. 로저스와 쿠트닉(Rogers & Kutnick, 1990)은 이 영역에서 유용한 설문조사 결과와 교사들을 위한 적용 방안을 제시하였다.

유아가 학습자로서 자신감을 기르도록 돕는 학급의 가장 중요한 특징은, 성인과 아동 사이의 상호 존중과 신뢰, 그리고 정서적 지지를 제공하는 구조를 통한 정서적 따뜻함이다(예를 들어, 분명하고 일관성 있는 규칙의 적용). 이러한 종류의 정서적 분위기가 유아로 하여금 창의적으로 놀 수 있도록, 정서적이고 지적인 도전을 할 수 있도록, 어려움에 직면했을 때 인내할 수 있도록 자신감을 불어넣어 준다. 이러한 종류의 지지가 없을 경우 유아들은 학급에서 평소 태도가 소심하고 소극적인 상태일 것이다. 이들은 새로운 것이나 낯선 활동을 시도할 의지가 없고 어려움에 직면하자마자 과제를 포기할 것이다.

유아의 정서발달과 이에 영향을 미치는 가정과 학교 요인에 대한 상세한 내용은 2장에 제시되어 있다. 정서적 따뜻함 및 안정감과 관련된 문제들은 또한 사회성 발달 측면이나 유아의 놀이 경험에 영향을 준다. 이에 대해서는 3장과 4장에서 다룬다.

통제감

정서적 안정 욕구와 밀접히 관련된 것은 모든 인간이 갖고 있는 정서적 그리고 지적 통제감에 대한 욕구이다. 자신의 환경과 학습에 대해서 통제감을 가지는 것은 유아가 자신의 능력에 대한 자신감을 기르고 좌절과 도전에 긍정적으로 반응하는 능력을 기르는 데 중요하다. 캘리포니아에서 초기 실험을 수행한 왓슨과 레이미(Watson & Ramey, 1972)는 인간의 정서적 발달과 동기에 관한 측면을 아주 명확하게 증명하였다. 이 실험에는 8개월 영아의 부모들이 참여하였다. 이들에게 매력적이고 화려한 색깔의 모빌이 달려 있는 특별한 아기 침대를 제공하였다. 부모들은 몇 주 동안 정해진 시간만큼 영아를 아기 침대에 눕혀 두었다. 어떤 아기 침대는 모빌이 전혀 안 움직이다가 시간 스케줄에 따라 움직이도록 되어 있었다. 그러나 다른 특별한 아기 침대의 모빌은 베개와 연결되어 있어서 아기를 눕힐 때, 즉 베개에 압력이 가해질 때마다 모빌이 움직였다(그림 1-2 참조). 보통 아기 침대에 눕힌 아기들도 모빌에 약간 관심을 보였지만 특별한 아기 침대의 아기들은 베개에 누우면 모빌을 움직이게 만들 수 있다는 것을 금방 배웠다. 그리고 모빌이 움직일 때마다 아주 크게 기뻐하였다(이것은 우리에게 익숙한, 아기들이 정말 좋아하는 활동과 유사하다. 즉, 아기가 바닥에 무언가를 집어 던지고 성인이 다시 집어 주면 아주 크게 웃는 놀이와 같다. 성인이 놀아 주는 한 아기들은 계속 반복할 것이다). 실험이 끝나고 아기 침대를 가져갔을 때 대부분의 부모는 이에 대해 별로 개의치 않

[그림 1-2] '우연적으로 움직이는 모빌'이 달린 아기 침대

출처: Watson & Ramey (1972).

았다. 그러나 영아가 모빌의 움직임을 통제할 수 있는 특별한 모빌인 '우연적으로 움직이는 모빌(contingency mobiles)'을 경험한 아기들의 부모들은 연구진에게 많은 비용을 지불하고 아기 침대를 사고자 하였다. 왜냐하면 아기들이 이 침대를 너무나도 좋아했기 때문이다.

통제감은 발달심리학자들이 말하는 '자기효능감' 발달로 이끄는 매우 중요한 요소이다. 자기효능감은 유능감으로 설명될 수 있다. 자기효능감이 높은 유아는 처음에 어려워 보이더라도 새로운 기술을 배우거나 새로운 지식을 이해할 자신이 있다. 그뿐 아니라 그들은 도전을 긍정적인 마음으로 즐기는 편이고 어려운 일을 찾아서 한다. 이러한 유아들은 자기 자신이 도전할 것과 학습할 주제를 찾는다. 그리고 우수한 자기조절 학습자로 자란다. 놀랄 것도 없이, 상당한 양의 연구에서 자기효능감과 학업 성취 간에 분명한 관계가 있음을 입증하였다.

결과적으로, 유아교사들이 학급 조직을 충분히 유연하게 구성해야 한다는 점은 매우 중요하다. 유아들은 특정한 경험에서 영감을 얻어 자신의 흥미를 쫓는다. 유아에게 주도적인 활동의 기회, 선택을 할 기회, 학급 규칙과 관련된 중요한 결정에 참여할 기회를 주는 것은 유아의 주인의식을 증진시키고 학급, 동료 학생들, 자기 자신의 학습에 대한 책임감을 갖게 한다. 4장에서 살펴보겠지만, 놀이는 유아의 통제감과 자기효능감을 발달시키는 중요한 매체이다(이 관계에 대한 훌륭한 설명은 Guha, 1987 참조).

인지적 도전

정서적 발달과 지적 발달 간에 밀접한 관련이 있다는 것은 아주 분명하지만 사랑, 정서적 안정감, 통제감 자체만으로는 충분하지 않다. 어린 유아들에게도 지적 도전이 필요하다. 6장에서 살펴보겠지만, 유아의 학습 과정에 대한 연구들을 고찰하면서 피아제와 비고츠키와 같은 심리학자들의 연구결과로 인해 유아가 자기 자신의 지식을 능동적으로 구성하는 과정을 통해 학습을 한다는 것이 현재 널리 받아들여지고 있다. 인간 뇌의 중요한 특성은 우리 모두 정신 활동을 할 때 즐거움을 느낀다는 것이다. 이는 반대로 우리가 빠르고 쉽게 지루함을 느낀다는 것을 의미한다. 즉, 우리가 어릴 때, 우리의 두뇌가 가장 활동적일 때 나타나는 현상이다. 모든 증거가 유아에게 지적 도전을 주고 정신 활동을 자극하는 학습 환경은 그들이 즐거워하며, 그들의 주의를 이끌고, 학습을 촉진하는 환경임을 보여 준다. 또한 결정적으로 중요한 것은 유아가 통제감을 느끼는 것이다. 이러한 환경은 의미 있는 맥락 안에서 능동적 학습의 기회, 문제해결이나 조사 활동에의 참여, 자기표현의 기회, 그리고 무엇보다 가장 중요한 놀이를 통한 학습의 기회와 같은 새로운 경험을 제공하게 된다.

예전에 나의 어린 자녀들을 어떤 초등학교에 입학시킬지 결정하기 위해 한두 개의 학교를 둘러보았던 기억이 난다. 처음 한두 학교에서는 내가 교사와 대화를 나누고 있을 때 아이들이 우리 뒤로 숨었다. 아이들은 학급의 공간이 너무 커서 약간 두려워 보였다. 마지막에 보았던 학교에서 우리는 어렵게 사무실로 들어가야 했다. 왜냐하면 그곳은 완전히 알라딘의 동굴 같았기 때문이다. 아동의 그림과 모형들이 꽃줄처럼 매달려서 가장자리까지 가득 차 있었다. 더 재미있는 물건들이 천장에 매달려 있었고 벽에는 다양한 종류의 2D, 3D 작품들이 튀어나와 있었다. 그리고 아주 매력적인 물건들이 전시되어 있고 놀 거리, 탐색할 거리 등이 있었다. 우리가 교사와 이야기하고 있을 때 아이들은 물건들을 쳐다보지 않을 수 없었다. 아이들은 작품을 만졌고 결국에는 전시되어 있는 아주 재미있는 물건들을 가지고 놀았다. 상담이 끝난 후 아이들에게 그들이 발견한 굉장히 새로운 세계를 떠나야 한다고 설득하는 데 꽤 오랜 시간이 걸렸다. 아이들이 잘 자랄 수 있는 첫 학교를 선택하여 결정하는 것은 별로 어렵지 않았다.

앞에서 말했듯이, 유아들은 놀이를 하면서 자발적으로 자신에게 도전이 되는 일을 한다. 선택을 해야 한다면, 대부분의 경우 성인이 적합하다고 생각한 과제보다는 좀 더 도전이 되는 과제를 선택할 것이다. 유아에게 성취 가능한 도전을 제공하고 그것을 이룰 수 있도록 지지하는 것은 학습에 대한 긍정적 태도와 도전 과제를 수행하고자 하는 유아의 독립적 능력을 증진시키는 매우 강력한 방법이다. 비고츠키의 유아 학습에 관한 통찰에서 비롯된 연구들(예: Moll, 1990 참조)에서 유아들이 스스로 해결하기에는 너무 어려운 과제를 수행할 때 성인이나 또래와의 협동작업을 통해 도움을 받으면 유아가 가장 효과적으로 학습한다는 사실이 일관되게 나타났다[비유적 의미로 브루너는 '비계설정(scaffolded)'이라고 명명함].

유아의 놀이와 관련된 인지적 도전에 관한 내용은 4장에 제시하고, 5장과 6장에서는 유아의 기억, 지식의 발달, 유아가 학습하는 다양한 방식과 관련된 연구를 살펴보면서 계속 논의한다.

학습 표현

마지막으로, 만약에 유아가 점점 자기 자신의 정신 과정을 의식하고 통제하게 된다면 사고와 학습의 과정을 성인이 분명하게 해 줄 필요가 있으며, 유아 스스로도 자신의 학습과 사고에 대해 말하고, 표현하고, 기술하는 것을 배울 필요가 있다. 이러한 점에서 평상시 학급 실제에서 활동을 하는 동안이나 활동을 한 후에 유아들의 생각과 결정에 대해 깊이 생각해 보고 조언을 하거나 자신의 계획을 분명히 표현할 수 있도록 유아들에게 기회를 만들어 주는 것은 상당히 유익하다.

분명한 의사표현과 자기표현의 과정은 자신의 경험을 이해하고 의미를 만들어 가는 데 있어서 유아에게 매우 중요하다는 증거들이 많이 있다. 왜냐하면 이 과정에서 인지적 재구조화가 일어나기 때문이다. 여기서는 사회적 상황에서 의미의 공동 구성을 통해 학습을 한다는 비고츠키의 관념과, 언어가 '사고의 도구'라는 브루너의 관점이 중요하다. 가정과 학교에서 유아의 언어 사용에 관한 탐색을 통해 티저드와 휴즈(Tizard & Hughes, 1984)는 말을 하면서 지적 탐색을 하는 유아에 관한 증거를 제시하였다. 하지만 이러한 정신 활동을 자극할 가능성이 있는 성인과의 의미 있는 대화는 학교보다는 가정 환경에서 훨씬 많이 일어났다. 교육자로서 그들은 성인 간에 그리고 학급의 유아들과 질 높은 대화를 하기 위한 방법을 찾아야 한다고 주장하였다. 앞서 언급한 것과 같이, 이러한 점은 최근에 실바와 동료들(Sylva et al., 2004)의 EPPE 프로젝트 결과에 따르면, 질 높은 유치원 현장에서의 독특한 '지속적으로 공유된 대화'의 출현에서도 동일하게 나타났다.

가정에 비해 학급 환경이 가지는 단점은 당연히 성인 대 아동의 비율이다. 이러한 이유로, 유아 간에 도전이 되는 대화를 할 수 있도록 자극을 주는 것이 또한 중요하다. 결과적으로, 많은 교육자가 협동 집단 작업, 또래 학습 등을 확장하여 사용하려고 노력하고 있다. 유아가 집단으로 문제를 해결하고 조사를 수행하거나 글쓰기, 연극, 춤 등을 함께하는 것은 잠재적으로 굉장히 유익하다.

이러한 측면에서 자기표현의 가치가 언어라는 매체에 제한되지 않는다는 점을 인식할 필요가 있다. 유아에게 자신의 경험을 다양한 '상징' 양식으로 표현할 것을 요구하는 것은 학습 과정에 도움이 될 가능성이 있다. 유아가 그리고, 색칠하고, 춤추고, 만들고, 모델이 되고, 음악을 만들고, 놀 때, 그들은 자신의 세계에 의미를 부여하고 인지적 재구조화에 적극적으로 참여한다. 이는 유아 스스로 통제하며 독특하고 개별적인 방법으로 이루어진다. 어린 유아들이 이러한 종류의 활동을 할 때 보이는 순수한 열정과 활기는 그것이 매우 의미가 있다는 중요한 신호이다.

4장(놀이 유형과 관련)과 6장에서 언어, 자기표현과 학습 간의 필수적인 관계에 대해 심도 있게 다루어 볼 것이다.

나는 정서적 안정감, 통제감, 지적 도전 그리고 자기표현에 대한 유아의 욕구와 관련된 정신 과정의 여러 가지 구성 요인을 구분해 내고자 시도하였다. 그러나 나는 이 요인들이 모두 하나라는 것을 강조하면서 결론을 내리고자 한다. 사람들이 학습을 매우 즐겁게 만드는 활동을 찾아서 한다는 것은 우연이 아니다. 예를 들어, 놀이를 하는 성인들은 자주 문제를 해결하는 정신적 도전(가로세로 퍼즐, 조각그림 맞추기, 퍼즐, 게임)이나 자기표현(음악, 미술, 연극)을 즐긴다. 즐거움에는 집중, 정신적 노력, 동기, 성취가 따른다. 정서적 안정감은 자신을 표현하는 것에 대한 유아의 자신감을 뒷받침하고, 다시 자기표현은 유아의 자아존중감과 자기가치의 기반이 되며 이를 향상시키기도 한다. 자기 스스로 무엇인가를 찾아내거나 문제를 해결하는 것과 같은 신나는 경험을 한 유아는 위험을 감수하는 것, 지속하는 것, 독립적이고 자기조절 학습자가 되는 것을 배운다.

유아교육에서 수많은 도전과 어려움 중 하나는 유아가 진정한 '능동적' 학습자이기에 가르치는 것을 배우는 것이 아니라 자신이 경험하는 것을 배운다는 것이다. 따라서 이 책에서 내가 주장하고자 하는 것은 효과적인 유아교사가 되려면 교사로서 자기의 개인 내적인 성향을 파악하고, 유아를 위해 학습 활동을 고안하고 제공하는 것뿐 아니라 교사와 유아가 생활하는 학급 환경과 분위기도 중요시해야 한다는 것이다.

제대로 운영되지 못하는 학급을 보게 되면 매우 안타깝다. 한 줄로 서서 교사로부터 조금이라도 관심을 받으려고 하는 유아, 교사의 도움에 과잉 의존적이어서 지속적인 개입이 없으면 아무것도 하지 못하는 유아, 무언가 제대로 할 수 있는 시간이 없다며 계속해서 압박을 받고 좌절해 있는 교사, 전반적인 혼란 상태에서 영원히 분실된 상태로 있는 자료 등. 이러한 환경에서는 아동 중심적이어야 한다는 아주 높은 이상, 창의성을 격려하고 유아 스스로 생각하도록 가르치는 것 모두 아무 소용이 없다.

최근 20~30년 동안, 우리는 유아교육에 직접적으로 적용할 수 있는 학습자로서의 유아에 대한 내용을 다수 발견하였다. 이 장에서 나는 이 책에서 다루게 될 주제에 대한 전반적인 근거를 진화심리학—인간 뇌의 진화—과 신경과학, 유아를 대상으로 한 최근 심리학 연구를 기반으로 보여 주려고 노력하였다. 이러한 연구들은 학습에 있어서 정서의 중요성에 대한 생각, 인간의 학습은 근본적으로 사회적 활동과 같다는 점, 학습 시에 진정한 그리고 의미 있는 경험과 맥락이 중요하다는 점을 지지한다. 이 책의 나머지 부분에서는 이 주제들에 대해서 좀 더 깊게 탐색하고, 우리가 현재 유아와 그들의 발달에 대해 알고 있는 사실들이 실제적으로 우수한 교육을 제공하도록 안내하는 데 크게 도움이 된다는 것을 보여 줄 것이다. 이 현장에서 모든 유아가 학습자이자 청소년으로 성장할 수 있도록 그들이 가진 강점이 지지될 것이다.

📖 참고문헌

DfEE/QCA (2000). *Curriculum Guidance for the Foundation Stage*. London: DfEE.

DfES (2006). *The Early Years Foundation Stage*. London: DfES Publications.

Featherstone, S. & Bayley, R. (2001). *Foundations of Independence*. Lutterworth: Featherstone Education.

Guha, M. (1987). 'Play in school', in G. M. Blenkin & A. V. Kelly (eds) *Early Childhood Education*. London: Paul Chapman.

Moll, L. C. (ed.) (1990). *Vygotsky and Education*. Cambridge: Cambridge University Press.

Rogers, C. & Kutnick, P. (eds) (1990). *The Social Psychology of the Primary School*. London: Routledge.

Schweinhart, L. J., Barnes, H. V. & Weikart, D. P. (1993). *Significant Benefits: The High/Scope Perry Preschool Study through Age 27*. Ypsilanti, MI: High/Scope Press.

Sylva, K. & Wiltshire, J. (1993). 'The impact of early learning on children's later development: a review prepared for the RSA inquiry "Start Right"', *European Early Childhood Education Research Journal, 1*, 17-40.

Sylva, K., Melhuish, E. C., Sammons, P., Siraj-Blatchford, I. & Taggart, B. (2004). The Effective Provision of Pre-School Education (EPPE) *Project: Technical Paper 12—The Final Report: Effective Pre-School Education*. London: DfES/Institute of Education, University of London.

TDA (2006). *Qualifying to Teach*. London: TDA.

Tizard, B. & Hughes, M. (1984). *Young Children Learning*. London: Fontana.

Watson, J. S. & Ramey, C. T. (1972). 'Reactions to respondent-contingent stimulation in early infancy', *Merrill-Palmer Quarterly, 18*, 219-27.

Whitebread, D. (1995). 'Emergent mathematics or how to help young children become confident mathematicians', in J. Anghileri (ed.) *Children's Thinking in Primary Mathematics: Perspectives on Children's Learning*. London: Cassell.

Whitebread, D., Anderson, H., Coltman, P., Page, C., Pino Pasternak, D. & Mehta, S. (2005). 'Developing independent learning in the early years', *Education 3-13, 33*, 40-50.

Whitebread, D., Bingham, S., Grau, V., Pino Pasternak, D. & Sangster, C. (2007). 'Development of metacognition and self-regulated learning in young children: the role of collaborative and peer-assisted learning', *Journal of Cognitive Education and Psychology, 6*, 433-55.

Williams, J. (2003). *Promoting Independent Learning in the Primary Classroom*. Buckingham: Open University Press.

정서발달

- 정서는 인지발달 과정과 어떻게 관련되어 있는가?
- 정서발달에서 긍정적인 초기 관계는 왜 중요한가?
- 초기 교육 경험은 유아의 정서적 도전에 어떠한 방식으로 작용하는가?
- 특정 유아가 다른 유아에 비해 정서적으로 더 잘 적응하는 이유는 무엇인가?
- 유아는 자신의 정서를 어떻게 통제하는가?
- 유아교육자는 유아의 정서적 안정과 발달을 어떻게 지원할 수 있는가?

서론: 정서, 발달과 학습

학교와 다른 교육적 맥락 내에서 정서는 대처가 필요하지만 학습과는 본질적으로 무관한 인간 행동의 한 측면이 주의 산만으로 간주된다. 사실, 아동발달에 대해 현재 우리가 알고 있는 모든 것은 이러한 관점이 잘못 알려지고, 잠재적으로 매우 치명적일 수 있는 관점임을 보여 준다. 적어도 다음과 같은 두 가지 이유 때문이다. 첫째, 최상의 교육은 전인으로서의 아동교육이고, 정서의 인식과 조절—정서지능으로 불리는(Goleman, 1995)—에 대한 학습은 아동발달에 대한 엄청난 함의를 가진 중요한 삶의 기술이다. 예를 들어, 우정 기술과 협동 능력은 아동이 자신의 정서를 이해하고 조절하는 능력에 근거한다.

둘째, 학습은 인지 기술과 이해의 발달이라는 좁은 의미로 정의되지만, 본질적으로는 고도의 정서 과정으로 볼 수 있다. 수백만 년 이상 진화해 온 인간은 학습하고, 창의적으로 사고하고, 새로운 문제를 해결하는 능력으로 인해 성공적으로 살아남은 존재이다. 따라서 학습을 즐기고, 무언가를 이해할 수 없을 때 실망하도록 진화해 온 것은 우연이 아니다. 학습에 대한 정서적 반응은 학습에 대한 동기를 강력하게 부여하고, 학습에 필요한 지적 노력을 유발한다. 아동이 학습자로서의 잠재력을 완전히 발달시키도록 돕고 싶다면 정서발달에 주의를 기울여야 한다.

해리 할로(Harry Harlow)의 경이로운 일대기에서 데보라 블룸(Deborah Blum, 2002)은 유아의 정서적 요구를 무시한 결과에 대해 냉담하게 설명하였다. 그녀는 20세기 초반에 유아의 정서적 요구를 무시한 유아교육이 옹호되었고, 미국에서는 1940년대와 1950년대까지도 고아원과 아동병동에서 유아의 정서적 요구를 무시하는 경향이 실천되었다고 기술한다. 당시의 고아원과 아동병동에서는 위생적 측면이 가장 우선시되었다. 신체 접촉이 포함된 애정표현은 거부되었다. 예를 들어, 병동에서 생활하는 아동은 일주일에 한 시간 동안 유리문을 통해 자신의 부모를 만날 수 있었다. 시간이 흐름에 따라 이러한 상황에서 생존하는 데 실패한 아동, 위축되고 우울증으로 힘들어하는 아동에 대한 축적된 증거는 건강한 발달을 위해 애정, 친밀한 관계가 중요하다는 사실을 인식하게 만들었다.

미국의 해리 할로(Harry Harlow)와 영국의 존 볼비(John Bowlby)라는 두 명의 심리학자는 아동의 정서 경험 및 관계의 발달과 학습에 대한 결정적 의의를 구축하는 데 영향력을 행사하였다. 할로는 영장류의 정서를 연구하는 데 매진하였으며, 그의 가장 유명한 실험은 우유로 보상받기 때문에 아동이 자신의 어머니에게 긍정적으로 반응한다는 행동주의 심리학자의 가정을 검증하는 것이었다. 그는 아기 원숭이를 대상으로 다양한 상황을 설정하였는데, 아기 원숭이가 우유를 주지 않는 '털옷 어미 원숭이'와 우유를 주는 '철사 어미 원숭이' 모

아기 원숭이는 털옷 어미 원숭이에게 안긴 채 철사 어미 원숭이에게 몸을 뻗어 우유를 먹는다.

[그림 2-1] 할로의 털옷 및 철사 어미 원숭이
출처: 위스콘신-매디슨 대학교의 할로 영장류 실험실 사진 제공

형에 접근할 수 있도록 하였다([그림 2-1] 참조). 행동주의자의 가설은 기각되었다. 아기 원숭이는 대부분의 시간을 털옷 어미 원숭이 품에서 보냈고, 우유를 먹을 때만 철사 어미 원숭이에게 다가갔다. 그러나 할로는 철사 어미 원숭이에게만 접근 가능한 상황을 설정하고, 아기 원숭이의 행동이 다른지 관찰하였다.

털옷 어미 원숭이와 함께 있을 때 잘 지내던 아기 원숭이는 철사 어미 원숭이와만 지내게 된 경우에는 위축되고 두려워하는 모습을 보였다. 예를 들어, 새로운 장난감을 우리에 넣어 주었을 때, 털옷 어미 원숭이와 함께 있는 아기 원숭이는 다가가서 탐색하고, 학습의 토대가 되는 전형적인 호기심을 보였다. 그러나 철사 어미 원숭이와 함께 있는 아기 원숭이의 우리에 새로운 장난감을 넣어 주었을 때 아기 원숭이는 두려워하며 우리의 구석으로 가서 웅크리는 모습을 보였다.

새로운 경험에 대해 위축되거나 두려워하는 모습은 유아의 경우와 동일한 현상이고, 이는 명백한 학습의 결과라고 볼 수 있다. 나는 내가 담당했던 첫 번째 학급에서 만난 5세 여아가 가정에서 별로 애정을 받지 못했음을 보여 주는 징후를 발견하였다. 그 아이는 학기 시작 후 몇 주 동안 나에게 매달리고, 신체 접촉을 계속 원하고, 한 학기 내내 아주 제한된 영역의 활동에만 참여하였다. 아이가 점차 안정을 찾아 모험을 좋아하는 모습을 보였고, 학기 말에는 한두 명의 친구를 사귀었음에도 불구하고 학기 초에 아이가 보인 모습의 부정적인 결과는 명백했다.

영국에서 아동기 시설보호의 유해한 영향—예를 들어, 아동의 가정과 고아원, 심지어 부모와 아동의 일시적인 분리, 병원 입원 등과 같은—에 관한 연구들은 아동정신병리학자 존 볼비(1953)의 저서 『아동양육과 애정 발달(Child Care and the Growth of Love)』에서 보고되었다. 예를 들어, 그는 생애 초기에 서로 다른 양육 환경에서 성장한 아동의 발달 결과를 비교하는 연구를 고찰하였다. 그러한 연구 중 한 연구에서, 생후 9개월 이전부터 위탁가정에서 양육된 아동과, 3세 6개월까지 고아원에서 양육되다가 그 이후 위탁가정에서 양육된 아동을 비교하였다. 이들이 10~14세가 된 시점에 발달검사를 실시한 결과, 초기부터 위탁가정에서 양육된 아동은 사회적 성숙과 지능이 평균 수준이었다. 이와 비교하여, 뒤늦게 위탁가정에서 양육된 아동 집단은 사회적 성숙과 지능 모두 평균 이하의 점수를 보였는데, 이들은 정상 발달 아동에 비해 주의집중력이 떨어지고, 또래에게 인기가 없었으며, 성인의 애정을 갈망하였고, 평균 72.4의 매우 낮은 지능 점수를 보였다. 이 책은 실제 현장에서 영향력 있는 저서였고, 아동의 가정, 고아원, 병원에서 아동양육 상황의 변화를 가져왔다. 그의 '모성 박탈(maternal deprivation)'이론은 정서적·지적 발달 모두의 경우에 유아의 애정적 관계가 갖는 중요성과 역할을 이해함에 있어서 매우 중요한 초석이 되었고, '애착'에 관한 수많은 연구를 불러일으켰다.

최근의 신경과학적 연구는 인간 뇌에서 정서와 인지 과정 간의 강한 관련성을 명백히 입증하였다. 뇌의 진화는 세 단계로 구분되는데, 이는 인간 뇌의 세 영역과 일치한다. 파충류의 뇌로 불리며 처음으로 출현한 영역은 뇌간과 소뇌로 구성되어 있고, 기본 반사 및 감각/지각 과정을 통제하는 역할을 한다. 두 번째로 진화된 뇌의 영역은 포유류의 뇌로 불리며, 정서 반응과 조절, 행동의 동기화를 담당하는 대뇌 변연계이다. 가장 단순하고 초기에 진화한 포유류에서 대뇌 변연계는 전적으로 '공격-도피 반응'과 관련된 무의식적 적응 과정을

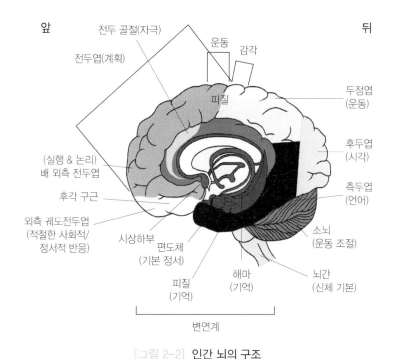

앞

전두 골절(자극)

전두엽(계획)

운동   감각

뒤

피질

(실행 & 논리)
배 외측 전두엽

후각 구근

외측 궤도전두엽
(적절한 사회적/
정서적 반응)

시상하부

편도체
(기본 정서)

피질
(기억)

해마
(기억)

두정엽
(운동)

후두엽
(시각)

측두엽
(언어)

소뇌
(운동 조절)

뇌간
(신체 기본)

변연계

[그림 2-2] 인간 뇌의 구조

출처: Your brain and what it does. www.brainwaves.com. Allen D. Bragdon Publishers, Inc.

담당한다. 영장류, 특히 인간을 포함하여 가장 나중에 진화한 포유류에서 대뇌 변연계는 뇌에서 가장 최근에 진화된 영역인 대뇌피질과 복잡하게 상호 연결되어 있다. 특히 인간의 경우 대뇌피질이 고도로 발달되어 있으며, 의식적 인식과 정서조절을 포함한 의식이 가능하게 만든다.

사회적 · 정서적 행동을 담당하는 전두엽 피질의 관여는 1940년대와 1950년대에 전체 또는 부분적으로 대뇌 전두엽 백질 절제 수술을 받은 정신질환자 대상 연구에서 최초로 발견되었는데, 절제 수술로 인해 뇌의 나머지 영역과 전두엽 피질 간 연결이 절단되었다. 예를 들어, 콜브와 테일러(Kolb & Taylor, 2000)는 아그네스라는 환자의 사례를 기록하였는데, 그녀의 삶은 절제 수술로 인해 황폐화되었다. 그녀는 자신의 삶을 계획하고 조직하는 능력을 상실하였고, 이와 더불어 정서를 경험하는 능력도 상실하여서 얼굴 표정이나 목소리의 억양을 통한 정서표현을 이해하거나 산출할 수 없었다.

정상적으로 기능하는 인간의 뇌에서 발생하는 현상은 환경으로부터의 정보가 감각기관에서 감각피질로 제공되고, 이러한 정보는 동시에 편도와 해마회 형성을 위해, 그리고 상위 사고와 의사결정에 관여하는 전두엽 피질과 대상피질 영역으로 제공된다. 이 영역에서 정보를 처리하고 시상하부로 명령을 전달하는데, 여기서 동기화된 행동이 산출된다. 이러한 뇌의 정보처리 과정에 포함된 정서와 인지 과정의 밀접한 상호 관련성의 좋은 예는 대상피질의 앞쪽과 관련되어 있다. 대뇌피질의 이 영역에 대해 집중적으로 연구가 진행되었고, 인지적 갈등에 대한 인식과 정서적 스트레스에 대한 경험에 모두 관련되어 있는 것으로 밝혀졌다.

애착: 정서적 따뜻함, 민감성과 반응성

할로와 볼비의 초기 연구는 유아의 초기 정서발달과 관련된 엄청난 양의 연구를 촉발시켰다. 여기에서는 이 연구들 중 두 분야에 대해 간략하게 다루고자 하는데, 하나는 유아교육현장에 명백한 함의를 주는 분야이고, 다른 하나는 유아의 건강한 정서발달에서 정서적 따뜻함, 민감성, 반응성의 중요성과 관련된 분야이다. 이들 두 분야에 관한 연구들은 초기 정서적 관계, 신체적 편안함 및 접촉과 관련이 있다.

초기 정서적 애착의 중요성을 확립했다는 점에서 볼비의 업적을 확인할 수 있다. 그가 정의 내린 것으로 유명한 문장이 다음 인용문에 제시되어 있다.

영아와 유아가 자신의 어머니와 따뜻하고 친근하고 지속적인 관계를 경험하는 것은 정신건강에서 중요한데, 이로 인해 그들은 만족감과 즐거움을 찾게 된다(Bowlby, 1953, p. 13).

애착의 중요성에 대한 볼비의 견해를 지지하는 후속 연구들이 진행되었는데, 특히 메리 에인스워스(Mary Ainsworth)와 동료들(1978), 루돌프 쉐퍼(Rudolph Schaffer, 1977, 1996)의 연구에 의해 볼비의 견해는 발전되고 수정되었다. 쉐퍼(1996)는 애착을 특정 개인에 대한 정서적으로 의미 있는 지속적인 유대감이라고 정의하였고, 영아의 애착 특성을 다음과 같이 제시하였다.

• 선택적: 특별한 개인에 초점을 둠.
• 신체적 근접성 추구: 애착 대상과의 근접성을 유지하려는 노력
• 편안함과 안정성 제공
• 분리불안 유발: 유대감이 단절되고 근접성이 확보되지 않을 경우(p. 127)

영아가 이러한 애착 유형을 형성하는 것은 의심의 여지가 없다. 예를 들어, 초기 연구에서 쉐퍼는 매일 분리 상황을 경험하는 영아를

관찰했는데, 이들은 7~8개월경에 눈에 띄는 행동 변화를 보였다. 더 어린 시기에는 자신의 어머니에 대해 특별한 선호를 보이지 않았던 영아가 7~8개월경이 되자 어머니가 자기 곁에 있을 때 반응을 보였고, 어머니가 자기 곁에 없을 때는 분리불안을 보였다. 우리가 잘 알고 있는 '낯선 이에 대한 불안' 행동이 이 시기에 출현한다.

그러나 쉐퍼와 동료들의 연구는 어머니하고 있다고만 해서 애착이 형성되는 것이 아니며, 지속적인 돌봄이 반드시 수반되어야 한다는 점을 입증하였다. 예를 들어, 18개월 된 영아 60명을 대상으로 한 연구에서 대부분의 영아가 다중 애착을 보였고, 일부 영아는 하루 중 일부만 아버지를 만남에도 불구하고 자신의 아버지와 밀접한 애착을 형성하였다. 게다가 비교문화적 연구에 의하면, 많은 문화권에서 여러 명의 양육자가 영아를 돌보지만 심리적 문제가 드러나지 않는 경우도 비일비재하였다. 영아가 2세가 될 때까지 첫 애착이 형성되어야 한다는 볼비의 초기 주장은 후속 연구의 지지를 받지 못했다. 예를 들어, 초기 애착이 명백히 선호되기는 하지만, 시설보호 아동이 이후 위탁가정에서 양육된 경우 나중에 애착이 형성될 수 있고, 이러한 애착이 충분히 유익하다는 사실을 보여 주었다. 1990년대 루마니아 고아의 사례에서처럼 심각한 결핍을 경험한 아동들, 그중 일부 아동이 이후 위탁가정에서 양육된 경우에는 5세 6개월 정도로 나이가 많았음에도 불구하고 새로운 양육자와 정서적 유대감을 형성할 수 있었다.

그러나 초기 애착과 아동의 정서적 안녕에서 보다 더 중요한 것으로 대두된 사실은 바로 초기 관계 및 상호작용의 질과 지속성이다. 이는 아동이 누구와 애착을 형성하고, 돌봄이 얼마나 지속되며, 몇 명의 양육자가 돌보고, 관계가 처음 형성된 시기가 언제인지보다 더 중요하다. 별로 놀라운 일은 아니지만, 어린 아동은 쉐퍼(1996)가 말한 "재미있고 즐거운 자극"(p. 137)을 제공해 주는, 그리고 자신의 욕구와 기분에 민감하게 반응해 주는 성인에게 긍정적으로 반응한다.

애착관계의 질, 애착관계의 선행 조건과 결과에 대한 평가는 볼비의 제자였던 메리 에인스워스 연구의 주요 관심사였다. 여러 동료와 함께(Ainsworth et al., 1978), 그녀는 '낯선 상황'으로 알려진 연구방법을 고안하고 개발하였는데, 이 낯선 상황 실험에서는 12~18개월 영아와 어머니 간 애착 안정성의 질을 평가한다. 이 실험에서 영아는 어머니와 분리되어, 낯선 이와 함께 남겨지고, 혼자 남겨지고, 이후 어머니와 재회한다([그림 2-3] 참조).

이러한 절차가 진행되는 동안 영아의 행동 유형이 관찰되고, 영국과 다른 국가에서 실시된 일련의 연구에서는 '안정 애착'의 전형적인 유형과 '불안정 애착'의 세 가지 유형이 밝혀졌다. 안정 애착 영아는 낯선 사람보다 어머니를 더 선호하고, 어머니와의 신체적 근접성을 추구하며, 어머니가 실험실 밖으로 나가면 스트레스 반응을 보인다. 그러나 이러한 스트레스 반응은 어머니가 돌아오면 바로 사라진다. 다행히도, 이러한 안정 애착 유형은 일본, 독일, 미국 등 다른 많은 국가의 영아에게서와 마찬가지로 영국 영아에게서 가장 보편적으로 나타나는 유형이다. 영국 영아에게서 가장 보편적으로 나타나는 불안정 애착 유형은 회피 애착 유형이다. 불안정 애착 중 저항 또는 양가적 애착 유형의 영아는 어머니가 실험실 밖으로 나가면 극심한 스트레스 반응을 보이며, 어머니가 다시 돌아와서 달래 주면 이를 거부하고, 일정 수준의 근접성을 유지하면서 저항하거나 어머니에게 화를 내기도 한다. 마지막으로, 혼란 애착 유형은 혼란스럽고 걱정이 많아 실험자와 어머니가 협력하여 일련의 에피소드로 진행된다.
실험 진행 중 영아의 행동은 비디오로 녹화되거나 일방경 뒤에 숨어 있는 관찰자에 의해 기록된다.

1. 영아와 어머니가 장난감이 구비된 편안한 실험실에 들어와서 영아가 새로운 환경을 탐색하도록 한다.

2. 영아가 알지 못하는 다른 성인 여성이 실험실에 들어와서 자리에 앉은 후, 먼저 어머니에게, 그리고 영아에게 친근하게 말을 건다.

3. 낯선 이가 영아에게 말을 걸 때, 어머니는 사전에 준비된 신호에 따라 영아의 눈에 띄지 않게 실험실 밖으로 나간다.

4. 낯선 이는 영아와의 상호작용을 시도한다.

5. 어머니가 돌아오면 낯선 이는 어머니와 영아를 남겨 두고 떠난다.

6. 그러고 나서 어머니는 영아만 혼자 남겨 두고 실험실 밖으로 나간다.

7. 낯선 이가 돌아와서 실험실에 영아와 함께 있다.

8. 어머니가 다시 돌아온다.

각각의 에피소드는 최대 3분 동안 지속되지만, 영아가 너무 괴로워하면 3분 이전에 끝낸다.
비디오 기록은 어머니에 대한 영아의 행동 측면에서 채점한다.

• 접촉 추구
• 접촉 유지
• 접촉 회피
• 접촉 저항

[그림 2-3] 에인스워스의 낯선 상황 실험

출처: Cowie (1995).

보이는 영아에게 해당하며, 낯선 상황에 대한 반응이 명확한 유형으로 드러나지 않는 경우이다.

이러한 서로 다른 행동 유형을 해석하는 데 있어 상당한 논란이 제기되어 왔으나, 영아가 어머니와 분리되는 경험을 얼마나 했는지가 낯선 상황 실험에서 영아의 반응에 영향을 미친다는 점은 명백하다. 아마도 이러한 이유로, 영아가 어머니와 분리되는 정도가 어느 수준일 때 정상적인 경험인지가 국가마다 다르기 때문에 다양한 불안정 애착 유형의 발생 빈도가 다르게 나타난 것으로 볼 수 있다. 회피 행동은 독립성과 자립심으로 해석될 여지가 있기 때문에 보육 경험을 많이 한 영아에 대한 결과를 해석하는 데 있어 주의가 필요하다.

애착 유형의 선행 조건에 대해 살펴보면, 두 가지 주요 연구 영역이 존재하는데, 그것은 바로 성인 양육자의 민감성과 반응성, 그리고 아동의 기질에 관한 연구이다. 상호작용의 질이 이러한 요인들 모두에 기인하는 것은 명백하다. 그러나 생애 초기에는 아동이 기질적 측면에서 개인차가 존재하고, 결과적으로 부모와 양육자에 대해 서로 다른 도전을 요구하지만, 모든 아동이 성인과의 민감하고 반응적인 상호작용에 긍정적으로 반응하며, 안정된 애착을 형성할 수 있다는 견해는 일반적으로 지지된다. 예를 들어, 더킨(Durkin, 1995)은 아동이 서로 다른 성인과 서로 다른 애착 유형을 형성하는 것이 일반적이고, 아동의 기질보다 성인의 양육방식이 애착 유형을 더 잘 예측함을 입증하는 광범위한 연구를 검토하였다. 광범위한 임상 연구를 검토한 결과, 부모의 스트레스와 우울이 일반적으로 불안정 애착 유형과 관련 있음을 확인하였다. 그러나 행동문제가 있는 아동에게서도 안정 애착의 정규분포는 발견된다. 게다가 가정에서 학대나 방임을

경험한 아동이 위탁가정에서 양육되면 매우 민감한 위탁가정 부모가
그 아동과 안정 애착을 형성하기 위해 노력한다.

애착에 대한 연구결과들은 초기 애착 유형이 이후의 장기적인 성취
결과와 어느 정도 관련이 있는지를 직접적으로 보여 주지는 못했다.
방임이나 학대 환경에서 불행한 영아기를 보낸 아동은 청소년기에도
여전히 그러한 환경에서 성장하는 반면, 반응적인 가정 환경에서 안정
애착을 형성한 영아는 대개 아동기에도 그 가정에서 성장한다는 것이
다. 따라서 청소년기에 누리는 정신건강과 일반적 행복, 사회적 관계
의 질, 학업 성취 등이 자신의 영아기 애착 유형의 결과인지, 아니면 현
재의 경험과 정서적 지지의 결과인지를 확인하기는 어렵다.

그러나 초기 불안정 애착 유형이 잠재적으로 부정적인 결과를 유
발한다는 견해에 대해 강력한 증거를 제공하는 두 가지 특별한 연
구 경향이 존재한다. 하나는 장기간 스트레스를 경험한 아동이 불
안정 애착과 관련이 있다는 결과를 보여 준 연구이다. 게르하르트
(Gerhardt, 2004)는 스트레스 호르몬인 코르티솔 수준이 장기간 높은
상태로 노출됨으로써 유발되는 생리적·심리적 손상의 증거를 검토
하였다. 대뇌 변연계에서 위기 상황을 감지하고, 모든 신체기관이 비
상태세를 취하도록 명령하면 우리 몸에서 코르티솔이 자연적으로 생
성되는데, 이는 투쟁-도피 반응(fight or flight response)이라고 불린
다. 신체의 에너지가 정상적인 생리적 기능과 뇌 기능을 담당하지 못
하고(예를 들어, 면역체계와 기억처리를 담당하는 뇌 영역에서) 스트레스
의 원인을 해결하는 데 집중하게 된다. 이러한 반응 유형은 불안정
애착 유형과 관련된 예측 불가능한 사회적 상황에서 나타나는 두려
움이나 불확실성을 유발한다. 게르하르트가 검토한 바와 같이, 이는

단기적인 위기 상황을 해결하는 데 있어 상당히 필요하고 유용한 기제이지만, 인간이 이러한 상태에 오랜 시간 머무르게 되면 극심한 손상을 입을 수 있다. 많은 연구에서 개인을 심각한 감염에 노출시키는 상황으로 인한 면역체계의 반응성 상실, 폭력성의 증가를 가져오는 행동 통제력 상실, 기억과 학습에 영향을 주는 해마회의 신경세포 손실 등이 나타남을 보고하였다. 매우 걱정스럽게도, 해마회의 이러한 손상은 스트레스 반응 자체를 통제하는 능력도 약화시키는데, 그로 인해 비교적 사소한 문제를 경험한 경우에도 스트레스와 불안이 증가하는 현상이 나타난다.

게르하르트는 위스콘신 대학교의 연구팀에서 수행한 특별한 연구(Essex et al., 2002)를 보고하였는데, 이 연구는 생애 초기에 스트레스에 노출됨으로써 나타나는 영향을 매우 명확하게 입증하였다. 이 연구팀은 570명의 아동을 출생 시부터 5세까지 추적하여 조사하였다. 4세 6개월 시점에 아동의 스트레스 수준을 측정한 결과, 그 시점에서 스트레스를 받은 어머니와 함께 살고 있던 아동 중 높은 스트레스 수준을 보인 아동은 그 어머니가 이전에도 스트레스를 받았거나 우울증으로 힘들어한 적이 있었다. 다시 말해서, 이 아동은 이제 삶에서 어려움에 처하면 스트레스 반응 수준이 높아질 것으로 예측되는 반면, 이전에 어머니와의 관계에서 스트레스를 경험하지 않았던 아동은 자신의 스트레스 반응을 통제할 수 있을 것이다.

초기 애착 유형의 결과에 대한 또 다른 연구 분야는 모성 결핍에 대한 볼비의 이론과 관련되는데, 이는 아동이 초기 관계를 통해 사회적 관계의 '내적 작동 모델'을 발달시킨다는 견해이다. 즉, 아동이 다른 성인이 자신의 부모와 양육자처럼 행동할 것으로 기대하고, 그들과도 동일한 형태의 관계를 형성할 것으로 기대한다는 것이다. 이 모델은 개인의 관계 형성의 질에, 그리고 부모가 자녀와 형성하는 관계에도 지속적으로 영향을 준다는 증거들이 제시되었다. 이 연구들이 아동기에 대한 성인의 기억에 의존한 연구들이기 때문에 이러한 증거는 불확실한 점이 있다. 그러나 보다 확실하게 제대로 입증된 사실은 아동이 성인, 그리고 자신과 성인의 관계에 대해 기대를 가진다는 것이다. 이는 자신이 처한 환경이 예측 가능하고 일관적이라는 사실에 대한 전반적 선호를 보여 주는 특별한 사례로 볼 수 있다.

중요한 것은, 이러한 일련의 연구가 시사하는 바는 아동양육 실제에 문화적 차이가 명백하게 존재하고, 애착의 질에 대한 선행 조건과 결과가 항상 에인스워스가 제시한 유형처럼 명확하게 구분되지는 않음에도 불구하고, 어린 아동이 성인과 안정된 애착을 형성하는 것은 매우 유익한 현상이라는 것이다. 많은 유아교육현장 전문가는 자신이 돌보는 아동과 자연스럽게 정서적 관계를 형성하지만, 때로는 이러한 관계가 부적절하고, 전문가답지 못하며, 심지어 위험할 수도 있다. 그러나 이 장에서 계속해서 많은 연구결과를 검토했으나, 이 결과가 잘못된 견해일 수 있다는 생각이 든다. 민감성이 조절된다면 어린 아동은 자신을 돌보는 성인과 따뜻하고 안정된 정서적 애착을 형성함으로써 오롯이 이로움만을 얻을 수 있다. 여기서 성인이 그 즐거움을 빼앗는 것은 우연이라기보다는, 성인이 아동을 돌보고 아동의 욕구에 민감한 반응을 보이도록 한 인간 진화 과정의 일부라고 볼 수 있다. 성인이 아동과 자연스럽게 관계를 형성하고 그 관계를 즐긴다면 아동은 분명히 이로움만 얻을 것이다.

애착 관련 연구가 주는 핵심 메시지는 아동의 정서적 안녕이 특정 성인의 지속적인 주의에만 의존하지는 않는다는 점이다. 아동은 아주 어릴 때부터 자연스럽게 다중 애착을 형성하고, 이로 인해 혜택을 받는다. 취업모와 보육서비스를 제공받는 아동에 관한 볼비의 연구에서 제시된 초기 불안은 많은 연구에서 예상을 벗어난 결과임이 입증되었다. 중요한 것은 어린 아동이 성인과 경험하는 다양한 관계의 질과 관계의 지속성이다. 환경의 지속성에 대한 아동의 일반적 욕구, 즉 일상에 대한 강력한 선호, 친숙한 이야기를 반복적으로 듣고자 하는 열망은 성인에게 함의하는 바가 크다. 어린 아동은 규칙성과 지속성을 기대하는데, 다음 장에서는 부모의 양육방식의 측면에서 이에 관한 이슈를 다루고자 한다. 아동은 개별 성인이 일관되게 행동할 때, 그리고 성인들 간에 예측 가능성과 일관성이 존재할 때 가장 안정감을 느낀다. 그 이유는 부모, 양육자, 유아교사 간의 믿을 만한 의사소통이 중요하다는 것이다.

어린 아동과의 접촉에 관한 연구를 살펴보면서 정서적 따뜻함과 민감성을 다루는 이 영역을 마무리하고자 한다. 이는 유아교육 현장에서 현재 논쟁의 여지가 있는 분야이므로 논의가 필요한 중요한 영역이다. 나는 1940년대와 1950년대에 감염 방지를 위해 관계자들과 아동의 접촉을 금지시켰던 고아원에서 성장한 신생아와 영아의 경험에 대한 데보라 블룸의 괴로운 설명을 떠올린다. 다른 여러 이유로 유아교육현장의 실무자들은 오늘날에도 아동과 불필요한 신체적 접촉을 하지 말도록 권고받는다. 그러나 어린 아동과의 접촉에 관한 연구결과는 이것이 잘못된 견해임을 보여 준다.

이 분야의 초기 연구들은 할로의 원숭이 실험 결과에서 출발하였다. 아기 원숭이는 부드러운 접촉을 명백히 갈망했다(어린 아동이 담

요나 곰돌이 인형을 좋아하는 것을 보면 아기 원숭이에게만 해당되는 것은 아니라고 생각한다!). 블룸은 쥐를 대상으로 실시된 일련의 실험을 검토하였는데, 어미 쥐가 새끼 쥐를 핥게 했더니 정상적인 성장에 필요한 성장 호르몬이 새끼 쥐에게서 분비되었다. 인간의 경우는 고전적인 연구가 1980년대 마이애미 대학교에서 실시되었는데(Schanberg & Field, 1987), 연구팀이 미숙아를 하루 세 번 15분 동안 만지고 마사지했더니 이들 미숙아가 다른 미숙아에 비해 성장 속도가 50% 빨랐

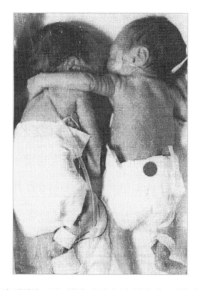

한 침대에 누운 미숙아 쌍생아. 12주 일찍 태어난 이 쌍생아는 처음에 2개의 인큐베이터에 들어갔다. 몸무게가 2파운드가 넘는 카이리(오른쪽)는 평화롭게 잠을 잤으나, 브리엘(왼쪽)은 호흡 곤란과 심장 박동 문제가 있었고, 몸무게가 증가하지 않았으며, 편안히 눕히려고 해도 뒤척였다. 결국 간호사가 병원의 규정을 어기고 2명의 쌍생아 자매를 함께 눕혔다. 브리엘이 졸고 있을 때, 카이리는 자신의 작은 자매를 팔로 감싸 안았고, 마침내 브리엘의 성장이 시작되었다. 그리고 예상보다 빨리 쌍생아 자매는 집으로 돌아갔다. 오늘날 몇몇 기관에서는 한 침대에 눕히기 방법을 사용하는데, 이로 인해 병원 입원 일수가 감소되었다.

[그림 2-4] 미숙아 쌍생아 한 침대에 눕히기
출처: Diamond & Amso (2008).

다. 신체 접촉이 있었던 신생아는 1년이 지난 후 인지적·신체적 성숙을 보였다. [그림 2-4]는 카이리와 브리엘이라는 미숙아 쌍생아의 사례를 보여 주는데(Diamond & Amso, 2008), 이 아이들을 한 침대에 함께 눕혀 두었더니 긍정적인 결과가 나타났다. 후속 연구는 적극적인 마사지와 소극적인 신체 접촉이 모두 미주신경 활동을 촉진시켜 아동에게 다양한 정서적·인지적 혜택을 가져다준다는 사실을 확인시켜 주었다.

이 연구로 인해 베이비 마사지가 병원에서 기본적인 업무가 되었고, 전세계적으로 육아 교실에서 인기 있는 프로그램이 되었다. 또한 그것은 부모와 아동, 간호사와 노인 환자, 치료사와 우울증 및 정신장애 환자, 교사와 아동 간 접촉의 이로운 결과를 보여 주는 상당수의 연구를 촉진시켰다. 모든 연구에서 정서적 안녕, 자존감, 과제 몰입 동기가 향상되었음을 보여 주었다. 어느 실험에서는 유아교사에게 아동을 칭찬하거나 격려할 때 아동의 팔을 만지도록 혹은 만지지 않도록 요청하였다. 매우 인상적인 차이가 아동의 자존감과 동기 그리고 학습에서 발견되었다. 어린 아동은 신체적 근접성, 애착이 형성된 성인의 위안을 추구하고, 성인들이 적극적으로 만져 주고 신체적 위안을 줄 때 스트레스가 감소되어 정서적·인지적으로 혜택을 제공받는다. 아이러니하게도, 이 장에서 간략하게 살펴보았던 상당수의 연구결과는 어린 아동과 양육자인 성인 간의 접촉을 반대함으로써 아동을 위험으로부터 보호하려는 노력이 오히려 상반된 결과를 가져올 수 있음을 보여 준다.

적응 유연성 발달시키기: 정서표현, 이해, 공감, 정서조절

아동이 보육서비스를 이용하거나 전문적인 교육서비스를 이용하는 첫 경험은 아동에게 정서적인 도전을 요구하고, 아동이 가정에서 유아교육기관이나 학교로 전이하는 시기는 많은 아동에게 힘든 시간이 될 수 있다. 어린 아동이 이러한 전이기를 잘 지내도록 돕고, 효과적으로 해결하는 데 필요한 적응 유연성을 기르는 것과 관련된 문제는 최근 많은 연구의 주요 관심사였고, 이와 관련한 다수의 출판물을 확인할 수 있다(Brooker, 2008; Cefai, 2008). 이 연구들로부터 얻은 중요한 교훈은 이 장에서 이미 살펴본 다른 많은 아이디어를 확산시켰다. 현재 정서적으로 안정된 애착을 형성한 아동은 이러한 전이기에 보다 유연하게 적응하는 것으로 나타났고, 전이기의 어려움을 해결하고자 노력한 성인과 기관 관계자는 이 과정에서 아동이 경험하는 정서적 스트레스를 감소시키는 데 상당한 도움을 줄 수 있었다. 가정, 유아교육기관, 학교 간에는 항상 문화적 차이가 존재하므로 어린 아동은 자신의 세계에서 지속성과 예측 가능성을 필요로 하고, 따라서 성공적인 전이의 중요한 구성 요소는 바로 부모, 유아교육기관 관계자 간의 집중적이고 민감한 의사소통이다. 이 중 가장 중요한 요인은, 이 장의 마지막 부분에서 살펴볼 내용으로, 아동이 자신의 정서를 표현하고, 이해하고, 조절하고, 타인의 정서를 이해하며 공감하는 능력을 학습하는 시기가 바로 동일한 시기라는 점이다. 아동이 자신의 정서에 대처하고 이를 처리하는 데 있어 성인에게 의존하던 것에

서 벗어나 자기 스스로 자신의 정서를 처리하고 조절할 수 있게 되기
까지의 또 다른 전이기를 잘 극복하도록 돕는 것은 유아교육기관 관
계자와 교사의 업무 중 가장 중요한 측면이다. 이러한 과정을 효과적
으로 지원하는 근본적인 요인은 이 시기 동안 아동의 정서발달 특성
을 이해하는 것이다.

　물론, 아동은 정서를 경험하면서 태어난다. 선행 과제는 아동이 이
정서를 적절하게 표현하고, 자신과 타인의 정서를 이해하며, 자신의
정서를 조절하거나 통제할 수 있도록 학습하는 것이다. 이는 아동이
친구를 사귀고, 타인과 효과적으로 관계를 형성하며, 삶의 흥분과 좌
절을 처리하는 사회적으로 유능한 존재로 발달하는 데 있어 결정적
인 역할을 담당한다. 해리스(Harris, 1989)와 다울링(Dowling, 2000)은
어린 아동의 정서발달에 관한 여러 연구를 분석하였다. 명백한 것은
인간의 정서 경험에 강력한 생물학적 요인이 존재할 뿐만 아니라, 그
것이 인간발달의 많은 부분과 특별하게 연관되어 있다는 것이다. 즉,
아동이 양육되는 사회적 · 문화적 환경 내에서 학습되는 강력한 문화
적 요인이 존재한다는 것이다. 따라서 전 세계에서 출생한 모든 신생
아는 기쁨, 공포, 슬픔, 놀람과 화남의 기본 정서를 표현하고, 이러한
기본 정서를 표현하는 방식은 문화적으로 보편적인 현상으로 간주된
다. 일곱 가지 기본 정서(위의 다섯 가지와 호기심, 혐오감)가 나타난 특
징적인 얼굴 표정은 다른 세상과 교류가 전혀 없는 부족사회에서도
알아본다. 그러나 이 장의 앞에서 살펴본 바와 같이 인간의 정신세계
에는 정서와 인지의 강력한 관련성이 존재하며, 뇌의 전두엽이 생애
초기에 성숙해짐에 따라 이러한 기본 정서의 경험과 표현은 지각, 이
해, 재평가, 조절의 인지 과정에 의해 영향을 받고 통제된다. 어린 아

동은 유아기와 초등학교 저학년 시기 동안 성장하면서 경험을 어떻게 해석하고, 타인의 의도와 감정이 무엇인지를 지각하며, 특정 맥락에서 정서를 표출하는 사회적 관습을 이해하는 데 있어 자신의 정서가 민감해진다. 모든 학습과 더불어, 아동은 정서가 발생하는 상황을 통해 정서에 대한 이해를 학습한다. 어린 아동은 또한 피아제의 주장에서 제시된 것보다는 훨씬 덜 '자기중심적'이고, 놀랍게도 생애 초기부터 타인의 의도를 이해하며, 감정이입이 가능하고, 불행을 경험한 타인에게 공감하기 시작한다. 마음이론과 관련된 이러한 발달은 다음 장에서 살펴볼 것이다.

그러나 이 모든 연구에서 교육현장과 관련된 결정적인 내용은 생애 초기에 아동이 자신과 타인의 정서를 이해하기 시작하며, 정서를 경험하고 토론할 기회로부터 많은 혜택을 제공받는다는 점이다. 정서이해 능력의 발달은 아동의 가상 역할놀이에서 강력한 주제이고, 가정과 교육현장에서 이야기와 실제 사건에 대한 토론을 통해 효과적으로 지지된다. 자신과 아동의 정서적 경험을 토론하는 성인은 아동이 자신의 정서적 이해 능력을 보다 정교화하고 강화하도록 돕는다. 화이트(White, 2008)는 유아교육현장에서 이루어지는 일과운영 중 하나인 이야기 나누기 활동을 통해 이러한 토론을 어느 정도 공식화시켰다.

그러나 이러한 토론이 효과적으로 진행되려면 그에 참여한 성인의 민감성과 반응성이 결정적으로 필요하다. 미리 정해진 활동을 수행한 이후에 진행되는 일상적 토론은 어린 아동에게 사용하는 방식으로는 별로 적절하지 않다. 이러한 점에서 어린 아동의 생애 초기 행동의 발달을 관찰하여 정서조절 과정을 분석한 그로스(Gross,

1998)의 연구결과는 상당히 유용하다. 그는 개인이 정서적 경험을 처리하고 그에 대처하는 방식을 다섯 가지 과정으로 구분했다. 이를 박사과정 제자인 수 빙엄(Sue Bingham)이 관찰한 사례와 함께 제시하면 다음과 같다.

① 상황 선택: 접근 가능하거나 회피 가능한 대상자, 장소 또는 사물

여아가 깡충 뛰며 모래상자에 다가간 다음 잠시 멈추어 서서 시끄러운 놀이를 하고 있는 세 명의 남아를 쳐다본다. 여아는 교사가 근처에 있는지 확인하기 위해 주위를 두리번거리면서 2분 동안 경계하는 얼굴 표정으로 쳐다본다. 얼굴을 찡그리며 다른 활동을 찾아 떠난다.

② 상황 변경: 문제 중심적 대처

이야기 나누기 시간 동안 두 명의 남아가 카펫에 앉았는데 한 명의 남아가 다른 남아의 신발을 만지작거린다. (조금 화난 얼굴 표정으로) 다른 남아가 그 남아의 손을 밀어 버리지만, 그 남아는 계속해서 신발을 만진다. 다른 남아는 손을 밀치고 (애매한 얼굴 표정으로) 교사에게 다른 곳으로 자리를 옮겨 달라고 요청한다.

③ 주의집중 배치: 혼란, 집중, 반추

남아는 식판을 들고 식사를 받기 위해 줄을 서 있다. 줄의 맨 앞을 바라보고 배식이 중단되었음을 확인한다. 식판을 다리에 두드리기 시작한(조금 화난 얼굴 표정으로) 다음 나이프, 포크, 숟가락을 식판 위에 놓고 게임을 시작한다. 식사 도구가 떨어지지 않게 식판을 한쪽으로 기울였다가 다른 한쪽으로 기울인다(조금 기쁜 얼굴 표정으로).

④ 인지적 변화: 상황에 대한 평가 수정

여아는 친구들이랑 같이 부를 노래를 선택하도록 요청받는다. 그녀가 '10개의 녹색 병' 노래를 선택하자 이 노래를 부르고 싶지 않은 몇몇 친구가 불평한다. 여아는 얼굴이 붉어지고 손으로 귀를 가린다(매우 부끄러운 얼굴 표정으로). 다른 친구들이 그 노래를 부르는 동안 여아는 같이 부르지 않고 아래를 바라보고 앉아 있다(눈물을 참으며, 매우 슬픈 얼굴 표정으로). 2분이 지난 후에 여아는 자신의 양쪽 옆에 있는 아이들을 곁눈질하기 시작한(호기심 어린 얼굴 표정으로) 다음 몇 분이 더 지나자 턱을 들고 노래를 같이 부른다(애매한 얼굴 표정으로).

⑤ 반응 수정: 재평가 과정의 결과, 정서적 상황에 대한 행동 반응 수정

모든 아동이 출석 확인을 위해 카펫에 앉아 있다. 교사는 오늘의 도우미인 여아에게 출석부를 가져다줄 친구를 선택하도록 요청한다. 여아는 친구들 주위를 둘러보고, 몇몇 아동은 손을 들고 작은 소리를 내면서 자신을 선택해 달라고 한다. 여아가 자신의 가장 친한 친구를 선택하자, 한 남아가 "그럴 줄 알았어! 이건 공정하지 않아!"라고 큰 소리로 말한다. 교사는 그 남아를 바라보면서 그의 이름을 위협적으로 부르고 눈썹을 치켜세우며 놀람과 짜증이 드러난 과장된 표정을 짓는다. 남아는 찡그린 얼굴 표정을 미소로 바꾼다(강요된 기쁨의 얼굴 표정으로).

어린 아동과 함께 지내는 교사는 이러한 상황과 사건을 인식하지만, 아동의 정서발달에 관한 전문지식의 측면에서 그 중요성과 성취를 인식하는 것이 중요하다. 아동이 자신의 정서에 대처하기 위해 성

인에게 의존하던 상황에서 벗어나 정서에 독립적으로 대처할 수 있는 상황으로 발달함에 따라, 이러한 과정을 가장 잘 지원할 수 있는 방법에 대해 주의를 기울일 필요가 있다. 정서교육에 관한 연구들은 아동의 정서를 부인하거나 간과하기보다는, 확실하게 인식하고 이를 인정하는 것이 언제나 중요함을 보여 준다. 아동이 화가 난 상태일 때, 아동이 진정할 수 있었다면 이미 그렇게 했을 것이므로 진정하라고 말하는 것은 결코 도움이 되지 않는다. 가능하다면 언제나 아동이 어떻게, 왜 그렇게 느끼는지에 대해 토론하는 시간을 가지고, 여러분의 유사한 경험을 아동과 공유하며, 이야기 나누기에서 그것을 토론의 출발점으로 활용하는 것이 보다 생산적인 방식이 될 것이다. 이러한 실제는 아동에게 시간이 흐름에 따라 정서에 대해 독립적으로 대처하도록 돕는 인지적 도구를 제공해 준다.

이 책의 첫 장에서 살펴본 바와 같이, 이는 언제나 교사의 지도 원리에 해당한다. 아동이 효과적인 학습자가 되고, 삶의 도전에 대처하는 개인적·사회적 역량을 가진 성인으로 발달하도록 돕고자 한다면, 언제나 아동이 자신의 학습과 발달에 대해 책임을 지도록 지원하는 방법을 고려해야 한다. 첫 장에서 언급한 C.Ind.Le 프로젝트의 특정한 사례를 들면서 이 장을 마무리하고자 한다. 3세 남아가 소방관 옷을 입으려고 시도하는 교실에서 [그림 2-5]의 장면이 시작된다. 남아의 친구는 이미 소방관 옷을 입고 헬멧을 쓴 채 놀이를 하려고 기다리고 있었다. 따라서 남아는 가능한 한 빨리 소방관 옷을 입으려고 노력했으나 어려움을 겪고 있었다. 이는 명백히 남아가 쉽게 당황하고 화를 낼 수 있는 상황이다. 이 경우, 유아교사가 잠재적으로 스트레스를 유발하는 상황을 피하기 위해 남아가 소방관 옷을 빨

(a) 문제 상황

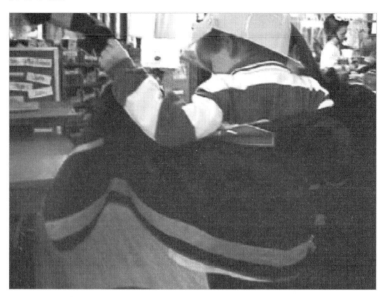

(b) 만족스러운 결과

[그림 2-5] 아동의 소방관 옷 입기(정서발달 지원하기)

리 입도록 도와주는 장면을 쉽게 예상해 볼 수 있다. 그러나 옷을 입으려고 애쓰는 2~3분 동안 남아가 온전히 혼자서 옷을 입을 수 있도록 하기 위해 유아교사는 주의집중을 요청하며(문제가 무엇인지 남아에게 알려 주고, 교사의 주의를 전적으로 아동에게 기울이면서), 정서적지지를 제공하고(계속 미소 지으며, 옷이 바닥에 떨어졌을 때는 크게 웃으면서, 남아를 열정적으로 격려하고, 단계별로 성공할 때마다 기쁨을 드러내면서), 시각적으로 명백히 안내해 주었다("팔을 이렇게 여기에 넣어 봐."라고 하면서). 남아의 얼굴에 나타난 기쁨과 그의 성취감은 단순하고 사소한 일상의 사건이 우수 사례를 통해 강력한 학습으로 변형되었음을 보여 준다. 이는 별로 놀랄 일은 아니다. 그 이후 2주 동안 매일 이 남아가 유아교육기관에 등원해서 처음으로 한 활동은 소방관 옷을 입는 것이었다. 이 남아가 이 사건에서 학습한 교훈이 인내, 정서적 통제, 자기효능감임은 명백한 사실이다.

이 장은 정서가 학습에서 차지하는 근본적으로 중요한 역할과, 어린 아동의 발달에서 정서가 차지하는 중요성에서 출발하였다. 신경과학과 동물 대상 연구, 정서적인 모성 박탈의 상황에 처한 어린 아동의 연구, 그리고 정서적 경험에 대처하는 정상발달 아동에 대한 관찰을 통한 증거들은 모두 정서발달과 학습의 특성, 아동의 정서적 자기조절 능력 발달을 촉진하고 지원하는 데 성인이 담당하는 역할을 이해하도록 돕는다.

이러한 연구의 핵심 주제는 정서적 따뜻함과 반응의 중요성, 돌봄의 지속성, 그리고 어린 아동과 의미 있는 성인의 안정된 애착 형성에 관한 것이다. 이 장에서는 또한 성인과 아동의 관계에서 접촉의 중요성을 보여 주는 증거들을 살펴보았다. 어린 아동이 자신의 정서와 정서적 표현

을 인식하고, 표현하고, 조절하는 과정이 성인의 역할과 함께 고려되었
다. 마지막으로는 정서적 반응, 그리고 학습에 대한 정서의 영향에 대해
살펴보았다. 아동은 유아교육기관과 초등학교에 입학할 때 특별한 정서
적 도전에 직면하게 된다. 어린 아동이 학습자라는 자신의 새로운 역할
로 자신감 있게 전이하도록 돕기 위해 정서적 지원을 제공하는 것은 분
명히 중요한 의미를 가지는데, 이 점에서 도움이 되는 실제적인 요인과
요소를 고려하였다. 이 영역에 관해 추론할 수 있는 실제 지침으로 다음
을 제안하고자 한다.

- 어린 아동은 자신을 돌보는 성인에 대한 다중 정서 애착을 형성하
  고자 하며, 관련 성인이 이러한 정서적 애착을 형성하고자 노력한
  다면, 단기적으로는 정서적 안정의 측면에서, 장기적으로는 발달적
  측면에서 가장 도움이 된다.
- 안정 애착은 성인이 아동의 정서적 욕구에 민감하게 반응할 경우
  가장 효과적으로 형성된다.
- 애착 형성 과정의 일부로, 어린 아동은 성인에 대한 신체적 근접성
  을 추구하는데, 성인이 아동에게 적극적 관심을 표현하고, 칭찬하
  고, 격려하고자 할 때 수동적인 신체 접촉을 허용함과 더불어 적극
  적인 접촉을 사용함으로써 이에 가장 생산적으로 반응할 수 있다.
- 아동의 정서적 안정성은 양육을 담당하는 개별적인 성인 내에서,
  그리고 성인들 간에서 양육자의 행동과 기대의 일관성에 의해 지지
  된다. 양육자들 간의 분명한 기대와 일과 그리고 긴밀하고 광범위
  한 의사소통이 이와 관련해서 매우 유익하다.
- 어린 아동을 돌보고 교육하는 성인은 어린 아동이 직면하는 정서적
  문제에, 그리고 아동이 자신의 정서를 표현하고 이해하고 조절하며,
  타인의 정서를 이해하고 반응하기 위한 노력에 민감할 필요가 있다.

- 어린 아동의 정서를 명백하게 인식하고, 사례, 토론, 정서적 지지를 통해 아동이 독립적으로 대처하도록 인지적 도구를 제공하는 것이 중요하다.
- 아동의 정서적 문제에 관련된 사건은 교육과정에서 주의 산만이 아닌 학습의 기회로 간주되어야 하고, 성인이 아동의 문제를 해결해 줄 것이 아니라 아동 스스로 문제해결의 만족감을 경험하도록 도와주면서 아동이 이러한 경험을 통해 학습하도록 아동을 지지해야 한다.

토론을 위한 질문

- 아동이 안정된 애착을 형성했는지 아닌지는 어떻게 알 수 있을까?
- 아동의 정서적 안정을 지원하기 위해 교실이나 영역을 어떻게 구성할 수 있을까?
- 타인에 대한 아동의 공감 능력과 사회적 이해 능력의 발달은 어떤 방법으로 관찰하고 지원할 수 있을까?
- 성인이 아동을 만지는 적절한 시기와 방법은 무엇일까?
- 아동이 정서적 스트레스를 보일 때 어떻게 반응하는 것이 가장 좋을까?

활동

A. 정서적 안정의 지표

특정 맥락에서 아동의 정서적 안정에 대한 주요 지표 중 하나는 아동이 활동과 놀이에 참여하는 질적 수준이다. 이러한 활동에서 아동을 관찰하고 참여 수준을 평가한다. 이를 위해 아동용 루벤 참여 척도(Leuven Involvement Scale for Young Children; Laevers, 1994)를 사용하도록 권장하는데, 이 척도는 파스칼과 동료들 (Pascal et al., 2001)이 개발한 효과적 조기학습(Effective Early Learning: EEL) 프로그램의 일부로 채택되었다. 간략한 내용은 다음과 같다.

일주일 동안 두 번의 회기에서 각각 세 차례에 걸쳐 2분씩, 총 12분 동안 6번의 관찰을 통해 개별 아동을 관찰한다. 각 상황에서 아동이 다음의 아동 참여 신호(Child Involvement Signals)와 관련된 행동을 어느 정도 보이는지 기록한다.

- 집중: 아동이 쉽게 산만해지지 않는다.
- 에너지: 아동이 활동에 많은 노력을 쏟는다.
- 복합성과 창의성: 아동이 스스로 도전하고, 과제를 확장하며, 과제 수행의 새로운 방법을 개발한다.
- 얼굴 표정 및 자세: 아동이 즐거움과 목적의 강도를 드러내며 긍정적인 얼굴 표정과 자세를 취한다.
- 지속성: 아동은 활동이 어렵더라도 오랜 시간 동안 지속적으로 활동에 참여한다.
- 정확성: 아동은 자신의 활동에 특별한 관심을 보인다.
- 반응 시간: 아동은 활동하는 동안 경각심을 가지고 사건에 빨리 반응한다.
- 언어: 아동은 활동에서 즐거움을 표현하고, 이를 반복하고 싶어 한다.
- 만족감: 아동은 자신의 성취에 대해 만족감을 표시한다.

이러한 기록에 근거하여 아동의 참여 수준을 다음과 같이 평가한다.

- 수준 1 – 낮은 활동: 활동이 반복적이거나 수동적이다. 인지적 요구가 부족하다. 아동은 에너지를 전혀 보이지 않는다. 아동은 허공을 쳐다본다.
- 수준 2 – 자주 중단된 활동: 아동이 활동에 참여하나 관찰 기간의 절반은 낮은 활동 또는 비활동의 특징을 보인다.
- 수준 3 – 주로 지속적인 활동: 아동이 바쁘게 활동하나, 일상적인 수준의 활동이다. 에너지와 집중도가 낮다. 아동은 쉽게 산만해진다.
- 수준 4 – 집중된 순간이 포함된 지속적인 활동: 아동은 수준 3에 해당하지만, 산만해하지 않은 채 더 많은 참여 신호를 보이면서 아주 강한 집중을 보이는 순간이 있다.
- 수준 5 – 지속적으로 집중된 활동: 아동은 집중된 활동에 지속적으로 참여한다. 모든 신호를 보이기보다는, 아동은 집중도, 창의성, 에너지, 지속성을 보여야 한다.

이는 아동의 참여 수준을 판별하는 체계적인 증거 세트를 제공한다. 이는 또한 여러분이 개별 아동의 과정을 평가하고 실제를 검토하는 데 유용한 도구이다. 나이 어린 아동이 자신이 수행하는 활동에 흥미를 가지고 참여하고, 결과적으로 활동에 몰입하게 된다면, 아동은 이를 통해 학습할 수 있을 것이다.

B. 정서 표현과 조절의 관찰

새로운 학급의 담임교사가 되면 처음 몇 주 동안 아동이 표현하는 강력한 긍정적·부정적 정서를 관찰하여 이를 기록한다. 표현된 정서와 발생 맥락의 목록을 만든다. 예를 들어, 다음과 같은 맥락을 기록한다. 등원하기, 교사와 인사하기, 실외놀이 나가기, 체육 활동으로 전이하기, 집단놀이 하기, 정서적 에피소드로 이어지는 다른 맥락에 참여하기 등이다.

맥락을 판별한 다음, 여러 아동을 관찰하고 그들이 표현하는 강한 정서에 대처하는 방법을 구분하고자 시도한다. 이 장에서 제시된 제목(상황 선택, 상황 수정, 주의 집중, 인지 변화, 반응 수정)으로 관찰 전략을 분류하고자 시도한다.

언제 강한 정서를 느끼는지, 이를 어떻게 다루는지에 대한 이야기 나누기의 기초로 관찰을 활용한다. 그러나 균형을 유지하기 위해 부정적 정서에만 집중하지 않는다. 자랑스럽고, 행복하거나 즐거운 정서에 대해서도 토론한다. 여러분의 경험과 감정을 아동과 함께 공유한다.

📑 참고문헌

Ainsworth, M. D. S., Blehar, M. C., Waters, E. & Wahl, S. (1978). *Patterns of attachment: A psychological study of the strange situation*. Hillsdale, NJ: Lawrence Erlbaum.

Blum, D. (2002). *Love at goon park: Harry Harlow and the science of affection*. New York: Berkley Books.

Bowlby, J. (1953). *Child care and the growth of love*. London: Penguin.

Brooker, L. (2008). *Supporting transitions in the early years*. Maidenhead: Open University Press.

Carter, R. (1998). *Mapping the mind*. London: Weidenfeld & Nicolson.

Cefai, C. (2008). *Promoting resilience in the classroom: A guide to* developing pupils' emotional and cognitive skill. London: Jessica Kingsley.

Cowie, H. (1995). 'Child care and attachment' in P. Barnes (ed.) *Personal, social and emotional development of children*. Oxford: Blackwell.

Diamond, A. & Amso, D. (2008). 'Contributions of neuroscience to our understanding of cognitive development', *Current Directions in Psychological Science*, 17, 136-41.

Dowling, M. (2000). *Young children's personal, social and emotional development*. London: Paul Chapman.

Durkin, K. (1995). 'Attachment to others', in *Developmental social psychology: From infancy to old age*. Oxford: Blackwell.

Essex, M., Klein, M., Cho, E. & Kalin, N. (2002). 'Maternal stress beginning in infancy may sensitise children to later stress exposure: Effects on cortisol and behaviour', *Biological Psychiatry*, 52, 776-84.

Gerhardt, S. (2004). *Why love matters: How affection shapes a baby's brain*. Hove: Routledge.

Goleman, D. (1995). *Emotional Intelligence: Why it can matter more than IQ*. New York: Bantam Books.

Gross, J. J. (1998). 'The emerging field of emotion regulation: An integrative review', *Review of General Psychology*, 2, 271-99.

Harris, P. (1989). *Children and emotions: The development of psychological understanding*. Oxford: Blackwell.

Kolb, B. & Taylor, L. (2000). Facial expression, emotion, and hemispheric organisation', in L. Nadel & R. D. Lane (eds) *Emotion and cognitive neuroscience*. Oxford: Oxford University Press.

Kolb, B. & Wishaw, I. Q. (2001). *An introduction to brain and behaviour*. New York: Worth.

Laevers, F. (1994). *The Leuven Involvement Scale for Young Children LIS-YC*, manual and videotape, Experiential Education Series No. 1, Centre for Experiential Education. Leuven, Belgium: Leuven University Press.

Pascal, C., Bertram, A., Ramsden, F. & Saunders, M. (2001). *Effective Early Years Programme*, 3rd ed. University College Worcester: Centre for Research in Early Childhood.

Schaffer, H. R. (1977). *Mothering*. London: Fontana/Open Books.

Schaffer, H. R. (1996). *Social development*. Oxford: Blackwell.

Schanberg, S. M. & Field, T. M. (1987). 'Sensory deprivation stress and supplemental stimulation in the rat pup and preterm human', *Child Development*, 58, 1431-47.

White, M. (2008). *Magic circles: Self-esteem for everyone in circle time*. London: Lucky Duck Books/Sage.

사회성발달

- 유아는 선천적으로 사교적인가?
- 아동의 사회적 이해는 어떻게 발달하는가?
- 아동의 부모 및 형제와의 사회적 관계에서 차이의 결과는 무엇인가?
- 특정 아동이 다른 아동보다 친구를 잘 사귀는 이유는 무엇인가?
- 유아교육 전문가가 아동의 대인관계 이해 및 능력의 발달을 가장 효과적으로 지원할 수 있는 방법은 무엇인가?

인간의 사회적 본성

인간은 본질적으로 사회적 동물이다. BBC에서 방영된 데이비드 애튼버러(David Attenborough) 경의 많은 멋진 시리즈 중 하나인 〈포유류의 삶(Life of Mammals)〉의 마지막에서 두 번째 에피소드는 영장류인 원숭이, 유인원과 사람에 대해 다룬다. 이 프로그램은 매우 적절하게 '야심가(Social Climbers)'라고 불린다. 여기에서, 애튼버러는 10만 년 전, 행성의 기후가 어떻게 변화하고 숲이 어떻게 사라지고 열린 초원이 되었는지를 설명한다. 그는 이러한 새로운 환경 조건이 유인원과 궁극적으로 호모사피엔스의 진화를 지원했다고 설명했다. 이 단계에서 유인원의 적응을 도와준 중요한 특성은 대집단으로 자신들을 조직하는 능력의 진화, 즉 그들의 사회적 기술이다. 이 프로그램은 한 무리 비비의 사회생활의 복잡성, 제한된 방법 내에서 상호학습 능력의 출현을 보여 준다. 이 프로그램의 마지막에서, 애튼버러는 점토로 만든 공을 크기에 따라 나열하였다([그림 3-1] 참조). 그는 이것들이 다른 영장류의 뇌를 나타내는 것으로, 뇌의 크기와 그들이 살고 있는 전형적인 사회 집단의 크기 사이에 밀접한 관련이 있다고 설명한다. 갈라고 원숭이, 작은 뇌, 집단 크기 1; 콜로부스 원숭이, 약간 큰 뇌, 집단 크기 15; 구에넌 원숭이, 약간 큰 뇌, 집단 크기 25; 그리고 끝으로 비비, 큰 뇌, 집단 크기 50. 개방된 초원 환경에서 이러

[그림 3-1] 뇌 크기와 사회 집단 크기 사이의 관계에 대한 애튼버러의 증명

출처: Life of Mammals, episode 7: The Social Climbers, BBC, 2003.

한 집단에 의해 제공되는 더 큰 집단의 사회적 복잡성과 생존의 이점
은 각각 새로운 영장류의 종으로 진화한 더 큰 뇌에 대한 주요 환경
적 추진 요인이 되어 온 것이라고 그는 주장했다.

　인간은 확실히 복잡한 사회계층 구조, 사회적 행동의 규칙과 대인
관계 의사소통 및 이해를 위해 유일하게 진보한 능력으로, 인상적으
로 큰 사회 집단에서 자신을 조직하도록 분명히 적용되었다. 이것
은 우연이 아니다. 진화심리학자들은 우리가 우리의 동료인 인간에
게 강하게 관심을 갖도록 맞추어졌다고 주장한다. 인간의 이야기와
드라마, 연속극, 나아가 소문에 대한 우리의 애정은 이에 대한 증거
이다. 우리의 사회적 본성은 본질적으로 교육의 전체 개념의 근본에
있다. 종으로서 우리는 다른 영장류의 가장 진보된 것과는 질적으
로 다르고, 유일하게 상호 학습이 가능하다. 예를 들어, 침팬지와 인
간 아동의 관찰학습을 비교하는 실험은 아동이 성공적인 수행을 관
찰함으로써 실제 문제를 해결할 수 있는 속도에서 무한히 우수하다
는 것을 반복적으로 보여 주었다. 예를 들어, 동료 침팬지가 걸쇠를
옮기거나, 열쇠를 돌려 성공적으로 상자를 여는 것을 관찰하는 것은
침팬지에게 전혀 도움이 되지 않는다. 그들은 대개 이 무언가를 하
는 것을 스스로 배운다. 그러나 다른 아동이나 성인이 상자를 여는
것을 관찰하는, 인간 아동을 위한 기회는 대부분 즉각적이고 성공적
인 수행을 초래하면서 이 상황을 완전히 바꿔 놓는다. 이 능력과 함
께, 새끼들이 그들의 어미로부터 배우는 다른 종의 사례가 있기는
하지만, 우리는 의도적으로 새끼를 가르치는 유일한 종이다.

　인간의 사회적 유능성의 핵심적 중요성은 유아의 교육적 경험을
위한 두 가지 매우 명백한 결과를 가진다. 첫째, 유아가 사회적 기술

을 발달시키는 것은 유아교육기관과 학교의 교실 및 운동장에서의 모든 사회적 도전과 함께 학생으로서 행복하고 생산적인 삶을 위해 특히 중요하다. 물론 이처럼 다른 사람의 관점, 정서, 동기, 인식을 이해하는 능력을 발달시키려는 즉각적인 도전은 아주 중요한 삶의 기술이다. 이 영역과 관련하여, 우리는 유아의 부모와 형제, 또래들과의 사회적 관계 발달과 아동의 사회적 능력 발달을 위해 이러한 관계의 중요성에 관련된 연구들을 검토할 것이다. 이것은 발달의 특히 중요한 측면이고, 유아교육 관계자들은 특별한 관심을 기울일 필요가 있다. 사회적 유능성의 발달은 그 자체가 중요한 성취일 뿐만 아니라, 발달의 정서적·동기적·인지적 측면을 포함한 다른 많은 영역에서 학습의 근본이다. 아동의 '마음이론(theory of mind)' 발달과 우정 기술에 관련된 연구가 여기에서 주된 초점이 될 것이다.

이것은 진화의 측면에서 두 번째 중요한 결과를 직접적으로 초래한다. 즉, 사회적 맥락에서 가장 효과적으로 학습하기 위해 적응하고 다른 사람과 함께, 다른 사람을 통해 배우는 학습은 발달적 학습자로서의 유아를 위한 매우 중요한 부분이다. 우리는 학습과 언어에 초점을 두고, 사회적 맥락, 관계, 협력학습의 역할을 6장에서 살펴볼 것이다.

유아의 자기조절을 지원하는 지속적인 주제에 맞춰, 이 장에서는 아동이 사회적 발달과 관련하여 자기조절을 증진할 수 있도록 도와주는 것과 관련해 성인의 역할이 가장 효과적임을 주장하면서 결론을 내린다. 예를 들어, 아동이 자신의 사회적 다툼을 해결하도록 도와주는 것에 관한 작업이 논의될 것이다. 이 장은 아동의 사회적 유능성의 발달에 대해 우리가 지금 알고 있는 것이 초기 교실에 미치는 영향에 대한 토론으로 결론을 내린다.

아동의 초기 사회적 성향과 유능성

발달의 많은 영역에서와 같이, 아동의 사회적 능력에 관한 근본적인 문제를 해결하기 위한 초기 작업의 일부는 스위스의 발달심리학자인 장 피아제(Jean Piaget)가 수행하였다. 우리는 6장에서 아동의 학습에 관한 피아제의 중요한 기여에 대해 깊게 논의할 것이다. 그러나 아동의 사회적 능력의 발달과 관련하여, 조망수용이나 다른 사람의 관점으로 상황을 보는 아동의 능력을 강조하는 그의 작업을 살펴보는 것은 유용하다. 이 작업은 유명한 '세 산' 실험을 포함한다(Piaget & Inhelder, 1956). 이 실험은 4~12세 아동에게 한 위치에서 세 산의 모형을 보도록 요청하고, 다양한 다른 위치에 앉아 있는 인형에게 그것이 어떻게 보이는지를 나타낸 그림을 선택하도록 했다([그림 3-2] 참조). 일반적으로 이 과제에 직면한 6~7세 이하의 아동은 인형의 관점보다는 산에 대한 자신의 관점을 나타내는 그림을 선택하였다. 피아제는 이를 그가 다른 사람의 관점으로 상황을 보지 못하는 능력을 의미하는, 유아의 '자아중심성' 혹은 무능한 '탈중심화'의 증거로 받아들였다.

그러나 후속 연구는 이 경우에, 피아제가 이러한 결과의 해석에서 전적으로 옳지 않았음을 보여 주었다. 그의 과제에서 유아의 어려움은 다른 사람의 관점을 이해하지 못하는 능력보다는 요구받는 것이 무엇인지에 대한 혼란으로부터 발생한 것으로 보인다. 예

[그림 3-2] 피아제의 세 산 과제

출처: Piaget & Inhelder (1956).

를 들어, 6장에서 살펴볼 『아동의 마음(Children's Minds)』이라는 마거릿 도널드슨(Margaret Donaldson)의 영향력 있는 책에서는 자신의 박사과정 학생인 마틴 휴즈(Martin Hughes)가 고안한 실험을 보고했다. 이 실험은 유아에게 경찰 인형으로부터 장난꾸러기 소년 인형을 '숨기도록' 요구했다(Donaldson, 1978, 2장. '탈중심화 능력' 참조). 이 과제의 기본 도식은 아동과 경찰, 일부 벽의 위치를 보여 주는 간단한 십자 구성으로 [그림 3-3]의 (a)에 제시되어 있다. 이 과제의 다른 변형에서, 아동은 경찰이 소년 인형을 볼 수 없도록 장난꾸러기 소년 인형을 '숨기도록' 하거나(즉, B나 D가 아닌 A나 C 구역에), 특정 지역에서 경찰이 소년을 볼 수 있는지 여부를 말할 수 있다. 추가적인 변형에서 두 번째 경찰이 소개되고([그림 3-3]의 (b) 참조), 유일하게 가능한 은신처는 아동은 완전히 다 볼 수 있으나 경찰은 어느 쪽에서도 볼 수 없는 C 구역이다. 인상 깊게, 도널드슨은 3.5세에서 5세까지 아동 집단에 대해, 다른 관점에서 상황을 볼 수 있을 뿐만 아니라 자신과는 다른 두 명의 경찰의 관점과 동시에 조화를 이루는 아동의 능력

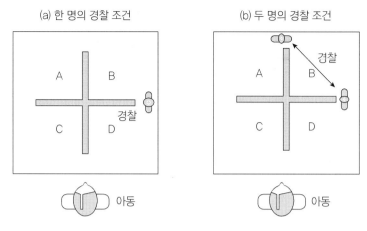

(a) 한 명의 경찰 조건

(b) 두 명의 경찰 조건

[그림 3-3] 휴즈의 숨바꼭질 게임

을 명확하게 증명하면서, 이 문제에 대한 응답의 90%가 정확했다고 보고했다. 도널드슨의 기여는 이 과제에 대한 아동의 성공이 피아제의 세 산 과제에서 사용하지 않은 방법으로, 숨바꼭질을 매우 잘 알고 있는 유아가 과제를 이해하기 쉽게 만들었다는 사실이다.

실제로, 후속 연구는 아동이 동료 인간을 이해하고 그들이 자신처럼 마음을 가지고 있음을 이해하며, 아동 자신의 지식, 믿음, 동기 등뿐만 아니라 자신의 관점을 가지게 될 것임을 이해하는 아동의 능력이 출생의 순간부터 거의 발달하기 시작하는 성향과 능력에 기초함을 보여 준다. 예를 들어, 아동은 아주 어릴 때부터 다른 인간, 특히 인간의 얼굴을 선호한다. 그 결과, 초기 영아 지각에 관한 대부분의 연구는 초기 얼굴 지각 자체에 관심을 가져 왔다. 실제로, 일부 연구자는 아동이 얼굴 특정적 처리 능력(face-specific processing abilities)을 가지고 태어난다고 제안했다. 특히 얼굴에 대한 선호도에서 복잡한 시각 자극에 대한 영아의 선호를 구분하려는 시도에 대해 연구자들 간에 지속적인 논쟁이 있었다. 그러나 2개월 된 영아는 '자연스러운' 얼굴과 '뒤죽박죽인' 얼굴을 구별하는 것으로 나타났다. 예를 들어, 마우러와 바레라(Maurer & Barrera, 1981)의 실험에서, 영아는 자연스러운 얼굴 그림과 동일한 복잡성과 동일한 요소를 가진 두 개의 뒤죽박죽인 얼굴을 보았다([그림 3-4] 참조). 1개월 된 영아는 이러한 얼굴 각각을 동일하게 보았으나, 2개월 된 영아는 다른 두 가지 얼굴보다 자연스러운 얼굴을 유의하게 길게 보았다.

다른 사람과 상호작용하는 유아의 성향과 능력은 발달에서 매우 초기에 나타나기 시작한다. 발달의 이러한 측면과 관련된 연구의 매력적인 두 영역은 성인이 유아와 상호작용하지 않을 때, 그리고 성인이 환경에서 대상을 보거나 가리킬 때 유아의 반응을 조사한 것이다. 이러한 문제와 관련된 실험에서 영아는 3개월일 때 다른 사람들이 그들과 상호작용할 것을 기대하고(아마 일반적인 대면 상호작용의 경험을 바탕으로), 연구자의 지시에 따라 어머니가 조용하고 표현이 없는 '무표정한 얼굴(still-face)'을 나타낼 때 방해를 받는 명백한 징후를 보인다. 9개월 아동은 환경에서 대상에 대한 공동주의를 확립하기 위해 성인의 시선과 가리키는 제스처를 따를 수 있다(가리키는 것에 대한 반응으로 당신의 손가락을 볼 침팬지의 행동과 대조적으로 흥미롭게).

[그림 3-4] 마우러와 바레라(1981)가 사용한 얼굴 자극

이 분야의 미국인 연구자인 앤드류 멜조프(Andrew Meltzoff)는 다른 사람의 마음에 대한 유아의 초기 이해와 성향에 대한 몇 가지 눈에 띄는 통찰을 제시하여, 모방에 의한 학습과 관련된 일련의 연구를 수행했다. 그는 생후 처음 몇 주 이내에 영아가 다른 사람이 보이는 입의 움직임을 모방하지만, 매우 유의하게도 무생물인 대상이 보이는 유사한 움직임은 모방하지 않음을 보여 주었다. 또한 다른 사람의 마음에 대한 이해가 나타난다는 명백한 증거를 보여 주는, 18개월 아동은 그들이 실제로 행동하기보다는 다른 사람의 의도를 모방한 것으로 나타났다. 예를 들어, 성인이 테이블에 사물을 놓으려고 하다가 우연히 그것을 바닥에 떨어뜨리거나 무언가를 병에 넣으려고 하다가 놓친다면, 이 연령의 아동은 그것이 성공적으로 수행되는 것을 보았을 때 '의도된' 행동을 모방할 가능성이 있다. 이 연령의 아동은 또한 기계 장치가 수행하는 시도보다 인간의 시도를 관찰한 후에 목표 행동을 여섯 배 더 생성하는 것으로 나타났다(이 연구에 대한 검토는 Meltzoff, 2002 참조).

마음이론과 심리적 이해의 발달

인간은 마음이 있고 세계에 대한 자신의 관점, 지식, 정서, 의도를 가지고 있으므로, 다른 인간이 다른 개체와는 다르다는 것을 유아가 이해함을 보여 주는 이러한 능력은 '마음이론'이라 불리는 것이 초기에 나타남을 증명해 준다. 다른 사람의 마음에 대한 이러한 이해의 발달은 영국 발달심리학 공동체에서 특히 방대한 연구 노력으로 나타났다. 이는 사회적 유능성의 초기 발달에서 결정적으로 중요한 것으로 인식되었기 때문이다. 이 관점은 또한 자폐 아동의 손상된 마음 읽기 이해와 능력을 제안한 광범위한 연구에 의해 지지된다(예: Baron-Cohen, 1998; Frith, 1989, 2008 참조).

유아가 기본적인 '마음이론'을 획득했는지를 확인하는 데 널리 사용된 고전적인 과제는 '틀린 믿음'을 이해하는 능력에 관한 것이다. 틀린 믿음 과제에는 여러 가지 종류가 있는데, 이 과제들에서는 모두 이야기나 시나리오에서 아동이 다른 아동이나 등장인물이 알지 못하는 일부의 정보나 무언가를 알고 있는 상황에 놓이게 된다. 아동은 다른 아동이나 등장인물이 특정한 결정을 하려면 일부의 정보가 필수적인 상황에서 그들이 무엇을 할 것인지 예측하도록 요구받는다. 다른 아동이나 등장인물은 필수적인 정보가 부족하기 때문에 잘못된 결정을 내릴 것이라고 이해한다면, 즉 상황에 대한 '틀린 믿음'을 가지고 있다면, 아동은 기본적인 '마음이론'을 가지고 있는 것으로 간주된다. 고프닉과 애스팅턴(Gopnik & Astington, 1988)이 개발한 고전적인 '정체성 변화 과제(identity change)'에서는 아동에게 스마티즈(Smarties) 튜브를 보여 주고, 그 안에 무엇이 있을 것이라고 생각하는지 질문한다. 당연히 아동은 '스마티즈!'라고 말한다. 그러나 튜브가 열리면, 모든 사람이 놀랍게도 연필이 들어 있음을 발견하게 될 것이다([그림 3-5] 참조). 연필들은 다시 튜브 속에 들어가고, 아동은 그들의 친구가 그것을 보았을 때 튜브에 무엇이 있다고 생각할 것인지 말할 것을 요청받는다. 4~5세까지 아동의 대부분은 '연필'이라고 말하는데, 이는 완전하게 구성된 '마음이론'을 아직 발달시키지 못한 것으로 간주된다. 이것은 아동이 튜브 안에 무엇이 있는지를 보지

[그림 3-5] '정체성' 변화 틀린 믿음 과제
(스마티즈 상자에 기대하지 않은 연필이 들어 있다.)

출처: Gopnik & Astington (1988).

못한 그들의 친구가 '틀린 믿음'을 가지고, 아동이 조금 전 그랬던 것처럼 '스마티즈'라고 말할 것이라고 예측하는 것이 불가능하기 때문이다.

이 과제의 다른 버전으로 잘 알려진 '위치 이동' 과제는 일반적으로 샐리-앤(Sally-Anne) 과제로 더 잘 알려져 있다([그림 3-6] 참조). 이 버전에서는 아동에게 샐리가 바구니를 가지고 있고 앤은 상자를 가지고 있는 일련의 그림을 보여 준다. 샐리는 구슬도 가지고 있는데, 산책을 나가기 전에 구슬을 자신의 바구니에 넣는다. 샐리가 밖에 나간 사이, 앤은 구슬을 샐리의 바구니에서 자신의 상자로 옮긴다. 아동은 샐리가 돌아왔을 때, 구슬을 찾기 위해 어디를 찾아볼지 예측하도록 요청받는다. '마음이론'을 확실하게 증명하기 위해, 아동은 실제로 상자에 구슬이 있다는 것을 잘 알고 있음에도, 샐리가 자신의 '틀린 믿음'에 기초해서 행동할 것이라고 이해하고 '바구니'라고 대답

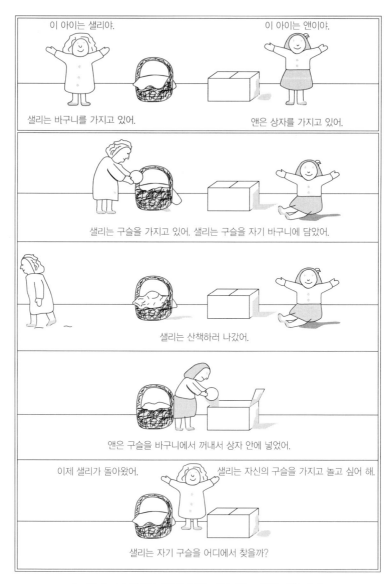

[그림 3-6] '위치 이동' 틀린 믿음 또는 샐리-앤 과제

출처: Baron-Cohen et al. (1985).

해야 한다.

이 간단한 실험은 매우 강력한 것으로, 일관되게 매우 명확한 결과를 보이는 것으로 나타났다. 하지만 매우 논란의 여지가 있다고 입증된 피아제의 여러 실험처럼 이 실험은 매우 어렵고, 유아들의 흥미를 끌어내기 어렵거나 한 번에 그들이 알거나 이해하거나 진정으로할 수 있는 것을 알아내기가 어렵다. 피아제의 여러 과제와 마찬가지로, 이러한 틀린 믿음 과제에서의 성공은 기술의 범위와 그들이 접근하려고 의도한 중심 개념의 성취에서 상당히 떨어진 이해에 의존하는 것으로 보인다. 이러한 과제에서의 성공은 언어 능력(질문을 이해하고 대답을 표현하는), 기억 능력, 억제 조절(inhibitory control)의 수준(즉, 마음에 떠오르는 첫 번째 생각을 말하는 것을 멈추고, 두 번째 생각에찬성하는 것을 억제하는 능력)에 의존한다는 것을 보여 주었다.

최근 연구 중 하나는 내 박사과정 학생인 데메트라 데메트리오(Demetra Demetriou)가 수행하였고, 우리는 틀린 믿음 과제에서 성공의 가장 큰 예측 요인이 아동의 '근원기억(source memory)'임을 발견했다. 이는 우리가 5장과 6장에서 살펴볼 '상위인지'라고 불리는 것의 측면으로, 그들이 무엇을 알고 있는지 뿐만 아니라 어떻게 알고 있는지(즉, 그들 지식의 근원)에 대해 인식하는 아동의 능력발달과 관련이 있다. 예를 들어, 헨리 8세의 아내들의 이름을 물었을 때, 당신이대답하고, 당신이 어떻게 그것을 아는지를 물어본다면, 당신은 "중학교 시절 튜더 왕가에 대해 배웠어요." 혹은 "최근에 텔레비전 프로그램을 봤어요."라고 말할 수 있다. 그러나 5~6세 이하의 유아는 당신이 새로운 것을 가르쳤을 때 항상 그것을 알고 있다거나 어머니가 알려 줬다고 말하기 쉽다. 틀린 믿음 과제에 대한 이러한 종류의 '근원

기억'의 관련성은 자명하다. 만약 아동이 관련된 정보의 핵심(중요 부분)을 어떻게 아는지가 확실하지 않다면, 다른 아동이나 연관된 등장인물도 모를 것이라고 인식할 것이다.

이러한 다양한 다른 측면에서 발달하는 아동의 인지 능력(우리가 후속 장에서 살펴볼)은 물론 틀린 믿음 과제를 포함해 그들이 하는 모든 것에 영향을 미친다. 이러한 유아의 능력, 이해, 기술의 광범위한 공동발달(co-development)은 발달의 각 측면에서 풀어 낸 효과와 중요성을 매우 도전적으로 만든다. 그러나 도전을 좋아하는 사람들에게 그것은 유아의 발달에 대한 연구를 무한하게 매력적으로 만드는 요소이다. 그러나 유아를 개별적으로 연구할 때는 그들의 수행이나 행동의 원인에 관한 결론을 성급히 내리는 것에 주의해야 한다. 우리는 다양한 맥락에서 관찰을 하기 위해 연구와 전문적인 경험에 의해 강조된 가능성의 범위를 인식할 필요가 있다. 우리는 또한 개선이나 지원에 대한 시도의 영향을 평가하는 데 열려 있어야 한다. 유아의 발달이 가진 복잡한 문제들을 인식하면서 우리는 항상(혹은 심지어 자주) 그것을 제대로 이해하지 못하는 것 같다.

그러나 정확한 평가와 측정의 어려움에도 불구하고, 분명한 것은 유아가 다른 사람의 마음에 대한 심리적 이해가 발달하고, 이것이 그들의 사회적 행동과 학습에 대한 명백한 결과를 가져온다는 것이다. 예를 들어, 많은 연구에서는 나이가 들수록 아동이 행동적 묘사가 아닌 심리적 묘사를 사용해서 그들이 아는 사람들을 점진적으로 기술한다는 것을 공통적으로 발견했다. 예를 들어, 바렌보임(Barenboim, 1981)의 연구에서 6~11세 아동은 그들이 잘 알고 있는 세 사람을 묘사하도록 요구받았고, 그들의 기술은 단순히 '행동 비교'("빌리는 제이슨보다 훨씬 빨리 달린다."), '심리적 구조'("그는 자신이 대단하다고 생각하는 자만심이 정말 강하다."), '심리적 비교'("린다는 대부분의 다른 사람보다 실제로 훨씬 더 예민하다.")의 세 가지로 단순하게 범주화되었다. [그림 3-7]은 이 연구에서 얻은 데이터의 결과 패턴을 나타낸다. 우리가 볼 수 있듯이, 7세 정도까지 아동은 전적으로 행동 묘사를 사용했다. 그러나 그 이후로는 심리적 묘사가 더 일반적으로 나타났고, 아동이 9세 정도가 되었을 때까지 주를 이루었으나, 아동이 11세 정도가 되기 전까지는 보다 세련된 심리적 비교가 나타나기 시작했다.

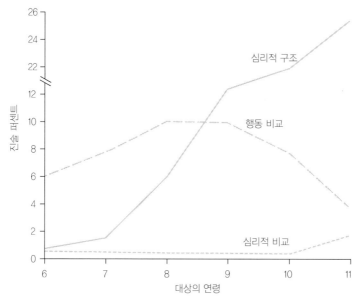

[그림 3-7] 다른 사람에 대한 묘사 사용에서 아동의 연령에 따른 변화

출처: Barenboim (1981).

그러나 이 연구는 다른 사람의 심리 상태와 특성에 대한 유아의 이해 수준을 과소평가한 것으로 보인다. 유아의 발달에 관한 연구에서 종종 볼 수 있듯이, 특정 주제에 관해 연구자와 이야기하는 아동의 능력이나 경향은 이 주제에 관한 아동의 자발적인 대화보다 혹은 일상적인 상황에서 아동의 이해에 대한 행동적 증거보다 일반적으로 조금 늦게 나타날 수 있다. 예를 들어, 다른 사람에 대한 아동의 내적인 정신 상태와 관련된 자발적인 행동이나 말에 관한 관찰 연구는 다른 사람의 감정에 대한 공감의 징후가 아주 어린 나이부터 나타난다는 것을 보여 주었다. 10개월에서 18개월 정도까지 이러한 징후는 주로 모방적 반응(예: 다른 아동이 울 때 우는 것)을 통해 나타난다. 그러나 2세 이전의 많은 아동이 지지와 도움을 제공한다(예: 괴로워하는 사람을 토닥이거나, 언어적으로 공감하는 것, 위로가 되는 물건을 제공하는 것, 돕기 위해 다른 사람을 데리고 오는 것). 다른 사람의 내적인 정신 상태에 대한 유아의 자발적인 말에 관한 연구에서, 브라운과 던(Brown & Dunn, 1991)은 많은 3세 아동이 다른 사람의 정서, 욕구, 동기에 대해 언급할 수 있고, 이러한 내적인 정신 상태가 어떻게 초래되거나 변화할지에 대해 이야기할 수 있음을 보여 주었다.

초기 사회적 관계의 영향

그러나 유아의 사회적 이해에서 이러한 초기 발달의 놀라운 점은 뚜렷한 개인차가 있다는 것이다. 브라운과 던은 그들의 연구에서 3세 아동의 1/3이 다른 사람의 내적인 정신 상태에 관해 이야기할 수 있다고 발견한 반면, 나머지 다른 아동은 발달에서 동일한 성취를 위해 1년이나 심지어 2년이 더 걸릴 수 있다고 하였다. 틀린 믿음 과제로 평가한 마음이론 또한 이러한 경향을 보인다. 앞서 언급한 데메트라데메트리오의 연구에서, 연구의 처음에는 4세 2개월 아동 54명 중에서 5명이 '정체성 변화' 과제를 이해하고 7명이 '위치 이동' 과제를 이해하는 증거를 보였다. 그러나 1년 후에 이 두 가지 과제를 전혀 이해하지 못하거나, 제한된 이해를 보이는 아동이 여전히 각각 19명, 15명이었다. 이러한 차이에는 유전적 · 생리학적 선행 사건이 있지만, 모든 발달적 변화에 있어 유아와 작업하는 우리에게 중요한 것은, 이러한 차이가 유아의 초기 사회적 경험에서의 변화와 관련이 있음을 보여 주는 풍부한 증거도 있다는 것이다. 따라서 정신 상태 어휘를 대화에서 더 빈번하게 사용하는 부모를 둔 아동(Dunn et al., 1991)과 손위 형제를 가진 아동(Jenkins & Astington, 1996)은 모두 다른 아동에 비해 틀린 믿음 과제에서 상당히 빨리 성공하였다. 이 연구를 통해, 만약 우리가 그들의 사회적 발달을 지원하고 장려한다면, 초기 교육 환경에서 유아에게 제공할 필요가 있는 사회적 경험의 질에 관한 중요한 메시지를 배울 수 있다고 주장하고자 한다.

던과 동료들(Dunn et al., 1991)은 그들의 연구에서 아동의 사회적 경험의 범위를 조사했다. 그들은 그들이 발견한 차이가 감정과 인과관계에 관한 가족과의 대화에서 아동의 참여가 어머니와 아동의 언어적 유창성, 아동의 형제 및 어머니와의 상호작용의 질, 아동의 형제와 협력적 상호작용과 관련되어 있다는 결론을 내렸다. 다시 말해, 아동의 초기 사회적 관계의 질과 가족 내에서 민감하게 다루어지고 논의되어야 하는 정도는 그들의 초기 사회적 이해와 다른 사람과의 관계 및 우정을 형성하고 유지하는 자신의 능력을 발달시키는 데 중요한 영향을 미친다. 물론 이것은 이전 장에서 논의된 애착과 관련된 작업에 매우 강하게 반영되어 있고 정서적 따뜻함, 민감성, 반응성의 중요성에 관한 증거와 매우 강하게 연결되어 있다.

이 연구와는 별개로, 부모와 다른 양육자의 아동양육방식이 얼마나 다양한지에 관한 광범위한 연구가 진행되어 왔다. 물론 이에 대해서는 많은 사람이 강한 견해를 가지고 있을 뿐 아니라, 명확한 문화적 차이가 존재한다. 몇 년 전, 나는 아동양육에 관한 전공선택 과목을 운영했고, 이 과목을 두 개의 간단한 활동으로 시작하곤 했다. 첫째, 나는 학생들에게 자신이 아동에게 권장하고 싶은 자질을 묘사하는 단어 목록을 순서대로 나열하도록 요구했다. '창의성' '독립적 사고'와 같은 단어들은 일반적으로 이러한 목록의 상단에 위치하였다. 그러고 나서 나는 북서부 카메룬에 사는 부족민들에 대한 연구결과를 보여 주었다(Nsamenang & Lamb, 1995). 거기에서는 '효도' '복종과 존중'이 목록의 가장 상위에 있고, '호기심'은 가장 바람직하지 않은 특징으로 평가되었다. 둘째, 나는 학생들에게 아동양육에 관한 여러 권의 책을 나눠 주고(당신도 알다시피, 당신이 어느 서점에 가건 서점의 선반에는 이 책들로 가득차 있다.), 다음 수업을 위해 그 책들을 검토하도록 요청하였다. 학생들의 보고에서, 분명한 것은 동일하게 설득력 있는 열정과 확신을 가지고 서로 다른 책에서 상반된 견해가 표현된 것이다. 이러한 초기 활동을 통해 제기하고 싶은 점은 아동양육에 '옳은' 방법이 있다는 것을 주장하기가 매우 어렵다는 것이다. 그러나 분명한 것은 아동양육 실제가 일반적으로 그들이 살고 있는 사회에서 성공한 구성원이 되는 데 필요한 자질을 발달시키도록 아동을 지원하기 위해 적응된다는 것이다. 이러한 종류의 분석은 때로 사회 다원주의라고 불린다(예를 들어, 흥미롭게도 아동양육 신념과 방식은 영아 사망률과 강한 관련이 있다).

그러나 어떤 문화에서건 일부 부모는 다른 부모들보다 자신의 자녀에게 유익한 초기 경험을 제공하는 데 보다 성공적인데, 이것이 바로 우리가 관찰한 개별적 차이의 본질이다. 소위 '서구의' 현대 기술과 도시화된 사회에서, 양육방식에 관한 연구는 미국의 다이애나 바움린드(Diana Baumrind, 1967)가 개발한 이론적 모델과 초기 연구에 상당히 큰 영향을 받고 있다. 취학전 아동 134명의 어머니와 아버지를 대상으로 한 관찰과 인터뷰를 통해, 그녀는 후속 연구에서 매우 널리 검증되고, 아동을 위해 중요하게 다른 결과물을 예측하는 것으로 나타난 양육방식 모델을 개발했다. 그녀와 다른 연구자들은 부모가 변화할 수 있는 민감성, 애정, 지시, 따뜻함, 허용, 수용성, 체벌, 반응성을 포함하는 다양한 차원을 조사했다. 그러나 부모의 양육 행동을 가장 유의하게 설명하는 것으로 보이는 두 가지 차원, 즉 '반응성'과 '요구'가 나타났다. 양육에 있어서 이 두 가지 기본적 차원의 결합은 맥코비와 마틴(Maccoby & Martin, 1983)의 통합적 검토에서 개발된 네 가지 특징 양식에 대한 기술로 이어졌다. 이는 [그림 3-8]에 제시되어 있다.

	반응적	비반응적
요구적	권위가 있는	권위주의적
비요구적	허용적	방임석

[그림 3-8] '반응성'과 '요구'의 차원에 기초한 양육방식

출처: Maccoby & Martin (1983).

구분된 네 가지 방식 중 세 가지는 분명히 다른 방식으로 역기능이 있고, 사회적·교육적으로 취약한 아동의 발달에서 다양한 종류의 행동과 관련이 있음을 보여 준다(Baumrind, 1989; Steinberg et al., 1994). 애정이 거의 없는 '권위주의적' 부모는 그들의 요구에 일관성이 없고, 질문이나 설명 없이 자녀가 복종하도록 기대한다. 그들의 아동은 자존감이 낮고, 무례하고 반항적이고, 때로는 높은 수준의 대인 공격성을 보이는 경향이 있다. 스펙트럼의 다른 끝에 있는 '허용적' 부모는 대개 자신의 아동에게 매우 반응적이나, 관대하고 명확하거나 일관된 기준이나 기대를 충족시키지 못한다. 그들의 아동은 충동적이고, 자제력이 낮고, 미성숙하고, 다른 사람에게 쉽게 영향을 받으며, 학교생활에 적응하는 데 어려움이 있음을 종종 발견한다. 자녀의 삶과 복지에 관심이 거의 없고, 때로는 방치하거나 학대하는 '방임적' 부모의 아동은 일반적으로 학교와 일상에서의 사회적·인지적 요구를 감당할 수 있는 최소한의 준비도 되어 있지 않다. 그들의 자존감과 성취의 수준은 매우 낮고, 그들은 우울증이나 다른 정서장애의 발생 가능성이 매우 높다.

대조적으로, 부모의 반응성과 아동에 대한 부모의 기대와 요구 수준이 높은 '권위가 있는' 양육방식은 아동에게서 긍정적 결과를 이끌어 낸다는 일관된 경향이 여러 연구에서 제시되었다. 물론 반응성의 중요성은 2장에서 검토한 애착 연구에 의해 독립적으로 확인되었다. 권위가 있는 부모는 자신의 자녀에게 정서적으로 가장 따뜻하고 애정적이다. 그러나 그들은 또한 아동의 행동에 대한 명확하고 일관적인 기준을 세우고, 아동의 수행에 대한 높은 기대를 보인다. 동시에 그들은 자율성과 독립성에 대한 아동의 요구를 명확하게 존중하고, 단순히 그들의 권위를 주장하기보다 그들의 이유를 설명하면서, 논의와 협상을 통해 설정한 기준과 규칙을 아동이 준수하도록 지원한다. 이 방식은 아동의 발달하는 자존감, 자기조절, 더 나아가 학습자로서 그들의 성공을 지원하는 것으로 나타났다. 예를 들어, 미국의 연구 중 스테퍼니 칼슨(Stephanie Carlson)과 동료들(Bernier et al., 2010 참조)은 아동의 자기조절능력 발달에서 초기의 어머니-아동 상호작용의 역할을 입증하였다(7장에서 우리가 살펴볼 인지와 정서 억제 조절의 다양한 방법을 사용하여 측정). 특히 그들은 어머니의 민감성(혹은 반응성), 비계설정(scaffolding)(즉, 아동의 연령에 적합한 문제해결 전략을 제공하는 것), 마음-마음(mind-mindedness)(아동과 대화하는 동안 정신적 용어 사용)의 역할을 강조했다. 권위가 있는 양육방식은 또한 아동의 사회적 유능성과 관련된 다양한 긍정적 결과와 연관되어 있다. 아동으로서 그들은 다른 아동 및 성인과 가장 쉽게 관계를 맺고, 일반적으로 또래 사이에서 가장 인기가 있다. 권위가 있는 부모의 청소년기 자녀는 보다 반응적이고, 독립적이며, 다른 양육방식을 경험하는 자녀에 비해 반사회적 행동이나 약물, 알코올 혹은 미성숙한 성 관계의 시도에 상당히 적게 연루된다(Steinberg et al., 1994).

물론, 이러한 범주 구분에 따른 네 가지 양육방식은 굉장히 과잉단순화된 것이고, 거의 모든 부모가 때때로 이러한 양육방식 중 하나에 따라 행동한다(그러니 당신 자신의 양육방식에 대해 경각심을 가지고 이 절을 읽는다면 걱정하지 말라. 나는 그 방식이 당신이 생각하는 것만큼 나쁘지 않다고 확신한다). 가정의 경제적 어려움, 가정불화, 정신질환 등에 의해 부모가 개인적 스트레스를 경험하게 되면 '권위가 있는' 부모가 되기는 훨씬 더 어렵다. 또한 아동의 기질과 행동에 대한 반응으로 부모의 양육방식이 달라지는 경우도 있다. 자녀가 과잉행동 문제를 보이거나, 자녀가 십 대가 되면서 갑자기 작은 천사에서 다루기 힘든 괴물로 바뀌면, 우리는 훨씬 더 '권위주의적'으로 변한다.

여기서 중요한 점은 내가 양육방식에 관한 관련 연구들을 고찰하지는 않았기 때문에 양육 능력에서 지각된 결핍에 대해 자녀 양육 능력에 문제가 있는 것으로 그 부모들을 '탓'할 수는 없다. 우선, 성인이 자신이 양육된 방식으로 자녀를 양육하는 경향이 있다고 많은 연구에서 제시되었다. 오늘날 내가 생각하기에 널리 받아들여지고 있는 부모는 또한 확대가족의 몰락으로 별다른 혜택을 받지 못하고, 경험이 많은 친척들이 제공할 수 있는 지지와 도움을 받지 못했다. 양육에 관한 책의 거대한 출판 시장(내가 앞서 언급한), 양육에 관한 텔레비전 프로그램의 시청자 규모, 대규모 부모교육 강좌의 개설은 자녀들을 위해 최선을 다하는 부모의 압도적인 숫자에 대한 우려를 보여준다.

그러나 나는 양육방식에 관한 연구가 유아와 전문적으로 작업하는 사람들에게 중요한 메시지를 준다고 믿는다. 그것은 우리가 할 수 있는 어떤 방식으로든 아동양육이라는 커다란 도전 과제를 지원하기 위해 부모와 협력해야 하는 아주 명백한 이유를 제시한다. 또한 그것은 증거에 기반한 권고를 부모에게 제공할 수 있는 명백한 토대를 제공하고, 교육적 맥락에서 우리의 실제를 안내할 수 있는 원칙을 제공한다고 나는 믿는다.

초기 사회적 상호작용과 우정의 기술

물론 성인은 유아가 상호작용하는 유일한 대상이 아니다. 아동의 형제, 또래와 친구들과의 상호작용 및 관계와 관련된 연구, 그리고 이러한 초기 관계가 사회적·교육적 발달에 미치는 영향에 관한 연구가 많이 이루어졌다. 유아는 몇몇 초기 연구의 제안과는 반대로, 아주 어린 시기부터 다른 아동에게 특별한 흥미를 보이고, 그들이 아직 영아일 때(즉, 인생의 첫 2년 동안)부터 우정을 쌓기 시작한다. 예를 들어, 12~18개월 영아를 대상으로 한 루이스와 동료들(Lewis et al.,

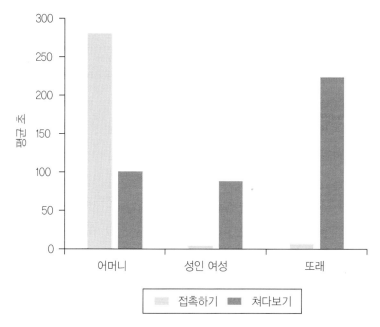

[그림 3-9] 12~18개월 영아가 12분 동안 자신의 어머니, 친숙하지 않은 성인 여성, 친숙하지 않은 또래와 접촉하고 쳐다보는 시간

출처: Lewis et al. (1975).

1975)의 연구에서는 영아가 자신의 어머니와 다른 영아-어머니 쌍이 실험실에 함께 있을 때 접촉하고 쳐다보는 행동을 조사했다. 그결과, 이 연령대의 영아는 예상대로 자신의 어머니와 가까이 머물렀고, 접촉을 자주 하였으며, 다른 영아를 주로 쳐다보았다([그림 3-9] 참조). 이 연령대 아동에 대한 비디오 관찰에서도 영아는 친구들이 도착하는 것을 쳐다보고, 친구들 근처에서 놀이하기 위해 움직이고, 서로의 놀이를 모방한다는 사실이 밝혀졌다.

영국에서 5명의 아동 중 거의 4명에게 형제가 있는데, 이 아동들은 형제관계에서 또래와의 사회적 관계에 관한 초기 학습을 시작한다. 이 영역에서 가장 중요한 연구 중 하나는 1970년대 후반에 케임브리지 주변에 살고 있는 40가족에 대한 관찰을 시작한 주디 던과 동료들이 수행한 연구이다. 첫 번째 관찰 시점에서, 각 가족은 두 번째 생일을 앞둔 한 명의 자녀가 있었고, 둘째 자녀가 한 달 정도 뒤에 태어날 예정이었다. 초기 연구(Dunn & Kendrick, 1982)에서는, 손아래 동생이 14개월 된 시점까지 관찰과 부모 면담이 실시되었다. 『형제: 사랑, 질투와 이해(Siblings: Love, Envy and Understanding)』라는 제목의 책은 형제관계에서 종종 발생하고, 지속되기도 하는 강한 정서를 드러낸다. 예를 들어, 초기 청소년기에 도달했을 때 이들에 대한 후속 연구(Dunn et al., 1991)에 의하면, 적대적이고 비우호적인 형제와 함께 자란 아동은 더 우울하고, 불안하거나 공격적일 가능성이 높다는 결과가 제시되었다. 그러나 분명한 점은 대다수의 아동은 더 일찍 안정된 애착 형성의 기회를 가지고, 이해심을 경험하고 발달시키기 위한 초기 환경을 가지면서, 긍정적인 초기 형제관계를 통해 엄청난 혜택을 갖는다는 것이다. 앞서 언급한 바와 같이, 예를 들어 손위 형제가 있는 아동은 '마음이론' 이해 능력이 더 일찍 발달하는 것으로 보인다(Jenkins & Astington, 1996).

우리가 앞서 언급한 바와 같이, 던과 동료들(Dunn et al., 1991)의 후속 연구에서는 초기 '마음이론'의 성취가 부모의 정신 상태 어휘 사용과 관련이 있음을 밝혔다. 이후에 일본에서 형제관계에 관해 수행된 연구는 아동양육의 중요성을 강화시켰다. 코지마(Kojima, 2000)는 조사 시점에 두 자녀의 연령이 2~3세와 5~6세였던 형제 40쌍을 가정환경에서 관찰한 연구를 수행하였다. 이 연구에서는 두 자녀가 말다툼을 하거나 논쟁을 벌일 때의 어머니 행동에 대해 분석하였다. 다른 형제에게 한 형제의 행동이나 정서를 설명함으로써 상황을 분산시키려는 어머니의 경향성과 손아래 형제에 대한 손위 형제의 긍정적 행동 간에 매우 놀라운 관련성이 발견되었다. 내가 다음에 살펴볼 전문적인 실제에 대한 명확한 함의가 여기에 있다.

그러나 형제가 없는 아동을 포함하여 모든 아동에게 형제관계에서 파생될 수 있는 개인적 이익과 이해가 또래와의 우정에서도 파생될 수 있다는 명확한 증거가 있다. 실제로, 우정의 맥락이 더 중요하다고 제안하는 몇몇 증거가 있다. 예를 들어, 다양한 연구에서 우정이 정서적으로 결핍된 가족관계를 보상할 수 있고, 아동은 부모 및 형제와 갈등이 있을 때보다 친구와 갈등이 있을 때 타협하고 협상하기 위해 다른 사람의 관점을 고려할 가능성이 더 높음을 보여 준다(아동의 우정에 관한 광범위한 연구의 검토는 Dunn, 2004 참조).

유아의 정서적·사회적 발달에서 우정의 중요성과 영향력은 이들 두 측면 발달의 상호 관계에서 비롯된다. 우정은 아동이 사회적 기술과 이해를 발전시킬 수 있는 강력한 맥락을 제공한다. 동시에 우정을 형성하고 유지하는 능력은 이와 동일한 능력에 의존한다. 물론 일부 아동은 우정을 매우 쉽게 형성하는데, 이들이 소유하고 있는 능력은 놀랄 만한 것은 아니다. 이는 아동의 정서발달(이전 장에서 살펴본)과 이 책 전반에서 내가 전개하고 있는 반복되는 주제인 자기조절에 관해 지금까지 우리가 논의한 연구에 근거한다. 따라서, 최근 이 분야에서 권위 있는 연구들에 대한 광범위한 고찰(Sanson et al., 2004)에서, 낯선 상황에 대해 자신감 있게 접근하는 성향(앞서 살펴본 바와 같이, 안정된 정서 애착에서 유발되는)과 행동 및 정서를 조절하는 능력은 우정 기술이 뛰어난 아동의 주요 특징으로 나타났다.

이러한 기술은 유아의 '접근 전략'에 대한 코르사로(Corsaro, 1979: 320-321)의 초기 연구에서 발췌한 다음의 사례에 멋지게 기술되어 있다. 즉, 다른 아동과 함께 놀이에 참여하기 위해, 친구를 사귀기 위해 그들이 개발한 전략이다.

놀이터에 있는 모래상자 주위에서 두 여자아이 제니(J, 4세)와 베티(B, 3.9세)가 놀고 있다. 나는 모래상자 근처의 바닥에 앉아서 지켜보고 있다. 여자아이들은 냄비, 컵케이크용 팬, 병, 찻주전자에 모래를 넣고 있다. 때때로 여자아이들 중 한 명이 나에게 모래케이크를 가져다주곤 했다. 다른 여자아이 데비(D, 4.1세)가 다가와 두 여자아이를 관찰하면서 내 주변에서 있다. J나 B는 D의 존재를 인식하지 못한다. D는 나나 다른 여자아이들에게 아무 말도 하지 않고, 다른 사람들도 그 여자아이에게 말을 걸지 않는다. 잠깐 동안 지켜본 후(5분 정도), D는 모래상자를 세 번 돌고, 다시 멈춰서 내 옆에 선다. 몇 분이 지난 후, D는 모래상자로 이동해서 모래 위의 찻주전자에 손을 내민다. J는 D로부터 주전자를 빼앗고는 "안 돼."라고 중얼거린다. D는 뒤로 물러나 다시 내 옆에 서서 J와 B의 행동을 관찰한다. 그리고 나서 D는 모래로 컵케이크용 팬을 채우고 있는 B의 옆으로 걸어간다. D는 단지 몇 초 동안 B를 지켜보고는 다음과 같이 말한다.

① D-B: 우린 친구잖아. 그렇지? 우린 친구잖아. 맞지, B?

   B는 D를 쳐다보지 않고, 팬에 모래를 넣는 것을 계속하면서 말한다.

② B-D: 맞아.

   D는 이제 B를 따라 움직이고, 냄비와 숟가락을 가져서 냄비에 모래를 넣기 시작한다.

③ D-B: 난 커피를 만들고 있어.

④ B-D: 난 컵케이크를 만들고 있어.

⑤ B-J: 우린 엄마야. 그렇지, J?

⑥ J-B: 맞아.

   (이제 세 여자아이의 에피소드는 교사가 '정리' 시간이라고 알려 줄 때까지 20분 이상 계속되었다.)

이 에피소드에 대한 분석에서, 코르사로는 데비가 놀이에 참여하고, 친구를 사귀기 위해 사용한 점진적인 전략을 확인하였다. 먼저, 데비는 상호작용 영역 안에 자신을 위치시킨다(비언어적 진입). 이 행동이 아무런 반응을 불러일으키지 않자, 모래상자 주위를 돌기 시작한다. 아무런 반응이 없어서, 다시 상호작용 영역에 들어가 찻주전자를 집어 들지만(유사 행동), 거절당한다. 그러나 데비는 "우린 친구잖아, 그렇지?"라고 베티에게 말하면서 언어적 전략으로 전환해 지속하고(관계 언급), 베티는 결국 이러한 움직임에 긍정적으로 반응한다. 그러고 나서 데비는 "난 커피를 만들고 있어."라고 말하면서 언어적 설명과 유사한 행동을 연합시키고, 이 시점부터 세 여자아이는 즐겁게 함께 놀이를 한다. 우리가 알 수 있듯이, 이것은 데비에게 상당한 사회적 자신감과 행동조절을 요구하는 매우 인상적인 행동 전략이다. 물론 이것은 모든 4세 아동이 가지고 있는 기술은 아니다. 사회적 자신감이 낮은 아동은 처음에 무시당하거나 거절당하면 쉽게 포기하게 되고, 자기조절이 덜 발달된 아동은 너무 공격적으로 서두르거나, 논쟁을 불러일으키거나, 스스로를 회피 대상으로 만들기 쉽다.

우정의 초기 단계를 넘어서, 아동이 우정을 유지하기 위해 보이는 특성과 행동에 대한 중요한 연구가 실시되었다. 우정을 유지하는 아동은 자신의 친구들에게 다정하게 대하고, 친구들의 정서에 민감한 반응을 보이고, 즐거움과 관심을 표현하며 적절하게 지원했다. 그들은 자신의 성취에 대해 친구들에게 소개하여 칭찬한다. 그들은 또한 보다 협력적이고, 주도적인 공동 놀이 활동에 참여하고, 다른 아동이 놀이를 시작할 때 긍정적으로 반응하고, 놀이기구와 놀잇감을 공유하고, 친구들의 의견에 동의한다. 그들은 친구들과 많은 환상놀이에 참여한다(다음 장에서 우리가 살펴볼 역할). 그들은 친구들과 친밀감을 발달시키고, 감정에 대해 이야기하고, 개인적 정보나 '비밀'을 공유한다. 그들은 자신이 원하는 것을 기꺼이 미룰 수 있다(연구논문에서 '만족지연'이라고 표현하는 것으로, 억제 조절의 한 형태). 친구와의 우정에서 언제나 존재하는 갈등이 발생했을 때, 앞서 언급한 것처럼, 그들은 다른 사람의 관점을 고려하고, 타협하며 협상하고, 의견 충돌 시 원만하게 해결하려고 한다(이러한 우정 기술 측면에 관한 폭넓은 검토는

Dunn, 2004; Erwin, 1993; Gallagher & Sylvester, 2009 참조).

우리가 알 수 있듯이, 유아에게 우정을 확립하고 유지하는 것은 고도의 숙련된 일이며 상당한 도전이고, 특히 많은 유아가 유아교육기관이나 학교라는 복잡한 사회에 처음 진입할 때 이 영역에서 상당한 지원이 필요하다. 유아와 함께 작업하는 교사와 양육자에게 아동이 우정을 시작하고 유지하기 위해 요구되는 능력을 발달시키도록 돕는 것은 특별한 도전이다. 그러나 발달하는 개인으로서, 학습자로서의 아동을 위한 이러한 능력의 중요성을 감안할 때, 유아와 함께 하는 전문적 작업에 있어 이보다 더 중요한 과제는 찾기 어렵다.

　　우리는 인간의 근본적인 사회적 본성과 그 결과로 일어나는 아동의 발달하는 사회적 유능성을 언급함으로써 이 장을 시작했다. 우리는 또한 유아가 다른 사람, 특히 다른 아동에게 매우 일찍 흥미를 가지고 사회적 세계에 적절히 대응함을 언급했다. 생의 초기에, '마음이론'이라는 발달심리학 문헌에서 일반적으로 언급되는 것을 빠르게 습득하면서, 아동은 다른 사람의 관점, 의도, 정서, 지식 상태에 대한 이해를 발달시키기 시작한다. 우리는 또한 사회적 기술의 발달을 지원하는, 아동과 부모, 형제 및 친구와의 초기 사회적 관계의 질을 검토해 왔다.

　　이 장에서 검토된 연구와 이론에서 도출된 주요 주제는 아동의 정서발달과 관련하여 뚜렷하게 중복되는 부분이 있다. 다시 말하지만, 우리는 부모-아동 관계에서 정서적 따뜻함, 반응성, 일관성의 중요성을 확인했다. 여기에 우리는 특히 양육과 관련된 연구에서 유아의 행동이나 수행의 높은 수준을 일관성 있게 지원하고 기대하는, 따라서 그들의 자존감을 향상시키는 '요구'의 가치를 추가했다. 우리는 또한 '마음-마음'이라고 하는, 특히 아동 간 갈등 상황을 다룰 때 부모와 다른 양육자가 내적 정신 상태와 감정에 대한 토론에 유아를 참여시키는 것이 중요함을 확인

했다. 우정에 관한 연구는 아동의 사회적 자신감과 자기조절능력을 이
끄는 안정 애착의 중요성을 다시 강조했다. 우리는 우정의 복잡하고 까
다로운 특성을 검토했고, 유아가 높은 수준의 사회적 유능성을 성취하기
위해 발달시킬 필요가 있는 전략과 능력의 일부 범위를 제시했다. 나는
초기의 양육과 교육적 맥락에서 실제를 연구하기 위해 다음과 같은 명확
한 지침이 있음을 주장하고 싶다.

- 아동이 개별적으로 소중하게 느끼고 협력과 상호 지지가 강조되는,
  정서적으로 따뜻하고 지지받는 사회적 환경을 만드는 것은 긍정적
  관계의 발달을 장려할 것이다.
- 지속적으로 유지되고 강화되며, 행동과 수행에 대한 높은 기대를
  설정하는 것은 중요한 성인에게 존중받는 아동과 의사소통하고 그
  들의 자존감을 지지하는 것이다.
- 사회적 집단에서 다른 아동의 행동 규칙에 관한 논의와 협상은 사회
  적 규칙, 그들의 자율성에 대한 감정, 자기조절의 발달을 지원한다.
- 개별 아동이 특히 개인적으로 상반된 관심사와 사건과 관련해 알
  고, 느끼고, 생각하는 것을 포함하는 내적인 정신 상태에 대해 이야
  기하고 논의하는 것은 아동이 다른 사람의 관점과 동기에 대한 이
  해를 발달시키도록 돕는다.
- 유아와 부모의 관계와 양질의 의사소통은 전문 양육자와 교육자에
  게 가정에서 그들의 경험에 관한 중요한 정보를 제공하고, 부모에
  게 아동양육의 어려움과 관심에 관한 지원과 지침을 제공하므로 매
  우 중요하다.
- 아동은 그들을 양육하고 교육하는 사람들을 모델링하고, 우정을 시
  작하고 유지하기 위한 전략에 대해 논의함으로써 우정의 기술을 발
  달시키는 데 상당한 도움을 받을 수 있다.
- 아동 간의 분쟁과 갈등은 그들의 양육자와 교사들에게 관련된 아동
  이 해결할 수 있는 문제와 같은 상황을 제시함으로써, 협상과 타협

의 과정을 보여 줌으로써, 그 외에는 그들 자신의 사회적 불일치를
해결하기 위해 아동의 발달하는 능력을 지원함으로써 기회를 제공
한다.
- 아동에게 공동 과제에서 협력하고 협동놀이와 환상놀이에 참여하
고, 그들이 필요를 느낄 때 전형적인 초기 환경의 사회적 혼란에서
벗어날 수 있는 조용한 장소로 물러나는 기회를 제공해야 한다.

토론을 위한 질문

- 정신 상태에 관해 우리는 아이들과 이야기를 나누는가?
- 왜 일부 아이는 다른 아이들보다 인기가 있는가?
- 우정의 기술을 가르치는 것은 가능한가?
- 수줍음이 많은 아이가 사회적 자존감을 높이도록 어떻게 도울 수 있는가?
- 성인과 아이의 관계에서 '권위가 있는' 양육방식의 중요한 요소는 무엇이며, 실제로는 이것을 어느 정도 구현하는가?
- 우리는 항상 아이가 정서적으로 갈등을 일으키는 분쟁을 해결하도록 돕기 위해 개입해야 하는가?

활동

A. 우정

아이들의 학급에서 수행할 수 있는 흥미로운 활동은 '사회측정법(sociometry)'이라는 이름의 과정이다. 이것은 아이들의 우정관계에 관해 배우는 단순한 방법이다. 가장 인기 있는 아이, 상호친구나 우정집단(관계)을 수립한 아이, 상대적으로 고립된 아이. 그 과정은 본질적으로 아이들이 교실에서 함께 놀이하는 아동 혹은 함께 놀이하고 싶은 아동을 조직적으로 찾아내는 것으로 구성된다. 첫 번째는 일주일간의 과정에서 여러 가지 맥락(상상놀이 영역에서, 블록이 있는 카펫에서, 읽기 영역에서, 실외 영역에서)을 여러 번 반복해서 10초 동안 (수업 등록 순서에 따라) 아동을 관찰한다. 각각의 경우, 당신은 아이가 놀이하고 있는 다른 아이나 아이들과 함께 있는 것

을 단순히 기록한다. 두 번째는 아이들(혹은 주요 작업자, 어린이집의 교사 혹은 보조교사와 같은 신뢰할 만한 성인)에게 교실에서 누구와 놀이하는지를 알려 달라고 질문함으로써 발견할 수 있다. 그들에게는 최대 세 개의 선택권이 주어진다. 이러한 실제 놀이 친구 혹은 선택의 기록은 다음과 같은 같은 '소시오그램(sociogram)'을 구성하는 데 사용된다(Clark et al., 1969).

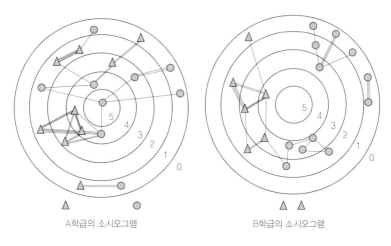

A학급의 소시오그램   B학급의 소시오그램

[그림 3-10] **소시오그램**

이러한 소시오그램은 두 개의 다른 수업에서 함께 놀이하는 아이들의 관찰에 기초한다. 남자아이들은 삼각형으로, 여자아이들은 동그라미로 나타내고, 그들을 함께 묶은 선은 함께 놀이하는 것으로 보이는 횟수를 나타낸다. 동심원은 각 아이들이 관찰한 놀이 파트너의 수를 보여 주는데, 더 인기가 많은 아이들 혹은 더 많은 놀이 파트너가 있는 아이들은 중간에 있고, 놀이 파트너가 적거나 아예 없는 아이들은 원의 바깥쪽에 있다. 선택으로 구성한 소시오그램에서, 일반 원칙은 동일하지만, 각 아이의 선택은 선택된 아이를 가리키는 화살표와 함께 선으로 기록된다. 아이들은 얼마나 많은 다른 아이들이 그들을 선택했는지에 따라서 동심원으로 정렬되어 있다.

이러한 소시오그램은 교실에서 사회적 관계의 패턴을 그림으로 표현하고, 각 아이와 우정의 패턴에 대해 알려 준다. 예를 들어, 우정 기술이 발달된 아이는 친구가 많고 그림의 안쪽 원에 있으며, 그림의 바깥쪽에 위치한 아이들은 우정 형성을 시도할 때 지원이 필요하다는 점을 명확히 보여 준다. 이것은 또한 교실의 사회적 '분위기'에 대해 알려 준다. 예를 들어, B반의 성별은 일반적으로 통합적 패턴이 더 많은 A반보다 훨씬 더 분리되어 있다. 그해의 다른 시점에서 이 과제를 반복하는 것은 아이들의 사회적 '건강'에 대한 유용한 점검이 될 수 있다. 명백하게, 사회적 고립의 수를 줄이는 것은 아마 집단에서 유일한 친구를 가진 아이들에게 사회적 자존감과 우정 기술의 향상이라는 긍정적 징후를 보여 줄 것이다.

B. 갈등을 해결하기 위해 아동을 지원하기

만약 두 명 혹은 그 이상의 아이가 논쟁을 하고 있다면, 상황을 해결하고 아이들이 자신의 감정을 관리하고, 고통스러운 상황을 피할 수 있는 방법에 대해 배우는 데 도움을 주기 위해 다음의 절차를 시도한다.

- 아이들의 정서를 인정하라(예: "네가 매우 화가 난 걸 알아."). 만약 침착하고 존중하는 태도로 그렇게 한다면, 아이들은 진정되기 시작할 것이다.
- 각각의 아이에게 왜 화가 났는지 혹은 속상했는지, 흥분했는지를 차례로 물어본다. 다른 아이에게 한 아이가 말하는 것을 주의 깊게 듣도록 요구한다. 침착하게 있고, 어떤 판단도 하지 말고, 그들의 관점을 인정하는 것을 보여 주면서, 각 아이에게 차례로 그들의 보고에서 중요한 부분을 되풀이하거나 간단히 진술한다.
- 문제를 해결하기 위해 두 개의(혹은 그 이상의) 상반된 관점을 다시 제시하면서 아이들에게 쟁점을 제시한다.
- 아이들에게 문제에 대해 가능한 해결책을 제안하라고 요구한다.
- 당신의 목표는 상황을 진정시키는 것이다. 만약 처리 과정에서 아이가 정서적으로 다시 흥분하면 처음으로 돌아가 과정을 다시 진행한다.
- 아이가 해결책을 제안할 때, 그것을 다시 이야기하고는 다른 아이에게 맡긴다. 어느 한쪽이 동의할 때까지 해결책에 대해 토론하고, 그러고 나서 그들이 할 일을 제안한다.

대부분의 상황에서 이것은 문제에 대한 행복한 해결책으로 이어질 수 있다. 시간이 지남에 따라, 아이들은 분쟁이 발생했을 때 스스로 이러한 전략을 사용하는 법을 배울 것이다.

참고문헌

Barenboim, C. (1981). 'The development of person perception in childhood and adolescence: from behavioural comparisons to psychological constructs to psychological comparisons', *Child Development, 52*, 129-44.

Baron-Cohen, S. (1998). *Teaching Children with Autism to Mind Read.* New York: Wiley.

Baron-Cohen, S., Leslie, A. M. & Frith, U. (1985). 'Does the autistic child have a "theory of mind"'? *Cognition, 21*, 37-46.

Baumrind, D. (1967). 'Child care practices anteceding three patterns of preschool behaviour', *Genetic Psychology Monographs, 75*, 43-88.

Baumrind, D. (1989). 'Rearing competent children', in W. Damon (ed.) *Child Development Today and Tomorrow.* San Francisco, CA: Jossey-Bass.

Bernier, A., Carlson, S. M. & Whipple, N. (2010). 'From external regulation to selfregulation: early parenting precursors of young children's executive functioning', *Child Development, 81*, 326-39.

Brown, J.R. & Dunn, J. (1991). '"You can cry mum": the social and developmental implications of talk about internal states', *British Journal of Developmental Psychology, 9*, 237-56.

Clark, A. H., Wyon, S. M. & Richards, M. P. M. (1969). 'Free-play in nursery school children', *Journal of Child Psychology and Psychiatry, 10*, 205-16.

Corsaro, W. A. (1979). '"We're friends, right?": Children's use of access rituals in a nursery School', *Language in Society, 8*, 315-36.

Donaldson, M. (1978). *Children's Minds.* London: Fontana.

Dunn, J. (2004). *Children's Friendships: The Beginnings of Intimacy.* Oxford: Blackwell.

Dunn, J., Brown, J., Slomkowski, C., Tesla, C. & Youngblade, L. (1991).

'Young children's understanding of other people's feelings and beliefs: individual differences and their antecedents', *Child Development, 62,* 1352-66.

Dunn, J. & Kendrick, C. (1982). *Siblings: Love, Envy and Understanding.* Oxford: Blackwell.

Erwin, P. (1993). *Friendship and Peer Relations in Children.* New York: Wiley.

Frith, U. (1989). *Autism: Explaining the Enigma.* Oxford: Blackwell.

Frith, U. (2008). *Autism: A Very Short Introduction.* Oxford: Oxford University Press.

Gallagher, K. C. & Sylvester, P. R. (2009). 'Supporting peer relationships in early education', in O. A. Barbarin & B. H. Wasik (eds) *Handbook of Child Development and Early Education.* London: Guilford Press.

Gopnik, A. & Astington, J. W. (1988). 'Children's understanding of representational change and its relation to the understanding of false belief and the appearance-reality distinction', *Child Development, 59,* 26-37. (Also reproduced in K. Lee (ed.) (2000) Childhood Cognitive Development: The Essential Readings. Oxford: Blackwell.)

Jenkins, J. & Astington, J. (1996). 'Cognitive factors and family structure associated with theory of mind development in young children', *Developmental Psychology, 32,* 70-8.

Kojima, Y. (2000). 'Maternal regulation of sibling interactions in the preschool years: Observational study in Japanese families', *Child Development, 71,* 1640-7.

Lewis, M., Young, G., Brooks, J. & Michalson, L. (1975). 'The beginning of friendship', in M. Lewis & L. Rosenblum (eds) *Friendship and Peer Relations.* New York: Wiley

Maccoby, E. E. & Martin, J. A. (1983). 'Socialisation in the context of the family: parent-child interaction', in E. M. Hetherington (ed.)

Handbook of Child Psychology, Vol. 4: Socialisation, Personality and Social Interaction. New York: Wiley.

Maurer, D. & Barrera, M. (1981). 'Infants' perceptions of natural and distorted arrangements of a schematic face', *Child Development, 52*, 196-202.

Meltzoff, A. (2002). 'Imitation as a mechanism of social cognition: origins of empathy, theory of mind, and the representation of action', in U. Goswami (ed.) *Blackwell Handbook of Childhood Cognitive Development*. Oxford: Blackwell.

Nsamenang, A. B. & Lamb, M. (1995). 'The force of beliefs: how the parental values of the Nso of Northwest Cameroon shape children's progress toward adult models', *Journal of Applied Developmental Psychology, 16*, 613-27.

Piaget, J. & Inhelder, B. (1956). *The Child's Conception of Space*. London: Routledge & Kegan Paul.

Sanson, A., Hemphill, S. A. & Smart, D. (2004). 'Temperament and social development', in P. K. Smith & C. H. Hart (eds) *Blackwell Handbook of Childhood Social Development*. Oxford: Blackwell.

Steinberg, L., Lamborn, S., Darling, N., Mounts, N. & Dornbusch, S. (1994). 'Over-time changes in adjustment and competence among adolescents from authoritative, authoritarian, indulgent and neglectful families', *Child Development, 65*, 754-70.

놀이, 발달과 학습

핵심 질문

- 놀이란 무엇인가?
- 인간은 왜 놀이를 시작하는가?
- 다른 유형의 놀이는 다른 목적을 제공하는가?
- 학습을 위한 놀이는 왜 중요한가?
- 교사들은 아동 놀이의 가치를 향상시키기 위해 무엇을 할 수 있는가?

놀이는 무엇이고 왜 중요한가

다음과 같은 시나리오를 생각해 보자.

- 기저귀를 가는 동안 젊은 어머니는 4개월 된 아기의 발가락을 조금씩 베어 물었다. 그 어머니는 "내가 너를 가질 거야……. 나는 너를 다 먹을 거야."라고 이야기한다. 그리고 아기는 다리를

흔들면서 기뻐하며 웃는다. 어머니도 웃는다.

- 4세 아이가 작은 돌은 피하고 큰 돌은 조심스럽게 밟으면서 정원 길을 따라 혼자서 걷는다. 아이는 걸어가면서 웃는다.

- 두 명의 5세 아이가 또래와 놀이를 하고 있다. 한 아이는 '간호사'이고 다른 아이는 아픈 '아기'이다. 간호사는 둘 중에 어린 아이를 돌보며 야단을 쳤다. "조용히 하고 누워 있어. 여기 네 약이야." 어린아이가 베개 밑에 머리를 파묻고 흐느끼기 시작한다.

- 두 명의 10세 여자아이가 체스에 몰두하고 있다. 검은 머리의 여자아이는 내내 찌푸린 얼굴을 하고 1분 넘게 자신의 다음 행보를 보여 주었다. 금발의 파트너는 자신의 머리카락을 꼼지락거리고 아랫입술을 물면서 골똘하게 판을 응시한다.

(Sylva & Czerniewska, 1985, p. 7에서 발췌)

우리는 이러한 사건들이 다양한 종류의 놀이와 연관됨을 바로 알지만, 어떤 놀이건 간에 복잡하고 다양한 측면이 있다는 것은 매우 명확하다. 심리학자들은 수년간 놀이를 정의하고 아동발달과 학습에서 놀이의 역할을 조사하기 위해 시도해 왔으나, 그것이 매우 이례적이고 복잡한 현상임이 증명되었다. 어머니가 자신의 아기를 정말 먹으려는 것이 아닌 것처럼, 한 가지를 말하면서 다른 것을 의미하는 것이 항상 관련이 있는가? 큰 돌은 안전하고 작은 돌은 위험하다고 여기는 남자아이가 그런 것처럼, 개인적 의미와 상상력이 관련이 있는가? 아동이 간호사와 환자인 척하는 것에서처럼, 가장(pretence)이 허세를 부리거나 당황하는 척하는 것과 관련이 있는가? 체스를 두는 두 여자아이에게서 보이는 것처럼, 놀이는 분명한 즐거움을 수반하는가 혹은 심각한 정신적 노력을 수반하는가?

놀이와 관련된 심리학적 과정을 정립하고, 그것에 의해 뒷받침되는 발달이나 학습의 정확한 본질을 증명하는 것은 대단히 어려운 일임이 밝혀졌다. 놀이는 정의하기 매우 까다로운 현상으로 밝혀졌고, 아마 본질적인 자발성과 예측 불가능성으로 인해 놀이는 연구자들에게 중요한 도전 과제를 제시하였다. 이 분야에서 상대적으로 부족한 연구결과에 의하면, 부분적으로는 상당히 최근까지 발달의 모든 측면에서 학습이 놀이를 통해 가장 강력하게 발생한다고 주장하는 사람들과, 놀이가 더 제한된 역할을 할 것이므로 많은 종류의 활동을 통해 학습이 발생한다고 주장하는 사람들(Smith, 1990 참조) 사이에서 의견이 분분하다.

오늘날, 아동이 주로 놀이를 통해 발달하고 학습한다는 것은 유아교육 분야에서 거의 보편적으로 받아들여진다. 그러나 유아교육현장에서는 아동의 학습과 발달에 대한 놀이의 가치가 널리 받아들여지고 있으나, 현장 전문가들은 실제로 놀이의 교육적 잠재력을 실현하는 것이 힘들다는 것도 알고 있다(예: Bennett et al., 1997, The Study of Reception Class Teachers 참조). 대부분 이것은 놀이의 본질적 특성, 발달을 지원하는 과정, 그리고 결정적으로 지원을 받는 아동의 학습과 발달 양상에 대한 명확한 이해가 부족하기 때문이다. 특히 '구조화된' 놀이와 '비구조화된' 놀이 그리고 아동의 시도와 성인의 개입에 대한 상대적인 장점에 대해서 오랜 시간 혼란이 있어 왔다(Manning & Sharp, 1977; Smith, 1990).

이러한 혼란은 아동의 놀이와 관련된 발달심리학적 연구의 명확성과 정밀성의 부족을 감안하면 놀라운 사실은 아니다. 그러나 최근 몇 년간 아동의 놀이에 관한 연구가 상당히 축적되었고, 나는 이 장에서 보다 최근의 증거들이 놀이의 본질, 발달과 학습에 영향을 미치는 목적과 과정에 대해 훨씬 명확한 견해를 제공한다고 주장한다. 이에 따라 보다 최근의 연구결과는 유아가 발달의 모든 측면에서 잘 성장하도록 도와주는 데 필요한 놀이 준비의 본질에 관해 매우 명확한 지침을 제공한다.

발달과 학습을 위한 놀이의 중요성을 확립함으로써 시작하는 것은 중요하다. 그 증거는 이제 실제로 꽤 압도적이다. 먼저, 많은 비평가는 인간 행동에서, 특히 아동의 행동에서 놀이가 어디에나 존재한다고 언급하였다. 당신이 생각하는 발달의 모든 측면에 놀이의 유형이 존재한다. 이 영역에서 수많은 글을 쓴 재닛 모일즈(Janet Moyles)는 〈표 4-1〉에서와 같이 이 사실을 매우 설득력 있게 제시한다. 여기서 그녀는 신체적 · 인지적 · 사회적 그리고 정서적 측면을 포함한 발달의 모든 측면에서 놀이의 다양한 유형이 있음을 보여 준다. 진화론적 관점에서 보면, 행동의 형성이 이런 식으로 다양한 활동의 형태로 퍼져 나갈 때 그것의 목적에 대한 의문이 자연스럽게 발생한다. 즐겁게 노는 것은 인간에게 적응적인 이점을 가져다주었고, 우리가 매우 성공적인 종이 되도록 도와주었다.

제롬 브루너(Jerome Bruner)는 진화론적 증거를 살펴본 초기 심리학자 중 한 사람이다. 그는 자신의 고전적인 논문 「미성숙의 본성과 목적(Nature and Uses of Immaturity)」(Bruner, 1972)에서 더 큰 뇌를 가진 복잡한 동물들이 진화함에 따라 생물학적 미성숙의 기간(즉, 자녀가 부모에 의해 양육되는 시간)이 증가했다고 지적했다(3장 70쪽의 [그

〈표 4-1〉 놀이의 유형

기본 형태		세부 항목	예시
신체놀이	대근육 운동	구성	블록 쌓기
		파괴	점토/모래/나무
	소근육 운동	조작	벽돌 연결
		협응	악기
	정신운동	모험적	오르기 기구
		창의적 움직임	춤
		감각기관 탐색	재활용품 모형
		사물놀이	찾기 테이블
인지적 놀이	언어적	의사소통/문법기능/	듣기/이야기 말하기
		설명/습득	
	과학적	탐구/조사/	물놀이/요리
		문제해결	
	상징적/	표상/가장/	인형의 집/가정/
	수학적	미니어처	드라마/숫자 놀이
	창의적	심미적/상상력	색칠하기/그림 그리기/
		환상/현실/	모델링하기/디자인하기
		혁신	
사회적/정서적 놀이	치료적	공격성/퇴행/	나무/점토/음악
		이완/외로움/	
		병행놀이	
	언어적	의사소통/	손인형/전화기
		상호작용/협동	
	반복적	숙달/통제	무엇이든!
	공감적	공감/민감성	애완동물/다른 아동
	자기개념	역할/경쟁/	소꿉놀이 영역/서비스
		도덕성/민족성	'상점'/토론
	게임	경쟁/규칙	단어/숫자 게임

출처: Moyles (1989), pp. 12-13.

림 3-1] 참조). 미성숙 기간이 길어짐에 따라 더 큰 뇌를 가진 복잡
한 동물에게 학습량이 늘어날 필요성이 생겼고, 이로 인해 놀이성
(playfulness)도 유사하게 증가하게 되었다. 게다가 그는 더 큰 뇌가
진화함에 따라, 수행할 학습의 양뿐만 아니라 본성도 발달하였다. 따
라서 포유류가 영장류로 진화하고, 영장류가 인간으로 진화함에 따
라, 언어와 사고의 발달을 지원하기 위해 문제해결 능력, '도구 사용'
과 '표상' 능력이 증가되었다. 이와 유사하게, 포유류에게서 신체놀
이(대부분 '거친 신체놀이')가 출현하고, 영장류에게서 발달하는 '사물
놀이'가 나타나고(침팬지는 자물쇠와 열쇠를 가지고 몇 시간 동안 꽤 즐겁
게 놀이할 수 있다), 인간에게서 정신 표상 능력에 의존한, 가장 및 역
할 놀이, 예술적 표현, 규칙 있는 게임 등 '상징적' 놀이 유형이 출현
함을 알 수 있다. 이러한 분석에 기초해, 브루너(Bruner, 1972)는 인간
이 우리의 새로운 환경에 대한 적응력과 새로운 문제를 해결하는 능
력 때문에 성공한 종이라고 주장했다. 결정적으로 아동의 놀이는 결
과가 없는 안전한 맥락에서 세상을 바라보는 다른 방식, 문제와 어려
움을 해결하는 다른 전략, 사고하는 다른 방법을 아동이 시도하도록
도와주기 때문에 '사고의 유연성'을 발달시킨다.

　이러한 브루너의 초기 통찰에 따르면, 모든 종류의 동물을 대상
으로 놀이에 관한 광범위한 연구와 종들을 통한 놀이의 진화를 조
사하는 것은 인간, 특히 아동 놀이의 심리학적 기능에 대해 분명한
도움을 주는 통찰력을 제공한다. 파워(Power, 2000)와 펠레그리니
(Pellegrini, 2009)는 이 연구들에 대한 훌륭한 평가를 제공하는데, 이
중 일부는 이 장의 뒷부분에서 다시 설명할 것이다. 특히 펠레그리니
는 동물과 인간에게 놀이('일'의 반대) 맥락은 '목적'보다 '수단'에 초점

을 맞추도록 해 준다고 결론을 내렸다. 무엇인가 완수해야 한다는 일이라는 맥락의 도구적 제약에서 벗어나서, 개인은 놀이에서 새로운 행동을 시도하고, 행동의 순서를 과장하고, 수정하고, 요약하거나 변화시키고, 행동의 변화를 끊임없이 반복한다. 이러한 놀이의 특성은 영장류의 문제해결 기술 발달에서 필수적인 역할을 담당하고, 인간이 발달시킨 고차원적인 인지적·사회-정서적 기술의 총체이다.

앞서 언급한 것처럼, 확실히 발달심리학자들 사이에서 놀이에 관한 흥미가 다시 유행하고, 발달과 학습의 다양한 측면과 놀이 간의 밀접한 관계에 대한 상당한 증거가 제시되어 왔다. 예를 들어, 본스타인(Bornstein, 2006)은 아동 놀이의 복잡성과 정교함 간, 특히 상징 혹은 가장놀이와 정서적 행복의 상호관계에 관한 광범위한 증거를 검토했다. 일부 비평가는 문화의 다양성에 근거하여 상징놀이의 중요성에 대해 의문을 제기하였다. 그러나 문화와 놀이에 관한 현재의 상당한 인류학적·심리학적 문헌에 대해 광범위하게 검토한 결과, 본스타인(Bornstein, 2006)은 "가장놀이(역할놀이와 사회극놀이 포함)는 보편적으로 나타나지만 전형적으로 문화 특정적인 관심사를 표현한다."(p. 115)라고 결론을 내렸다. 예를 들어, 개스킨스(Gaskins, 2000)는 이러한 종류의 가장이 거짓으로 간주되는, 멕시코 마야의 아동에게서는 '환상' 놀이의 증거를 발견할 수 없었으나, 일상적인 마야 성인의 삶에서 역할놀이 시나리오를 연기하는 아동에 대한 광범위한 증거를 발견했다.

놀이와 인지 간의 관계는 동등하게 잘 확립되어 왔다. 예를 들어, 타미스-레몬다와 본스타인(Tamis-LeMonda & Bornstein, 1989)은 영아의 습관화(영아가 새로운 자극 정보를 얼마나 빨리 처리하는지를 평가하고 이후 인지발달과 유의하게 관련되는지를 보여 주는 처리 속도의 측정 도구) 가 몇 년 후 유아가 참여하는 상징놀이의 양을 예측함을 증명했다.

놀이를 주요 유형별로 살펴보는 이 장의 후반부에서, 우리는 발달과 학습에 대해 놀이가 미치는 영향의 구체적인 증거를 검토할 것이다. 그러나 여기서는 러시아의 발달심리학자인 비고츠키(Lev Vygotsky, 1978)가 제안한 이론적 아이디어가 미치는 영향을 검토한다. 비고츠키는 현재 벨라루스라고 불리는 러시아 지역에서 1896년 (피아제와 같은 해)에 태어났고, 안타깝게도 폐결핵으로 1934년 37세의 젊은 나이로 사망했다. 스탈린 시대에 그의 저서는 억압되었고, 1960년대까지 영어로 출간되지 않았다. 하지만 그 시절부터 아동의 학습 과정에 관한 그의 아이디어는 엄청난 영향을 미쳤다. 이러한 일반적인 추세의 일환으로, 아동의 놀이에 관한 최근 연구의 많은 부분이 놀이가 교육적 맥락에서 아동의 노력이 필요한 의도적 학습, 문제해결, 창의성에 기여하는 정신 과정이라는 그의 통찰력에 영감을 받았다. 우리는 6장에서 비고츠키의 작업에 대해 그리고 아동의 학습(그리고 성인의 역할)과 관련하여 영향을 준 연구에 대해 더 자세하게 다룰 것이다. 그러나 여기에서 우리는 발달과 학습에서 놀이의 역할에 대해 그가 발달시킨 두 가지 필수적인 아이디어를 고려해야 한다.

첫째, 비고츠키는 특히 아동의 학습에 대한 통제감과 자기조절을 놀이와 관련지었다. 그는 놀이를 하는 동안 아동은 자신만의 '근접발달영역(zone of proximal development)'을 설정하고(즉, 그들은 자신의 도전 수준을 설정한다), 그래서 아동이 하는 것은 항상 발달적으로 적합하다(성인이 설정한 과제가 전혀 없는 정도까지)고 주장했다. 이것은 또한 놀이가 아동 자신에 의해 자발적으로 시작된다는 생각을 포함한다. 다시 말해, 놀이하는 동안 아동은 자신의 학습을 통제하고 있는 것이다. 구하(Guha, 1987)는 이 '자기조절'의 통제 요소가 학습에 특히 중요하다는 일련의 증거를 제시했다. 예를 들어, 그녀는 피험자에게 모든 것이 거꾸로 보이는 '고글'을 착용하는 것이 요구되는 시각적 학습에 관한 실험을 언급한다. 그리고 나서 피험자들은 휠체어에 앉아, 환경(즉, 가구가 가득 찬 방)을 통과해 안전하게 이동하는 것을 배운다. 이러한 실험의 결과는 공간(여러 번 '실패'한 후에)에서 스스로 움직이는 피험자가 성인 도우미에 의해 안전하게 방을 나온 이들보다 훨씬 빠르게 학습한다는 사실을 보여 준다.

자신을 신 비고츠키 학파라고 묘사한 러시아 심리학자도 놀이의 특정 유형과 관련된 인지적 자기조절과 통제의 발달을 연구하였다. 카르포프(Karpov, 2005)는 이 연구에 대해 유용한 평가를 제공했다. 예를 들어, 마누일렌코(Manuilenko, 1948; Karpov, 2005에서 보고)가 수행한 3~7세 아동의 '보초 서기' 연구에서는 다른 사람의 행동을 조절하기 위한 언어적 도구의 사용은 자기조절의 발달에서 중요한 요인이라는 비고츠키의 제안을 지지했다. 놀이 친구들이 있는 방에서 움직임 없이 보초를 서야 하는 아동은 혼자 서 있을 때보다 훨씬 더 오래 서 있었다. 이것은 '보초'의 수행에 대한 놀이 친구의 '감시'의 결과로 나타났다.

둘째, 비고츠키는 놀이가 '상징적 표상'의 발달에 결정적인 기여를 한다고 주장한다. 그는 인간의 사고, 문화와 의사소통이 모두 다양한 종류의 상징이 구체적이고 문화적으로 정의된 의미를 지니는, 다양한 유형의 상징적 표상을 사용하는 특별한 인간의 적성에 기반을 두고 있다고 주장한다. 이러한 유형의 상징적 표상은 그림과 다른 형태의 시각적 미술, 시각적 상상, 다양한 형태에서의 언어, 수학적 기호 체계, 음악적 표기법, 춤, 드라마 등을 포함한다. 앞서 살펴본 진화적 작업과의 연결고리는 명확하다. 이 분석에서 아동의 상징 체계 사용에 대한 탐색을 통해, 대부분 분명하게 가장을 통해, 놀이는 첫 번째 매체로 인식된다. 1세 무렵 내 어린 딸과 관련된 특별한 경험이 이와 관련된다. 이 나이 때 아이들이 보통 그렇듯이, 사라는 의미('Mama' 'Dada' 등)를 전달하기 위해 소리(아직 완전한 말이 아닌)를 사용하기 시작했다. 사라는 또한 공교롭게도 특별한 페그 인형과 놀이를 많이 했다. 나는 많은 경우 사라가 사물로서 이 인형을 '탐색'하는 것을 관찰했다. 사라가 인형을 구기고, 뒤집고, 떨어뜨리고, 줍는 동안 관찰했다. 사라는 그것을 자신의 입에 넣고, 힘차게 흔들고, 다른 사물들에 쿵 하고 부딪쳤다. 그리고 어느 날 아침, 새로운 발전이 있었다. 사라는 자신이 하는 것처럼 따라 걷듯이 인형을 움직이며 작은 콧노래 소리를 냈다. 갑자기 사라는 페그 인형을 단순한 사물이 아닌 상징으로, 작은 사람인 것처럼 가장했다. 이 가장놀이와 의미를 전달하기 위한 소리의 동시적 사용(언어의 시작)은 널리 알려진 것이고, 초기 상징적 표상 능력의 발달에서 가장의 관련성에 대한 비고츠키의 분석을 명백하게 지지한다.

비고츠키는 가장놀이가 '유아기의 순수한 상황적 제약'에서 추상적 사고를 위한 성인 능력으로 '전이'됨을 제안하기 위해 이 논쟁을 더욱 발전시킨다. 그래서 성인으로서 당신이 흥미로운 경험을 해 보고 싶거나, 해결하고 싶은 문제나 쓰고 싶은 이야기를 생각할 때, 당신은 생각에 의해 마음에서 이를 나타내는 표상 능력을 가진다. 그러나 이러한 능력이 아직 발달되지 않았다면, 아동이 놀이를 통해 해결하는 아이디어와 함께 실제 상황과 사물의 지원을 필요로 한다는 논쟁이 뒤를 잇는다. 따라서 아동이 동물원이나 할머니에 대해 생각하는 것보다 방문하는 것처럼 새롭거나 흥미로운 경험을 했을 때, 아동은 장난감을 가지고 또래와 함께 중요한 사건과 아이디어를 실연한다. 이러한 종류의 놀이는 아동이 그들의 세계에 대한 이해를 통합하도록 돕고, 아이디어를 통해 성인처럼 생각하기 위해 사용할 표상 능력의 발달을 용이하게 한다. 아동의 사고, 문제해결, 창의성의 발달에 관한 연구와 관련된 중요한 연결고리는 이러한 발달의 영역(6장에서 우리가 살펴볼)에서 표상 과정의 중요성을 광범위하게 발견하는 것이다.

놀이의 다섯 가지 유형

놀이를 정의하는 데 어려움을 겪고 그것의 복잡성을 인정하면서도, 다른 유형의 놀이를 범주화하려는 수많은 시도가 있었다는 것은 놀라운 일이 아니다. 우리가 살펴보았듯이, 모일즈(Moyles, 1989)는 놀이와 관련된 일반적인 측면의 발달에 기초한 범주화를 제안한다. 다른 연구자들은 추정된 목적(탐색, 상상, 기술 개발)에 기초한, 연관된 학습 영역(수학적 놀이, 언어놀이, 내러티브 놀이)에 기초한, 사용된 기구와 재료 혹은 맥락(모래놀이, 컴퓨터놀이, 실외놀이)에 기초한, 놀이의 개인적이거나 사회적인 성격 등에 기초한 유형 분류 체계를 시도한 적이 있다.

심리학 관련 문헌에서, 스위스의 발달심리학자인 장 피아제(종종

현대 발달심리학의 '아버지'라고 불리고, 6장에서 주요 공헌에 대해 살펴볼)
는 유아기 발달 단계별로 다르게 관찰되는, 뚜렷하게 다른 유형의 놀
이에 대한 세부 사항을 처음으로 기술했다. 그는 영아에게서 사물을
가지고 하는 '연습' 놀이의 출현을 관찰했고, 그러고 나서 1세경에 다
양한 종류의 가장을 포함하는 '상징놀이', 마침내 5~6세경에 '규칙
있는 게임'의 출현을 관찰했다. 그 이후 다양한 유형의 놀이가 확인
되었고, 다른 범주화도 생겨났다. 그러나 현대 문헌에서 다양한 유형
의 놀이는 앞서 언급한 진화적 분석에서 부분적으로 유발된, 개별 놀
이의 발달적 목적과 아동 학습의 지원 방법에 기초하여 일반적으로
다섯 가지 유형으로 구분된다. 이들 유형은 일반적으로 신체놀이, 사
물놀이, 상징놀이, 가장/사회극 놀이와 규칙 있는 게임으로 언급된
다. 비록 각 유형의 놀이는 주된 발달적 기능이나 초점을 가지고 있
지만, 모두 다 틀림없이 신체적 · 인지적 · 사회-정서적 성장의 측면
을 지원하고, 실제로 아동의 어떤 놀이 활동도 하나 이상의 놀이 유
형을 항상 포함할 것이다. 모든 이용 가능한 증거로부터 얻은 일반적
인 교훈은 이러한 모든 놀이 유형을 적절하게 경험하면 아동의 발달
에 유익할 것이라는 점이다. 이 절에서 나는 연구결과가 각 놀이 유
형의 전형적인 발달에 대해, 주요 심리적 이익에 대해, 교육적 시사
점에 대해 우리에게 말해 주는 것을 제시하고 싶다. 각각의 놀이 유
형에서 아동은 혼자, 다른 아동과 함께(같은 혹은 다른 연령의) 그리고
전문가, 부모, 다른 성인과 함께 놀이하는 경우도 있다(나는 이 장의
마지막 절에서 아동 놀이의 발달에서 성인의 역할에 관한 중요한 문제를 살
펴볼 것이다).

신체놀이

이 유형의 놀이는 가장 빠르게 진화하고, 대부분의 포유류와 파충류, 양서류에서 확실하게 관찰할 수 있다. 인간의 아동에게, 이는 활동적 연습놀이(뛰기, 오르기, 춤추기, 줄넘기, 자전거 타기와 공놀이), 거친 신체놀이(친구, 형제나 부모/후견인과 함께 하는), 소근육 훈련(바느질, 자르기, 재활용품 모형 제작, 작동 장난감 조작, 장난감 만들기)을 포함한다.

연습놀이는 생후 2년 동안 나타나고, 일반적으로 4~5세까지 아동 행동의 20% 정도를 차지한다. 이러한 증거는 이 놀이 유형이 아동의 전체 신체, 눈과 손의 협응 발달과 관련이 있고, 체력과 인내력을 형성하는 데 중요함을 시사한다. 펠레그리니와 스미스(Pellegrini & Smith, 1998), 스미스(Smith, 2010)는 이처럼 상대적으로 간과된 영역에서의 유용한 연구에 대해 전반적으로 검토하였다.

그러나 신체놀이에서 가장 광범위하게 연구된 측면은 보통 '거친 신체' 놀이라고 불리는 유형이다. 이것은 광범위한 포유류 사이에서 일반적이고, 주머니쥐(Pellis & Pellis, 2009 참조), 고양이, 곰, 바다코끼리, 소, 원숭이, 유인원 등을 대상으로 광범위하게 연구되어 왔다(Power, 2000 참조). 인간의 경우 신체놀이는 연습놀이보다 조금 늦게 출현하고, 비록 대부분의 놀이 유형처럼 성인기까지 다양한 형태로 계속되지만, 취학전 아동 사이에서 전형적으로 나타난다. 이 유형은 땅에서 쫓고, 잡고, 발로 차고, 몸싸움을 하고, 구르는 것을 포함하고, 아동이 공격성을 통제하게 되면서 하나의 메커니즘으로 진화된다. 이런 종류의 놀이는 일부 부모와 전문가를 걱정스럽게 만들지만, 참여자의 즐거움을 증거로 실제 공격성과는 쉽게 구별되며, 전체적으로 유익하다. 연구결과에 의하면, 이러한 놀이는 정서와 사회적 기술 및 이해의 발달과 분명하게 연관되어 있다. 예를 들어, 이 놀이 유형은 학령기 아동의 정서 표현을 이해하는 능력과 함께 아동과 부모 간 강한 정서적 유대나 애착 발달과 관련되어 있다(이 영역의 연구에 대한 훌륭한 검토와 교육적 시사점은 Jarvis, 2010 참조).

연습놀이와 거친 신체놀이는 모두 도구가 별로 필요하지 않지만, 실외 놀이 기회를 통해 분명히 자극을 받는다. 특히 유아는 다른 아동이나 성인과 함께 실외 놀이 기회를 가짐으로써 엄청난 혜택을 받고, 이상적으로 이러한 기회를 매일 가지는 것이 이상적이다. 이 연령 집단에서는 남아보다 여아가 일반적으로 신체적 성숙이 빨라서 이러한 차이로 인해 이 놀이에서 성차가 나타나고, 남아가 여아보다 더 오랫동안 이러한 기회를 필요로 한다.

당신이 성인에게 어린 시절 놀이 경험을 기억해 달라고 요청했을 때, 그들은 매우 즐거웠던 실외놀이를 특히 기억한다. 이는 실외놀이에서는 성인의 감독이 상대적으로 부족하기 때문일 수 있다. 주로 안전에 대한 우려로 인해, 오늘날 아동은 독립성, 풍요로움, 자기조절과 관련된 아동발달의 측면에 타격을 입을 만큼 과잉보호되고 있다. 이러한 유아교육 전문가의 인식은 최근 스칸디나비아 일부 지역에서 실외놀이, 숲학교, 실외학교에 대한 관심을 불러일으켰다. 실외 환경에서 가능한 아동 주도의 '위험한' 놀이 기회가 매우 유용하고 유익하다는 저서들이 많이 발간되었다. 나는 특히 토비(Tovey, 2007)와 프로스트(Frost, 2010)의 책을 추천한다.

소근육 놀이는 유아의 손과 손가락의 협응 기술 발달을 지원하는 광범위한 활동을 나타낸다. 혼자놀이의 이러한 활동(예: 바느질이나 구성)은 종종 성인에 의해 유익하게 지원되고, 흡수 본성에 의해 집중력과 인내 기술을 발달시키도록 돕는다. 놀이 활동의 영역에서 일련의 기회를 아동에게 제공함으로써, 가장 잘 흡수하는 활동을 관찰함으로써, 그리고 이러한 유형의 활동에 대한 추가적인 기회를 제공함으로써 그들을 가장 잘 지원할 수 있다. 흥미롭게도, 나는 이러한 종류의 활동 중 일부는 활기가 넘치는 남자아이들 중 몇몇에게 가장 인기가 있다는 것을 관찰했다. 나는 수년간 현장 전문가로서의 경험을 통해 수많은 사례를 관찰했다. 말다툼이 일상이고, 여러 맥락에서 싸우고, 앉아 있거나 종이와 연필로 하는 과제를 매우 힘들어하는 남자아이들은 오후 내내 한 조각의 천 위에 패턴이나 자신의 이름을 바느질하거나, 색칠하기(외계인이나 슈퍼 히어로는 특히 인기가 있다!)를 하면서 열정적으로 인내해야 한다.

사물놀이

이 두 번째 유형의 놀이는 영장류와 인간에게 널리 관찰되는 것으로(Power, 2000 참조), 과학자로서 유아가 세상과 세상 속 사물에 대해 탐구하는 것이다. 이는 또한 신체놀이, 사회극놀이, 상징놀이와 흥미롭고 중요한 연결고리를 가지고 있다. 사물놀이는 영아가 사물을 잡을 수 있을 때부터 시작된다. 초기 탐색 행동에는 물고, 보면서 돌리고, 문지르고/쓰다듬고, 치고 떨어뜨리는 것을 포함한다. 아동이 사물과 놀잇감을 느끼는 방법과 이를 가지고 행동하는 방법을 탐색하는 시기를 '감각운동' 놀이(Smith, 2000 참조)라고 부른다. 18~24개월

경부터 걸음마기 유아는 점진적으로 활동을 구분하고 분류하는 것이 가능해지면서 사물을 배열하기 시작한다. 4세까지는 쌓고, 만들고, 구성하는 행동이 나타난다.

사물놀이는 다른 유형의 놀이와 관련하여 많은 이점을 가진다. 신체놀이와 관련해서는, 크고 작은 사물을 조작하고, 쌓고, 구성하는 행동은 신체기술을 발달시키는 훌륭한 방법임이 분명하다. 사물놀이는 또한 창의성 발달을 지원한다(상징 혹은 가장/사회극 놀이와 관련이 있을 때). 예를 들어, 유아는 만들거나 쌓는 동안 종종 이야기나 내러티브를 발달시킨다.

한편, 사물놀이는 사고, 추론, 문제해결 기술의 발달과 독특한 관련이 있다. 유아는 이러한 종류의 놀이에서 특히 비고츠키가 제안한 인지적 자기조절을 발달시킨다.

사물놀이를 할 때, 아동은 자신의 목적을 설정하고, 진행 상황을 모니터하고, 문제해결 전략을 발달시킨다. 부분적으로 학습의 중요한 측면과 이론적으로 강력하게 연결된 결과, 사물에 대한 문제해결은 아동의 놀이에서 상당히 집중적으로 연구되어 왔고, 이 연구의 많은 부분은 제롬 브루너와 동료들이 수행한 '사고의 유연성' 가설을 조사하기 위한 시도인 일련의 고전적 실험에 의해 촉진되고 있다(Sylva et al., 1976). 자신의 자리를 떠나지 않고 투명한 박스에서 분필을 되찾아오기 위해, G 클램프로 막대를 고정하고 마지막에 후크를 고정하는, 원래의 실험에서 사용된 실제 과제는 매우 이상해 보인다([그림 4-1] 참조). 하지만 이것이 보통 음식을 되찾아오기 위해 약간의 도구(막대)나 도구의 조합(막대기 상자)을 사용하는 것과 관련해 다양한 동물의 문제해결 능력을 평가하는 데 사용되고 있는, 유명한 '유인

인출(lure retrieval)' 실험에 기초하였다면 쉽게 이해될 것이다. 아동을 대상으로 한 실험에서, 한 집단은 관련된 사물(막대, G 클램프, 후크 등)을 가지고 놀이할 기회를 가졌고, 다른 집단은 문제해결을 돕는 방법으로 사물을 어떻게 사용하는지를 '학습했다'.

　결과는 매우 놀라웠다. 일관된 결과가 나타났는데, '놀이' 또는 '학습'을 경험한 후에 아동이 문제에 개입하도록 개별적으로 요청받았을 때, 성공적으로 과제를 완수한 전체 아동 중 두 집단 아동은 유사한 수준에서 과제를 수행했다. 두 집단은 성공적으로 과제를 완수하는 전체 아동의 수 측면에서 비슷한 수준으로 수행했다. 그러나 '학습' 집단에서는 정확한 회상과 지시에 따라 즉각적으로 성공하거나, 처음 실패 후에 즉각적으로 포기하는 '전부 또는 전무'의 반응 패턴을 보이는 경향이 있었다. 반대로, 놀이 경험을 가진 아동은 문제해결 전략을 고안하는 데 더 창의적이었고, 처음 시도가 효과가 없으면 인내심을 갖고 더 오래 계속했다. '학습' 집단에서와 동일한 비율의 아동은 바로 문제를 풀었으나, 두 번째나 세 번째 시도에서 문제

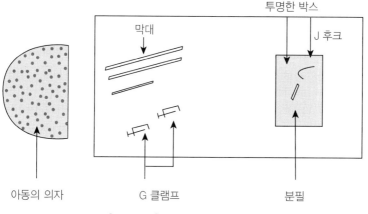

[그림 4-1] 브루너의 놀이 실험

를 해결하지 못하였고, 문제해결에 근접한 많은 아동은 다른 가능성을 시도함으로써 문제를 해결했다. 이 결과는 사물놀이를 통해 아동이 사물에 대해 더 유연하게 생각하고 사용하는 방법을 발달시킬 뿐만 아니라 문제와 처음 좌절에 대해 더 긍정적 태도를 발달시킬 수 있음을 시사한다.

스미스(Smith, 2006)가 검토한 것처럼, 원래의 연구는 실험 조건의 한계로 인해 몇몇 방법론적인 비판을 받았다. 또한 이 실험 조건에서는 아동이 매우 짧은 시간 동안 '놀이' 또는 '학습' 경험을 했기 때문에 (때로 10분 정도 짧게), 아동의 일상생활 경험에서 결과를 일반화하기는 어렵다. 그러나 다양한 종류의 과제를 통해 수많은 연구가 원래의 결과를 성공적으로 반복했다. 나는 우리가 가장/사회극 놀이를 고려할 때 동료들과 함께 수행한 연구를 이후에 기술하려고 한다. 게다가 사물놀이와 관련된 펠레그리니와 구스타프슨(Pellegrini & Gustafson, 2005)의 후속 작업의 관찰 데이터는 1년 동안 3~5세 유아를 대상으로, 아동이 참여한 활발한 탐색, 구성, 도구 사용의 양을 증명하였고, 브루너의 원래 실험에서 사용한 것과 매우 유사한 유인 인출 문제해결 과제에서 다음 수행을 예측하였다.

사물놀이는 또한 활동에서 스스로에게 말하는 '혼잣말(private speech)'의 산출과도 특히 관련이 있다. 피아제(Piaget, 1959)가 처음으로 확인한 이 현상은 유아에게 매우 일반적으로 관찰되었고, 아동이 활동의 목적을 추적하도록 돕고 다른 접근의 상대적 성공을 이끌어 내는 자기조절 기능을 가지는 것으로, 비고츠키(Vygotsky, 1986)에 의해 제안되었다. 많은 연구에서는 사물놀이나 구성놀이 동안 혼잣말의 산출이 이러한 중요한 인지적 능력의 발달과 특히 관련이 있음을 증명해 보였다. 우리는 6장에서 언어와 학습의 관계에 대해 살펴볼 때 이에 대해 좀 더 상세하게 논의할 것이다. 브루너의 실험 결과에서 나타난 것처럼, 구성놀이와 문제해결 놀이는 도전에 대한 인내심과 긍정적 태도의 발달과도 관련이 있다.

　이 유형의 놀이를 지원하기 위해 많은 종류의 특별한 놀잇감이 필요하지는 않는데, 이미 만들어져 있는 장난감이 창의성과 문제해결의 기회를 충분히 제공하지 않는다면 별로 생산적이지 않다. 영아는 매일 일상적으로 가정의 사물과 도구에 접근할 수 있다. 1세경의 영아에게 특히 성공적인 전략의 하나는 모든 종류의 흥미 있는 자연 및 가정의 사물을 포함하는 '보물바구니'와 함께 앉혀 놓는 것이다(그 예는 [그림 4-2] 참조). 통(예: 컵 쌓기), 판지튜브, 나무숟가락, 스펀지, 구슬목걸이가 특히 인기 있다(Goldschmeid & Jackson, 2003 참조). 이것은 엘리너 골드슈메이드(Elinor Goldschmeid)에 의해 처음으로 기술되

[그림 4-2] 엘리너 골드슈메이드의 보물바구니

[그림 4-3] 블록놀이

었고, 여전히 '체험놀이'라고 언급되는데, 이는 사물이 어떻게 작용하는지에 대한 것이다. 사물놀이의 다른 형태는 '지저분한 놀이'라고 묘사될 수 있는데, 이는 실외에서 가장 쉽게 제공된다(물, 모래, 정원에서 구덩이 파기). 부엌이나 요리 영역 또한 기본적인 요리 활동과 함께 사물과 재료의 실험을 위한 풍부한 기회를 제공한다. 플레이도(Play-Doh)는 훌륭한 기본 모델링 재료이다(이것을 가지고 흥미롭고 다양한 색과 질감을 '직접 만들 수 있다').

유아가 발달함에 따라, 이러한 기본적인 탐색과 모델링 활동에서는 퍼즐, 단순한 쌓기 블록과 잘 만들고 유연성 있고 개방적으로 제작된 쌓기 시스템을 포함한 다른 모든 종류의 구성 놀잇감이 보충되어야 한다. 비록 티나 브루스(Tina Bruce)가 '블록놀이'에 관한 몇몇 인상적인 증거를 모은 바 있지만, 놀랍게도 이후의 '구성' 놀이 발달에 관한 연구는 상대적으로 적었다(Huleatt et al., 2008에서 인용한 기분 좋은 예는 [그림 4-3] 참조). 놀랍게도, 이것은 가정에서 놀이하는 아동에게 매우 인기 있는 놀이 유형임이 분명하다. 그러나 학교에서 이러한 놀이를 제공하는 것이 때로는 매우 제한적이어서 유아기를 지나야 완전한 성과를 거둘 수 있기 때문에 이 형태의 놀이가 가지는 교육적 혜택은 학교 맥락에서 충분히 활용되기는 어렵다.

상징놀이

이제 인간만이 참여하는 놀이 유형을 소개한다. 첫째, 상징놀이와 가장/사회극 놀이는 매우 밀접하게 관련되어 있고, 이들 간에는 많은 공통점이 있다. 실제로, 많은 비평가는 이러한 용어들을 서로 자유롭게 사용한다. 그러나 나는 예를 들어 내가 '상징'놀이라고 부르고 싶은, 언어 놀이와 가장/사회극 놀이라고 부르고 싶은, 가장 시나리오나 내러티브를 발달시키기 위한 언어 사용 놀이를 구별하는 것이 중요하다고 생각한다. 비록 밀접하게 연관되어 있으나, 나는 두 놀이가 심리적으로 중요한 분리된 기능을 수행하고 있다고 주장한다.

상징놀이의 경우, 삶의 첫 5년 동안 아동이 구어, 다양한 시각적 미디어, 읽기와 쓰기, 수 등의 다양한 범위의 '상징' 체계를 숙달하기 시작할 때, 학습에서 이러한 측면이 놀이에서도 중요한 요소라는 사실은 우연이 아니다. 이러한 유형의 놀이는 아동의 아이디어, 언어를 통한 감정과 경험, 색칠하기, 그림 그리기, 콜라주, 수, 음악 등을 표현하기 위해 그들의 발달된 기술 능력을 지원한다.

언어로 놀이하는 것은 소리 내며 놀이하는 1세 이하의 아동과 함께 아동의 삶에서 매우 일찍부터 시작되고, 그들이 나이가 들면서는 특히 주변에서 그들이 듣는 언어나 언어의 소리를 가지고 놀이한다. 이 놀이는 매우 적극적인 과정으로 유아가 새로운 단어를 만들고, 운율에 맞춰 놀이하며, 결국 유아가 말장난을 하거나 농담하는 것을 좋아하게 만든다. 이 놀이 유형은 매우 광범위하게 연구된 분야로, 모든 종류의 아동 언어놀이는 발달하는 언어 능력과 강하게 연관되어 있고, 결정적으로 유아가 쉽게 문해를 발달시킨다는 증거가 풍부하다. 예를 들어, 아동의 운율에 대한 취학전 지식은 초기 문해의 주된 예측변수로 오랜 시간 인정받아 왔다. 크리스티와 로스코스(Christie & Roskos, 2006)는 모든 종류의 언어 능력, 음운 인식과 초기 문해 발달이 언어놀이와 연결된다는 상당한 연구 증거를 유용하게 검토했다. 이 광범위한 증거를 검토한 결과, 특히 놀이 접근을 배제한 채 기술 학습만을 강조한 문해 접근은, 아동이 놀이 매체를 통해 학습에 전달하는 끊임 없는 에너지를 활용하지 못하므로, 어쩔 수 없이 효율성이 떨어진다고 매우 설득력 있게 주장했다.

　아동의 발달에서 그리기와 색칠하기의 역할은 집중적으로 연구되지 않았다. 그러나 아동이 완전히 글을 읽고 쓸 줄 알기 전에, 그림이나 다른 기호를 만드는 것은 아동이 자신의 경험을 기록하고 아이디어를 표현하는 보편적이고 중요한 방법이라는 명확한 연구결과가 있다. 비고츠키(Vygotsky, 1986)는 유아의 기호 만들기에서 매우 일반적으로 관찰되는 초기 그림과 쓰기 사이의 밀접한 연관성을 지적했다. 모든 놀이의 의미와 목적을 이해하기 위해, 아동의 그림은 결과물보다는 과정을 관찰하는 것이 중요하다. 예를 들어, 때때로 유아의 그림은 한 순간의 스냅샷이 아니라 사건이 진행되는 연속적인 순서를 기록하는 것이고, 그림을 그리는 것은 아동이 하는 연속적인 전체 행동과 대화를 수반할 것이다.

　결과적으로 토머스와 실크(Thomas & Silk, 1990), 콕스(Cox, 1992)는 아동의 그림을 이해하는 데 있어 최종 결과물이 아닌 과정을 관찰하는 것이 중요함을 지적하였다. 그림에서 아동의 목적을 이해하는 것 또한 중요하다. 연구결과에 따르면, 아동은 대상이 어떻게 보이는지를 나타내려는 시도보다 대상에 관해 아는 것을 종종 기록했다. 사실, 많은 면에서 아동의 그림 기술 발달은 자신의 언어 기술 발달과 유사하다. 그림을 통해 아동은 점진적으로 자신의 '그래픽 어휘'를 증가시키고, 그래픽 요소를 그림 표상('그래픽 문법'의 종류)으로 구성할 수 있는 능력을 발달시킨다. 의미를 표현하기 위해 이 상징적 표상을 점점 더 사용한다.

[그림 4-4]는 유아의 그림 발달 특징들을 보여 주는 몇 가지 사례이다. 섹션 (a)의 그림은 그래픽 어휘의 사용을 보여 준다. 즉, '얼굴 그리는 방법'이 오른쪽에 있는 남자와 개, 왼쪽에 있는 남자와 개, 그리고 집에 적용되었다. 사람들은 누구나 자신들이 키우는 애완동물을 닮아 간다는 이야기가 있는데, 여기에 아름답게 묘사되어 있다! 섹션 (b)의 그림은 일종의 그래픽 '문법'으로, 그림에서 요소를 구조화하고 조직화하려는 아동의 시도에 관해 보여 준다. 왼쪽에 제시된 사례는 사람의 팔을 어디에 놓아야 하는가라는 질문에 대한 다양한 해결책을 보여 준다(그들이 너무 어려워서 그냥 둔 것을 포함해서). 오른쪽에 제시된 사례는 사람 그림에서 구체적인 정보를 요청할 때 아동이 산출할 수 있는 두 가지 해결책을 나타낸 것이다. 각각의 경우에, 왼쪽의 그림은 사람을 그리라는 요청에 대한 반응으로 그린 것이다. 오른쪽 위 그림은 모든 치아를 보여 달라고 요청받았을 때 수정된 버전이고(그것 모두를 넣기 위해 머리를 더 넓게 그린), 오른쪽 아래 그림은 사람의 코트 단추를 보여 달라는 요청에 대한 결과물이었다(이 요청을 반영하기 위해 훨씬 더 긴 몸을 그린).

섹션 (c)는 아동 그림의 다양한 공통 특징을 보여 주는데, 이는 무엇처럼 보이는지보다는 자신이 알고 있는 것을 그리려는 의도로 인한 것이다. 우리는 왼쪽에 여러 '투명한' 그림을 볼 수 있다. 거미 안의 파리, 어머니 안의 아기, 개 목 주위의 줄 전체를 볼 수 있고, 말을 통해 남자의 다른 다리를 볼 수 있고, 테이블을 통해 뒤에 서 있는 남자 전체를 볼 수 있다. 오른쪽 위의 말과 수레 그림은 여러 가지 관점의 사용을 보여 준다. 그래서 장면에 제시된 사물은 정보를 최대한 드러내고 있어, '정상적인' 관점에서 볼 수 있다. 따라서 말과 바퀴는

아동의 그림 설명

(a) 그래픽 어휘의 성장

(b) 그래픽 '문법'의 성장: 구조화와 조직화의 문제

(c) 어떻게 보이는지를 보여 주기보다 사물에 대해 아는 것을 보여 주려는 의도

[그림 4-4] 아동 그림의 예

출처: Cox (1992); Thomas & Silk (1990).

옆으로 그려져 있고, 수레는 위로, 사람은 앞으로 그려져 있다(하지만 수레에서 그들의 위치를 보여 주기 위해 옆을 향하고 있다). 오른쪽 아래에 있는 독특한 집과 정원 장면은 아동이 복잡한 장면을 그릴 때 겹치는 것을 꺼린다는 사실을 보여 주고, 각 항목은 자신의 공간을 가지고 완전히 표현할 수 있다.

아동의 시각적 문해(즉, 그림, 사진, 도표, 축적 모형, 지도 등을 이해하는 능력)가 다양한 시각적 미디어로 놀이하는 경험에 의해 더욱 강화된다는 몇몇 증거가 있다. 링(Ring, 2010)은 수년간 아동의 경험과 세계로부터 의미를 이해하기 위해 그림의 도구적 역할에 대해 연구해 왔고, 열정적이고 설득력 있게 유아교육현장에서 즐거운 그림 그리기를 지속적으로 제공하는 것이 중요하다고 주장하고 있다. 시각적 세계의 증가로 인해, 이러한 제안은 매우 건전한 것처럼 보인다.

음악놀이는 모든 인간 문화에서 어디에나 있고 매우 중요한 형태의 놀이임에도 불구하고 연구가 매우 부족한 또 다른 분야이다. 아주 어릴 때부터, 아동은 다양한 사물과 자신의 몸을 가지고 모든 종류의 소리를 탐구하고 만들면서 노래하고, 춤추고, 기뻐한다. 인간의 '음악성'에 대한 근본적인 중요성에 대한 통찰은 트레바든(Trevarthen, 1999; Malloch & Trevarthen, 2009도 참조)의 연구에서 제공되었다. 그는 초기 영아-어머니 상호작용을 광범위하게 조사하였고, 초기 의사소통 능력을 입증하기 위해 영아의 운율과 소리에 대한 선천적인 반응의 역할을 증명하였다. 이 반응의 일부는, 또한 모든 종류의 패턴에서 수학적·심미적 발달을 충족시켜 주는, 아동의 일반적인 흥미와 관련된 것으로 나타났다. 파운드(Pound, 2010)는 초기의 음악성 발달과 관련된 연구에 대한 최근 검토를 제공하고, 음악놀이가 사회적 상호작용, 의사소통, 정서 이해, 기억, 자기조절, 창의성과 관련된 아동의 발달 능력을 지원한다고 설득력 있게 주장했다.

자명하게, 상징적 표상에 대한 인간 능력의 주요 목적은 의사소통의 향상을 용이하게 하는 것이므로, 성인과 다른 아동은 아동의 놀이와 발달에서 이 분야를 장려하고 지원하는 중요한 역할을 한다. 소리와 음악으로 놀이하고, 운율을 만들고, 언어로 유아의 놀이성을 즐기고, 그림 그리기와 색칠하기에 참여하는 것은 이러한 영역에서 아동의 놀이와 학습의 질을 장려하고 지원한다. 최종적으로 중요한 요점은, 사회적·교육적 압박의 결과로서 이것이 특히 부모와 전문가들이 걱정하고 있는 문해와 관련된 발달의 측면이라는 것이다. 그러나 연구는 즐겁고 지지적인 양육 및 교육 방식이 불안하고 벌 주는 방식보다 아동의 언어 및 문해 발달의 관점에서 훨씬 더 생산적이라고 강하게 제안한다. 우리는 이 장의 마지막 절에서 아동의 놀이에서의 성인의 역할에 관한 중요한 문제를 살펴볼 것이다.

가장/사회극 놀이

약 1세부터, 그리고 분명히 어린 시절부터 초등학교 저학년까지, 가장 및 사회극 놀이의 다양한 징후는 모든 놀이의 가장 일반적인 유형이다. 나는 나의 딸들이 십 대가 될 때까지 끊임없이 상상과 가장의 세계 속에 살고 있었음을 기억한다. 내가 퇴근 후 집에 오면 큰딸 엘리자베스가 집 안을, 아내의 헌 옷, 오래된 차 수건, 반짝이, 리본 등으로 다양하게 장식한 채 나를 맞이했던 수많은 행복한 추억이 떠오른다. "안녕, 리지" "나는 리지가 아니야, 나는 스마티팬츠 공주야.

너는 내 앞에 무릎을 꿇어야 해. 그러지 않으면 너의 머리를 잘라 버릴 테다!"와 같은 대사에 따라, 나는 무언가 심한 징계를 받으며 자진해서 봉사하곤 했다. 분장을 하고 역할놀이를 하는 것뿐만 아니라 이 놀이 유형은 모든 형태의 가장—인형, 손인형과 액션피규어, 미니월드, 상상의 친구들, 논쟁의 소지가 있는 애완동물과의 놀이—을 포함한다(인간의 정서와 동기가 심지어 가장 단순한 창조물에게 지속적으로 기여할 때). 그것은 전형적으로 생후 두 번째 해 동안 나타나고, 아동이 다른 것으로 가장하기 위해 사물을 사용하는 단독 가장놀이를 하고, 그러고 나서 아동이 다른 사람이나 다른 것(예: 어머니, 슈퍼맨, 개)으로 분장하고 가장하는 것으로 진화한다. 4~5세까지는 이러한 놀이는 협력적이고 사회적인 형태로 변하고, 역할놀이와 이야기 또는 내러티브 발달을 포함한다.

이 놀이는 아동의 상상력과 사고 기술 발달에 중요한 것으로 알려져 있기 때문에, 가장 많이 연구된 놀이 형태이다. 질 높은 가장놀이는 인지적·사회적·학문적 발달과 매우 밀접하게 연관되어 있음을 반복해서 보여 준다. 5~7세 아동의 놀이 경험이 이야기 기술에 미치는 영향, 가장놀이가 연역적 추론에 미치는 영향, 사회극 놀이가 매우 충동적인 유아의 '자기조절' 능력 향상에 미치는 영향에 관해 연구들이 진행되었다. 이 유형의 놀이는 또한 타인에 대한 이해 능력 발달을 포함한 사회적·정서적 학습과 강하게 관련되어 있다. 정서 발달과 연관되어 있기 때문에, 이 유형의 놀이에는 애완동물에 대한 보살핌과 놀이도 포함된다.

아동의 가장놀이와 상징적 표상 능력 간의 연관성에 관해 비고츠키가 한 주장이 여러 연구에서 실증적인 지지를 얻어 왔다. 디야첸코

(Dyachenko, 1980; Karpov, 2005에서 보고)는 5~6세 아동의 이야기 다시 말하기 능력이 막대, 종이 절단기와 같은 표상적 사물의 사용으로 상당히 향상되고, 이러한 사물을 사용하지 않으면서 이야기를 다시 말하는 능력은 이후에 향상됨을 보여 주었다. 버크와 동료들(Berk et al., 2006)은 2~6세 아동의 '혼잣말' 사용에 관한 일련의 관찰 연구를 보고했다. 우리가 이전에 논의한 바와 같이, 혼잣말은 아동이 자신의 아이디어를 언어로 표현하는 것을 배우고, 자신의 활동을 스스로 조절하기 위해 언어 사용을 배우는 과정에서 중요한 단계라고 주장하면서, 비고츠키 이론에서는 유아가 과제를 수행하는 동안 자신에게 말하는 경향이 상당히 중요하다고 본다. 버크와 동료들은 특히 2~6세 아동 사이에서 개방적인 가상 혹은 가장놀이 동안 높은 수준의 혼잣말과 언어적 자기조절을 발견했다.

앞에서 언급한 디야첸코의 연구에 부분적으로 영감을 받은 내가 교사 동료들과 함께 수행한 연구에서(Whitebread & Jameson, 2010), 6~7세 집단은 원래의 실바와 동료들(Sylva et al., 1976)의 연구 모델을 따라 '놀이' 또는 '학습' 조건에서 이야기를 읽고 이야기 인형과 소품들로 구성된 이야기보따리(Storysacks)에 대해 경험한 후, 말과 글로 이야기를 만들도록 요청받았다(몇 가지 예는 [그림 4-5] 참조). 그러나 원래 연구의 방법론적인 비판을 해결하기 위해, 아동이 이야기보따리의 재료들을 사용해서 놀이하거나 배우지 않는 '통제' 조건도 포함했다는 점이 중요하다. 또한 원래 연구와 다르게, 우리는 세 개의 다른 교육적 조건을 각각 경험하는 35명의 동일한 아동을 대상으로 '반복측정' 실험 설계를 사용했다.

물론 좋은 이야기의 본질은 일련의 문제나 갈등을 포함하고, 이런

[그림 4-5] '만약'과 '거대한 악어' 이야기보따리

것이 행복하게 해결되는 것이다. 세 가지 조건에서 아동이 글로 쓴 이야기를 분석한 결과, '놀이' 조건에서의 아동이 '학습' 조건에서의 아동과 갈등의 수가 동일하였고, '통제' 조건보다 갈등의 수가 더 많았다. 그러나 '놀이' 조건에서는 더 많은 갈등과 해결책이 원래 이야기와는 달랐고, 아동의 이야기는 '학습' 조건에서 질적 수준이 더 높

았다(영국의 국가수준 교육과정에 의해 측정된). 아동이 말로 한 이야기를 분석한 결과, '놀이' 조건에서 아동이 다른 두 조건보다 더 많은 자신감을 보였다(그들의 행동 관찰에 근거해서 '매우 자신감 없고 불안한'에서 '매우 자신감 있는'까지의 5점 척도로 측정하였을 때). 이러한 차이는 '학습' 조건 후에 많은 수의 아동이 보인 자신감 부족이 주로 그 원인인 것으로 나타났다. '놀이' 조건 후에 아동은 또한 그들의 평소 교실 활동에서 교사에 의해 보고된 관찰보다 말로 이야기하는 활동에서 더 많은 자신감을 보였다.

그러나 아동의 가장놀이와 관련된 연구의 상당한 비율은 가장이나 사회극 역할놀이의 사회적 · 정서적 발달을 위한 이점을 조사했다. 버크와 동료들(Berk et al., 2006)이 검토한 것처럼, 흥미롭게도 이 유형의 놀이가 '자유놀이'로 인식되는 반면, 역설적으로 아동의 자제력이나 자기조절에 대한 요구가 가장 크다. 아동 자신의 충동적 욕구를 따르기보다는, 이러한 유형의 놀이에서 사회적 규칙을 따르도록 연습이 필요하다. 3장에서 언급한 바와 같이, 인간 진화에서 사회적 유능성의 중요성을 고려한다면, 아동이 사회생활의 규칙을 수립하고 습득하는 것을 장려하고 지원하는 이런 형태의 놀이에 열정을 쏟는 것은 놀라운 일이 아니다. 버크와 동료들은 3~4세 아동의 경우 사회극놀이의 복잡성과 사회적 책임의 향상 간에 분명한 연관성이 있음을 증명하는 수많은 연구를 보고했다. 정서적 자기조절의 발달에서 사회극놀이의 역할을 조사한 후속 연구도 있다. 버크와 동료들(Berk et al., 2006)이 보고한 연구에는 실험자가 정서적 자극을 유발한 가장 사건(모든 장난감을 먹겠다고 위협하는 배고픈 악어 손인형)에 대처하는 유아와, 어린이집의 첫날 그들의 어머니가 떠나는 정서적 스트레스에 대처하는 아동이 포함된다. 이 연구는 아동이 이러한 상황에 대처하는 방법을 배우고, 갈등과 해결책을 포함한 사회극놀이를 통해, 정서조절 수준을 향상시키는 방법을 배운다는 사실을 보여 준다. 클라크(Clark, 2006)가 검토한 이 유형의 연구는 스트레스나 정신적 외상을 초래하는 상황에서 아동이 자발적으로 참여하고, 치료적 맥락에서 성인이 매우 생산적으로 용이하게 지원할 수 있는, 놀이의 치료적 사용을 위한 기초를 형성한다.

전문가나 부모가 걱정하는 놀이의 두 측면은 상상의 친구와 놀이하고 총을 가지고 노는 것이다. 그러나 연구결과는 이 놀이가 유아에게 있어서 평범하고 유익한 상상놀이의 하나이고, 성인이 이러한 놀이를 막거나 금지하려는 시도는 역효과를 낳는다고 제안한다(즉, 놀이는 계속되나 아동과 성인 간의 관계는 손상된다). 상상의 친구와 함께하는 놀이에 관한 연구는 현실과 환상을 구분하는 아동의 능력에 영향을 미치지 않고, 상상의 친구를 가진 아동은 전형적으로 상상력과 내러티브 기술이 향상됨을 보여 주었다(Taylor & Mannering, 2006). 거친 신체놀이와 유사하게 총놀이는 〈톰과 제리〉만화와 공포영화를 쉽게 구분하는 것과 마찬가지로 현실의 공격성이나 폭력과는 쉽게 구분된다. 사회극놀이의 다른 모든 측면처럼, 이러한 유형의 놀이에서 아동은 자신의 관심사에 따라 협동과 사회적 기술이 발달한다(이 문제와 관련해 매우 유용한 통찰은 Holland, 2003; & Levin, 2006 참조). 물론 아직 유아이기 때문에, 사회적 기술과 이해를 발달시키고, 때로는 잘못된 행동을 하고, 가장 폭력이 현실 폭력으로 넘어간다(야단법석이 때로 진짜 싸움으로 넘어갈 수 있는 것처럼). 전문가의 역할은 이런 일이 발생했을 때 관련된 아동이 문제를 해결하는 것을 돕는 것이다.

즉, 이러한 종류의 사건은 부정적이기보다는 대부분 교육적 기회로 볼 수 있다. 이러한 종류의 놀이를 '금지'하려는 시도는 나와 내 아내가 바비 인형과 '마이 리틀 포니(My Little Ponies)'를 '금지'하려는 것과 마찬가지로 실효성이 없는 일이다(King Canute 참조).

사회극놀이는 전문가와 다른 성인들이 분명하고 중요한 역할을 담당해야 하는 분야이다. 첫 번째로, 소품들을 준비하는 데 있어서 황금률은 단순한 것이 가장 좋다는 것이다. 물론 다양한 종류의 모자와 의상이 유용하지만, 낡은 시트, 헝겊조각, 오래된 성인 옷 등 기본적인 분장 재료는 기성복에 비해 훨씬 저렴하고, 유아에게 훨씬 더 유용하게 사용될 수 있다. 전체 소품의 경우에도 마찬가지이다. 기본 막대, 통, 판지 상자, 일반 가정용품은 특별히 구매한 놀잇감보다 아이들이 훨씬 좋아한다. 세탁기 포장박스로 할 수 있는 놀라운 일들이 아주 많다!

그러나 두 번째이면서 가장 중요한 성인의 역할은 개입하는 것이다. 연구는 성인-아동 가장, 예를 들어 사랑받는 이야기를 실연하는 것, 가장 활동에서 성인을 모델링하는 아동의 가장놀이 질이 얼마나 유익한지를 분명히 증명하였다. 예를 들어, 27~41개월 아동을 대상으로 한 연구에서 성인이 인형을 가지고 일련의 가장 활동의 사건을 실연하고 난 후, 아동의 다음 인형놀이는 성인의 활동을 모방하는 것 이상의 새로운, 더 많은 상상 활동을 포함하고 있었다(Nielsen & Christie, 2008). 우리는 이 장의 후반에서 아동의 놀이에서 성인이 담당하는 역할과 관련된 일반적인 문제를 살펴본다.

규칙 있는 게임

마지막으로, 우리는 규칙 있는 게임에 대해 살펴본다. 사회극놀이에 참여한 아동을 관찰하는 것은 유아가 그들의 세계를 이해하고자 하는 강한 동기를 부여받고, 그 일부분으로 규칙에 매우 흥미를 갖는다는 사실을 우리에게 가르쳐 준다. 그러나 이 흥미는 사회극놀이에서 훨씬 더 일반적으로 나타난다. 아주 어릴 때부터, 아동은 규칙 있는 게임을 즐기기 시작하고, 그들 자신의 규칙을 발명하기 시작한다. 이것은 추적 게임, 숨바꼭질, 던지고 잡기와 같은 신체 게임을 포함하고, 아동이 성숙함에 따라, 보드게임이나 카드게임, 전자게임, 컴퓨터 게임, 다양한 스포츠 활동 같은 보다 인지적인 게임을 포함한다. 아이들은 아주 어릴 때부터 이러한 게임을 하는 데 상당한 시간과 에너지를 사용함으로써, 규칙을 확립하고, 동의하고, 수정하고, 서로 상기시키는 데 기여한다.

규칙에 대한 이해의 발달뿐만 아니라, 게임놀이의 주요 발달적 기여는 아동의 근복적인 사회적 본성에서 출발한다. 친구, 형제, 부모와 함께 규칙 있는 게임을 하는 동안, 유아는 공유하고, 순서를 지키고, 다른 사람의 관점을 이해하는 것과 관련된 다양한 사회적 기술을 학습한다. 드브리스(DeVries, 2006)는 이 분야에서 후속 연구과 함께 아동의 사회성·도덕성 발달을 위한 아동 게임을 분석함으로써 피아제의 중요한 공헌을 유용하게 검토했다.

전자 게임과 컴퓨터 게임(함께 TV 보기)의 사용은 부모를 불안하게 하는 영역이다. 여기서의 걱정은 폭력성 및 발달적·교육적 가치의 부재와 관련되어 있다. 폭력적 이미지를 지나치게 보는 것이 아동의 공격성 증가를 이끌 수 있음을 암시하는 몇몇 증거가 있다(비록 인과관계를 설정하는 것은 매우 어렵지만, 많은 공격적 행동을 보는 아동은 폭력적 묘사를 보는 것을 즐기고, 종종 다양한 미디어에서 폭력의 묘사를 찾는다). 그러나 연구들은 또한 문제해결이나 구성놀이의 이점을 공유할 가능성이 높게 잘 만들어진 컴퓨터 게임은 아동의 참여를 유도하고, 창의적이고 개방적이거나 문제해결의 기회를 제공할 수 있음을 보여주었다. 또한 전자 게임과 컴퓨터 게임이 혼자 하는 놀이라는 본질에 관한 걱정에도 불구하고, 실제로 아동은 다른 사람과 함께 놀이를 할 때 가장 즐기고, 최상의 게임은 아이들이 서로 이야기하면서 언어 기술을 발달시키도록 돕는다(초기 컴퓨터와 다른 정보통신 기술에 기초한 놀이에 관한 유용한 검토는 Siraj-Blatchford & Whitebread, 2003 참조).

그러나 규칙 있는 게임의 핵심 포인트는 유아에게 있어서 이 게임이 본질적으로 사회적 활동이라는 것이다. 전문가와 다른 성인들은 아동과 함께 매우 유익한 게임을 할 수 있고, 아동이 또래와 게임할 기회를 제공할 수 있다.

아동의 놀이 지원에서 성인의 역할

본질적으로 놀이는 아동에 의해 시작되고 통제되어야 하는 창의성의 영역이지만, 그럼에도 불구하고 성인은 종종 다양한 방법으로 개입하고 전문가들이 유아를 위한 놀이의 교육적·발달적 이점을 향상시키기 위해 할 수 있는 일들이 많이 있다. 앞에서 언급한 것들 중 일부는 놀이 행동 모델링을 포함하고, 유용한 자원을 제공하며, 재미

있는 시나리오에서 역할을 맡는 것과 같은 다양한 종류의 개입을 통해 아동 놀이의 질을 향상시키는 부모(특히 어머니)의 역할을 기록해 왔다. 본질적으로, 다음과 같이 성인이 생산적으로 참여할 수 있는 네 개의 유용한 개입 유형이 있다.

- 지원 가능한 환경 조성하기: 아동은 정서적으로 안전하다고 느낄 때 위험과 도전을 수반하는 가장 복잡한 형태의 놀이에 참여할 것이고, 가장 교육적이고 발달적인 혜택을 얻을 것이다. 우리는 이러한 문제에 대해 2장에서 논의했다.
- 다양한 기회 제공하기: 내가 이 장에서 주장한 것처럼, 아동은 다양한 놀이 유형을 복합적으로 경험함으로써 이익을 얻는다. 이는 유아가 다양한 유형에 참여하도록 영감을 주고 지지하는 적절한 장비와 재료를 제공하는 것과 관련이 있다. 문화 혹은 성별을 기반으로 한 기대에서 발생하는 도전은 놀이의 몇몇 측면에서도 발생할 수 있으나, 주로 아동의 흥미와 열정에 대한 민감한 반응으로 강조될 수 있다. 이를 위한 방법 중 하나는 구조화를 시키는 것이다.
- 구조화하기: 이것은 매닝과 샤프(Manning & Sharp, 1977)가 처음 만든 용어로, 전문가들이 아동의 흥미에 반응하고, 의미 있거나 내러티브한 맥락에서 만들어진 다양한 놀이 유형을 위해 기회를 제공하는 것이다. 드레이크(Drake, 2009)는 사랑받는 이야기, 아동의 흥미(동물 돌보기-사자가 교실에 살려고 온다), 해결되어야 하는 문제 등 많은 영감을 주는 예를 제공한다.
- 참여하기: 성인이 아동과 함께 놀이를 할 수 있다면(플레이도를

가지고 노는 것처럼) 혹은 역할을 맡는다면(미용실의 손님처럼), 이
는 놀이의 질과 놀이를 지원하는 언어의 질을 상당히 향상시킬
수 있다. 이것은 매우 큰 민감성을 요구하지만(예를 들어, 아동이
무엇을 하고 있는지를 물어보는 것보다 당신이 하고 있는 것을 설명하
는 것이 훨씬 낫다), 매우 생산적일 수 있다(아동의 현실적인 이해
수준에 대해 유용한 정보를 줄 수 있다).

 하지만 당신이 그것을 적을 때 이 모든 것이 간단하게 보이지만,
놀이가 생산적이라면 아동의 놀이에서 성인의 개입은 단순한 문제가
아니고 상당한 기술이 필요하다. 그러나 성인 개입의 기본은 아동이
놀이를 통해 배우는 것과 그들의 놀이 경험의 질이 어떻게 향상되거
나 약화될 수 있는지에 대한 명확한 이해이다. 나는 이 분야에서 매
우 유익하다고 믿는 세 가지 연구분야를 참고하여 이 장을 마무리하
고자 한다.

 첫 번째, 교육 환경에서 유아의 놀이에 대한 인식을 조사하는 하워
드와 동료들의 일련의 연구(Howard, 2010 참조)는 놀이의 본질에 대
해 아동이 인식하고 전문가가 전달하는 숨겨진 메시지의 흥미로운
증거를 제공한다. 이러한 연구에서 아동은 그들이 제안한 선택의 양
과 그들이 위치한 곳과 관련해 아동의 분명한 수준의 즐거움(바닥=놀
이, 테이블=놀이가 아님)에 기초해서 놀이인지 놀이가 아닌지로 활동
을 범주화하면서 그들의 환경에서 성인에게 놀이의 꽤 다른 정의를
보였다. 어떤 상황에서는 책이 연관되었는지 여부와 성인이 참석했
는지 여부의 두 가지 모두가 활동에 놀이성이 있지 않다는 것의 단서
로 사용되었다. 게다가 이러한 연구들은 아동이 재미를 느끼고 열정

과 동기를 가진 활동에 참여하고, 더 폭넓은 문제해결 전략을 고안함을 발견했다(놀이에 대한 브루너의 주장을 상당히 많이 지지하는 것은 결정적으로 인지적 유연성의 발달과 관련이 있다). 아동이 재미있다고 인지하는 방식으로 아동에게 제시되는 과제에 대한 수행은 그것이 아닌 방식으로 제시되는 동일한 과제와 비교해서 상당히 향상되었다. 이 연구는 실제에 대한 강력한 영향을 갖고, 우리의 초기 환경이 조직된 방식과 흥미로운 맥락에서 성인이 아동과 상호작용하는 방법을 통해 아동에게 보낸 메시지를 염두에 둘 필요가 있음을 분명하게 시사한다. 예를 들어, 분명하게 재미있는 활동에 성인이 아동과 일상적으로 재미있게 참여하는 환경에서 성인이 참여한 '단서'의 영향은 감소되거나 사라졌다는 점은 주목할 만하다.

두 번째, 많은 연구자들이 교육현장에서 성인이 아동의 놀이에 개입하는 것의 영향을 직접적으로 조사하기 시작했다. 이들 사이의 원칙은 아동의 놀이에 성인이 스스로 참여하거나 그 이외의 다양한 방법으로 개입하는 것이 어휘 학습, 모양과 공간 개념, 초기 수세기 능력과 문해 등에 대해 갖는 상대적 영향력을 연구한 로베르타 골린코프와 동료들(Singer et al., 2006 참조)에 의해 이루어졌다. 그들이 주장한 이 증거는 교육적 맥락에서 '안내된 놀이(guided play)'의 개념을 강하게 지지한다. 그들의 정의에 따르면, 안내된 놀이는 우리가 지금까지 검토한 다른 유형의 증거들을 지지하는 것으로 나타난 두 가지 요소를 포함한다. 첫째, 안내된 놀이는 실험적 학습 기회를 제공하는 사물과 놀잇감이 풍부한 계획된 놀이 환경을 포함한다. 둘째, 안내된 놀이는 아동과 함께 놀이하고, 개방형 질문을 하고, 아동이 생각하지 못한 재료를 탐구할 방법을 제시하면서 아동 놀이에 참여하는 교사를

포함한다. 예를 들어, 3~5세 아동에게 삼각형의 개념을 가르치는 것
이 목적인 실험이 진행되었다. 아동은 삼각형이 세 변을 가지고 있는
것을 배웠지만, 세 가지 조건 중 하나만 경험했다. 한 집단은 안내된
놀이 접근을 경험했다. 이는 '모양의 비밀'을 발견하기 위해 형사 역
할을 하고, 성인이 함께 참여하였다. 두 번째 집단은 성인이 삼각형을
찾는 것을 지켜보는 수동적인 '직접적 지시' 조건을 경험했다. 세 번
째 집단은 모양에 관한 탐구적 자유놀이에 참여하는 데 동일한 양의
시간을 할애했다. 안내된 학습 집단은 다른 두 집단에 비해 규칙삼각
형과 불규칙삼각형을 구분하는 것을 더 확실하게 배웠다. 이러한 실
험 연구가 아동 놀이와 관련해 오히려 지시적인 것으로 나타난 반면
(이 분야에서 엄격하게 통제된 연구를 수행하는 데 약간의 어려움이 있는
것으로 나타난), 그럼에도 불구하고 그들은 학습의 몇몇 측면에서 아
동 놀이가 아동의 능동적인 놀이성을 지원하는 민감한 성인 개입에
의해 향상될 수 있음을 보여 준다.

　내가 생각하기에 놀이 동안 아동 학습의 본질에 중요한 통찰을 제
공할 세 번째 연구 분야는 유아의 상위인지와 자기조절 능력을 발달
시키기 위해 유아에게 즐거운 경험을 제공하는 것에 관한 것이다.
예를 들어, 우리는 사회극놀이와 관련해 버크와 동료들(Berk et al.,
2006)의 이전 연구를 참조했다. 내가 이 책을 통해 제시한 것처럼, 유
아기 아동발달의 이러한 측면이 근복적으로 중요하다는 사실이 널
리 인식되고 있다. 이러한 이유로, 마지막 장은 전체를 이 주제로 다
루려고 한다. 그러나 지금으로서는, 이 책의 첫 장에서 주장하고 놀
이와 관련해서 다른 곳에서 특별히 주장(Whitebread, 2010)한 것처럼,
아동의 자기조절 발달은 정서적 따뜻함과 안정감, 통제감을 경험하

는 맥락에서, 적절한 수준의 인지적 도전과 그들 자신의 학습에 대해 말하고 숙고할 충분한 기회를 경험하는 맥락에서, 엄청나게 향상된다는 점에 주목해야 한다. 자신의 목적과 역할을 분명히 알고 있는 성인이 민감하게 지원하는 즐거운 맥락은 유아가 성장하는 이러한 환경을 제공하는 데 강력하고도 유일하게 적합할 것이다.

　　나는 이 장을 책의 중간에 두었다. 아동의 학습과 발달에 관련된 책에서 놀이를 위한 장의 적절한 위치인 것으로 보이기 때문이다. 우리가 보았듯이, 놀이는 유아의 활동과 행동의 어디에나 존재한다. 이것이 새로운 상황과 문제에 대응하기 위해 우리에게 인지적 · 정서적 · 사회적 능력의 발달을 가능하게 하는, 인간의 진화적 적응의 결과라고 믿는 강력한 이유이다. 현재 급변하는 세계에서, 유아를 위한 즐거운 학습 기회의 중요성은 점점 더 비판적인 것으로 보인다. 놀이는 정의하기 어렵고, 연구자들에게 도전적인 과제이다. 그러나 나는 이 분야에서 현재 다시 유행하는 연구에서 드러나는 유아교육 전문가들을 위한 명확한 지침을 주장하고 싶다. 우선, 정서적 · 사회적 발달과 관련해 이전 장에서 제기된 이슈들은 아동의 놀이를 지원하는 것과 관련된 문제와 불가분의 관계로 연결되어 있다. 그러나 다음과 같은 추가적인 포인트가 발생한다.

- 아동의 발달적 목적에 따라 5개의 광범위한 유형으로 분류할 수 있는 다른 형태의 놀이가 많이 있다. 각 아동에게 풍부하게 모든 유형이 복합된 놀이 경험을 보장하기 위해 가능한 한 많은 형태로 이러한 각 유형을 지원하기 위한 준비가 필요하다.
- 높은 수준의 놀이는 본질적으로 아동에 의해 시작되고, 높은 수준의 활동과 참여를 수반한다. 아동은 종종 스스로 놀이에 도전하고, 그들의 실제 이해와 능력의 수준을 드러낸다. 따라서 아동의 놀이에 대한 주의 깊은 관찰이 가장 강력하고 타당한 측정 방법일 수 있다.

- 아동의 놀이에 대한 주의 깊은 관찰은 또한 준비를 위한 기초가 되어야 한다. 전문가는 문제, 도전, 새로운 재료를 제공하고, 내러티브에 참여함으로써 놀이 기회를 생산적으로 '구조화'할 수 있다. 이것이 아동의 흥미에 대한 민감한 반응에 근거한다면 성공할 것이다.
- 유아가 즐거운 맥락에서 환상 이야기가 포함된 혼잣말을 산출하는 것은 아동에 대한 놀이의 도전적 본성을 보여 준다. 따라서 혼잣말은 높은 질의 놀이 경험을 나타내고, 또한 아동이 생각에서 자신의 경험과 아이디어를 의도적으로 표현하기 위해 배우는 중요한 수단이기도 하다. 전문가들은 놀이 동안 아동과 이야기를 나눔으로써, 현재와 최근의 다른 경험이 어떻게 관련이 있는지, 경험의 본질을 묘사함으로써 발달의 이러한 측면을 지원하고 향상시킬 수 있다.
- 전문가는 놀이 참여를 통해 아동의 놀이 질을 강력하게 향상시킬 수 있다. 놀이는 일이 완료되었을 때 허용되는, '일'의 반대말이 아니다. 아동 스스로 마무리한 것이 놀이가 아닌 것처럼, 성인이나 전문가와 함께 마무리한 것은 일이 아니다.
- 아동의 재미있는 활동에서 전문가의 개입은 아동이 통제를 유지할 때 가장 효과적일 것이다. 단지 이 방식으로 놀이 경험은 아동의 발달하는 자기조절을 지원할 수 있다.

🗨 토론을 위한 질문

- 아이들이 학교에서 놀이하기에 적당한 연령은 언제까지인가?
- 우리는 항상 아이들이 그들의 놀이 활동에서 자유로운 선택을 하도록 허용해야 하는가?
- 우리는 항상 같은 방법으로 혹은 같은 영역에서 놀이하고 싶어 하는 아이에게 어떻게 해야 하는가?
- 성인은 어떤 유용한 목적을 위해 놀이를 제공하는가? 놀이하는 것을 멈춘 적이 있는가?

활동

A. 놀이 관찰

15~20분 동안 자발적인 놀이에 참여하는 개별 아이나 아이들 집단을 관찰하라.
당신이 관찰하는 동안 다음의 질문들을 염두에 둔다.

1. 아이들은 어떤 종류의 놀이에 참여하고 있는가?
   신체놀이, 사물놀이, 상징놀이, 가장/사회극놀이, 혹은 규칙 있는 게임?
   (한 활동에서 한 종류 이상의 놀이가 혼합될 수 있다는 것을 기억하라.)

2. 아이들이 적극적으로 참여하고 있다는 증거는 무엇인가?
   (관여, 집중, 기분, 활동 수준, 노력, 인내에 대해 생각하라.)

3. 아이들의 놀이는 어느 정도까지 사회적 활동인가?
   a. 방관자놀이, 병행놀이, 모방놀이가 있는가?
   b. 상호작용이 있는가?
   c. 분쟁이 있는가? 어떻게 해결되었는가?
   d. 협동이 있는가?
   e. 역할 맡기가 있는가?

4. 아이들이 놀이하는 동안 이야기를 하는가?
   어떤 종류의 이야기인가?
   a. 자신에게 혹은 다른 사람에게?
   b. 놀이 활동과 관련된 것인가, 그렇지 않은가?
   c. 일어나고 있는 일에 대해 묘사하는가/따르는가?
   d. 그들이 할 필요가 있는 일을 결정하는가?
   e. 다른 사람의 개입을 협상하는가?
   f. 놀이에 대한 규칙을 결정하는가?
   g. 가장으로 놀이하는 것이 한 부분 혹은 여러 부분을 차지하는가?

5. 놀이에서 파생된 아동의 즐거움이나 만족감의 종류는 무엇인가?

   a. 감각적/신체적?

   b. 인지적/문제해결?

   c. 사회적/정서적/우정?

   d. 개인적 성취?

6. 당신이 생각하기에, 만약에 있다면 이 놀이 활동 동안 아이들이 배울 수 있었던 것은 무엇인가?

B. 놀이 참여

당신은 또한 아이들의 놀이에 어떤 방식으로든 참여하려고 노력해야 한다. 당신이 어떻게 하느냐는 아이들의 연령과 그들이 참여하는 놀이의 종류에 달려 있다. 다음은 몇 가지 활용 가능한 예이다.

- 모래놀이터에서 아이들의 곁에서 놀이하거나 레고/블록과 함께 놀이하는 것
- 환상놀이에서 역할을 맡는 것(미용실에서 머리 자르기, 왕의 성에 방문하기, 병원에서 환자 역할 하기)
- 당신 자신의 그림을 그리는 것 혹은 미술 영역에서 모델이 되는 것
- 아이들과 함께 춤추는 것, 춤을 구성하는 것
- 놀이터에서 줄넘기나 게임을 하는 것
- 집단으로 보드게임, 카드게임이나 컴퓨터 게임을 하는 것, 새로운 보드게임이나 카드게임을 만드는 것
- 집단으로 노래/기악곡을 만드는 것
- 아이들과 집단으로 농담을 주고받는 것(혹은 유머책을 만드는 것)
- 당신이 참여해서 아이들과 집단으로 이야기나 드라마를 만드는 것(아마 그들이 선택한 이야기를 기반으로 해서)

당신이 참여할 때, 어떤 방식으로든 아이들을 지배하지 않는 것이 중요하다. 당신의 역할은 조력자이다. 아이들에게 어떤 것을 가르치려고 노력하는 유혹을 피하라. 그들을 안내하고, 그들이 결정하게 하라. 당신이 스스로 놀이하고 즐기라(이것이 중요하다). 아이는 당신이 진심인지 아닌지 안다. 이벤트 이후, 다음의 질문에 답하라.

- 당신은 아이들의 놀이를 촉진시켰는가? 어떤 방법으로, 어떤 수단으로?

  a. 자원을 제공해서?

  b. 아이디어를 제공해서/모델링해서?

  c. 분쟁을 해결하도록 그들을 도와줘서?

- 당신의 존재로 어떤 방법으로든 아이들의 놀이에 변화가 있었는가?

  (놀이의 질과 아이의 개입이 향상되거나 손상되었다는 증거가 있는가?)

- 당신은 관심의 중심이었는가? 아니면 단지 집단의 중심이었는가?

  (이것의 결과는 무엇인가? 이것이 왜/어떻게 일어났는가?)

- 아이들은 당신의 개입에 기뻐하였는가?

  (아이들이 다시 놀이에 초대했는가? 다른 집단에서 당신이 개입하기를 원했는가?)

- 아이들이 당신에게 과제/게임 혹은 다른 것에 대해 이야기했는가?

  (놀이/게임의 질/구조에 관한, 관계/신뢰를 형성하는 것과 관련된 다른 것들을 이야기하는 것에 대한 문제가 있다.)

- 아이들에 대해 무엇을 배웠는가?

  (능력/이해/흥미/감정/관심/관계─당신은 놀이 맥락에서 분명하게 제외할 수 있는 것을 배웠는가?)

참고문헌

Bennett, N., Wood, L. & Rogers, S. (1997). *Teaching through Play*. Buckingham: Open University Press.

Berk, L. E., Mann, T. D. & Ogan, A. T. (2006). 'Make-believe play: wellspring for development of self-regulation', in D. G. Singer, R. M. Golinkoff & K. Hirsh-Pasek (eds) *Play=Learning: How Play Motivates and Enhances Children's Cognitive and Social-Emotional Growth* (pp. 74-100). Oxford: Oxford University Press.

Bornstein, M. H. (2006). 'On the significance of social relationships in the development of children's earliest symbolic play: an ecological perspective', in A. Göncü & S. Gaskins (eds) *Play and Development: Evolutionary, Sociocultural and Functional Perspectives* (pp. 101-29). Mahwah, NJ: Lawrence Erlbaum.

Bruner, J. S. (1972). 'Nature and uses of immaturity', *American Psychologist*, *27*, 687-708.

Christie, J. F. & Roskos, K. A. (2006). 'Standards, science and the role of play in early literacy education', in D. G. Singer, R. M. Golinkoff & K. Hirsh-Pasek (eds) *Play=Learning*. Oxford: Oxford University Press.

Clark, C. D. (2006). 'Therapeutic advantages of play', in A. Göncü & S. Gaskins (eds) *Play and Development: Evolutionary, Sociocultural and Functional Perspectives* (pp. 275-93). Mahwah, NJ: Lawrence Erlbaum.

Cox, M. (1992). *Children's Drawings*. London: Penguin.

De Vries, R. (2006). 'Games with rules', in D. P. Fromberg & D. Bergen (eds) *Play from Birth to Twelve*, 2nd edn. Abingdon: Routledge.

Drake, J. (2009). *Planning for Children's Play and Learning*, 3rd edn. Abingdon: Routledge.

Frost, J. L. (2010). *A History of Children's Play and Play Environments: Toward a Contemporary Child-saving Movement*. London: Routledge.

Gaskins, S. (2000). 'Children's daily activities in a Mayan village: a culturally grounded description', *Journal of Cross-Cultural Research*, *34*, 375-89.

Goldschmeid, E. & Jackson, S. (2003). *People Under Three: Young Children in Day Care*, 2nd edn. London: Routledge.

Guha, M. (1987). 'Play in School', in G. M. Blenkin & A. V. Kelly (eds) *Early Childhood Education* (pp. 61-79). London: Paul Chapman.

Holland, P. (2003). *We Don't Play With Guns Here*. Maidenhead: Open University Press.

Howard, J. (2010) 'Making the most of play in the early years: the importance of children's perceptions', in P. Broadhead, J. Howard & E. Wood (eds) *Play and Learning in the Early Years*. London: Sage.

Huleatt, H., Bruce, T., McNair, L. & Siencyn, S. W. (2008). *I Made*

a *Unicorn! Openended Play with Blocks and Simple Materials.*
Robertsbridge, East Sussex: Community Playthings (www.
communityplaythings.co.uk).

Jarvis, P. (2010). '"Born to play": the biocultural roots of rough and tumble play, and its impact upon young children's learning and development', in P. Broadhead, J. Howard & E. Wood (eds) *Play and Learning in the Early Years.* London: Sage.

Karpov, Y. V. (2005). *The Neo-Vygotskian Approach to Child Development.* Cambridge: Cambridge University Press.

Levin, D. E. (2006). 'Play and violence: understanding and responding effectively', in D. P. Fromberg & D. Bergen (eds) *Play From Birth to Twelve: Context, Perspectives, and Meanings,* 2nd edn (pp. 395-404). London: Routledge.

Malloch, S. & Trevarthen, C. (2009). *Communicative Musicality: Exploring the Basis of Human Companionship.* Oxford: Oxford University Press.

Manning, K. & Sharp, A. (1977). *Structuring Play in the Early Years at School.* Cardiff: Ward Lock Educational.

Moyles, J. (1989). *Just Playing? The Role and Status of Play in Early Childhood Education.* Milton Keynes: Open University Press.

Nielsen, M. & Christie, T. (2008). 'Adult modeling facilitates young children's generation of novel pretend acts', *Infant and Child Development,* 17(2), 151-62.

Pellegrini, A. D. (2009). *The Role of Play in Human Development.* Oxford: Oxford University Press.

Pellegrini, A. D. & Gustafson, K. (2005). 'Boys' and girls' uses of objects for exploration, play and tools in early childhood', in A. D. Pellegrini & P. K. Smith (eds) *The Nature of Play: Great Apes and Humans* (pp. 113-35). New York: Guilford Press.

Pellegrini, A. D. & Smith, P. K. (1998). 'Physical activity play: the nature and function of a neglected aspect of play', *Child Development, 69*(3), 577-98.

Pellis, S. & Pellis, V. (2009). *The Playful Brain*. Oxford: Oneworld Publications.

Piaget, J. (1959). *The Language and Thought of the Child*. London: Routledge and Kegan Paul.

Pound, L. (2010). 'Playing music', in J. Moyles (ed.) *The Excellence of Play*. Maidenhead: Open University Press.

Power, T. G. (2000). *Play and Exploration in Children and Animals*. Mahwah, NJ: Lawrence Erlbaum.

Ring, K. (2010). 'Supporting a playful approach to drawing', in P. Broadhead, J. Howard & E. Wood (eds) *Play and Learning in the Early Years*. London: Sage.

Singer, D. G., Golinkoff, R. M. & Hirsh-Pasek, K. (2006). *Play=Learning: How Play Motivates and Enhances Children's Cognitive and Social-emotional Growth*. Oxford: Oxford University Press.

Siraj-Blatchford, J. & Whitebread, D. (2003). *Supporting Information and Communication Technology in the Early Years*. Buckingham: Open University Press.

Smith, P. K. (1990). 'The role of play in the nursery and primary school curriculum', in C. Rogers, & P. Kutnick (eds) *The Social Psychology of the Primary School* (pp. 144-168). London: Routledge.

Smith, P. K. (2006). 'Evolutionary foundations and functions of play: an overview', in A. Göncü & S. Gaskins (eds) *Play and Development: Evolutionary, Sociocultural and Functional Perspectives* (pp. 21-49). Mahwah, NJ: Lawrence Erlbaum.

Smith, P. K. (2010). *Children and Play*. Chichester: Wiley-Blackwell.

Sylva, K. & Czerniewska, P. (1985). *Play: Personality, Development and*

Learning (Unit 6, E206). Milton Keynes: Open University Press.

Sylva, K., Bruner, J. S. & Genova, P. (1976). 'The role of play in the problem-solving of children 3-5 years old', in J. S. Bruner, A. Jolly & K. Sylva (eds) *Play: Its Role in Development and Evolution* (pp. 55-67). London: Penguin.

Tamis-LeMonda, C. S. & Bornstein, M. H. (1989) 'Habituation and maternal encouragement of attention in infancy as predictors of toddler language, play and representational competence', *Child Development, 60,* 738-51.

Taylor, M. & Mannering, A. M. (2006) 'Of Hobbes and Harvey: the imaginary companions created by children and adults', in A. Göncü & S. Gaskins (eds) *Play and Development: Evolutionary, Sociocultural and Functional Perspectives* (pp. 227-45). Mahwah, NJ: Lawrence Erlbaum.

Thomas, G. V. & Silk, A. M. J. (1990). *An Introduction to the Psychology of Children's Drawings.* Hemel Hempstead: Harvester Wheatsheaf.

Tovey, H. (2007). *Playing Outdoors: Spaces and Places, Risk and Challenge.* Maidenhead: Open University Press.

Trevarthen, C. (1999). 'Musicality and the intrinsic motive pulse: evidence from human psychobiology and infant communication', in *Rhythms, Musial Narrative, and the Origins of Human Communication. Musicae Scientiae,* Special Issue, 1999-2000 (pp. 157-213). Liege: European Society for the Cognitive Sciences of Music.

Vygotsky, L. S. (1978). 'The role of play in development', in *Mind in Society* (pp. 92-104). Cambridge, MA: Harvard University Press.

Vygotsky, L. (1986). *Thought and Language.* Cambridge, MA: MIT Press.

Whitebread, D. (2010). 'Play, metacognition and self-regulation', in P. Broadhead, J. Howard & E. Wood (eds) *Play and Learning in the Early Years.* London: Sage.

Whitebread, D. & Jameson, H. (2010). 'Play beyond the Foundation Stage: story-telling, creative writing and self-regulation in able 6-7 year olds', in J. Moyles (ed.) *The Excellence of Play*, 3rd edn (pp. 95-107). Maidenhead: Open University Press.

Developmental Psychology & Early Childhood Education **Chapter 5**

기억과 이해

핵심 질문

- 기억은 어떻게 작동하는가?
- 영아에게는 어떤 기억력이 존재하는가?
- 기억력은 어떻게 발달하는가?
- 기억은 학습 및 이해와 어떠한 관계가 있는가?
- 아동의 기억력을 향상시키기 위해 어떤 도움을 제공해야 하는가?

학습, 회상 및 유아교육

이 장과 다음 장에서는 아동발달의 보다 더 인지적인 측면을 다루고자 한다. 물론 이는 우리가 앞서 살펴본 정서 및 사회성 발달 측면과 본질적으로 밀접하게 관련되어 있으며 상호 의존적이다. 마찬가지로 인지발달도 여러 개의 상호 의존적 체계로 이루어져 있어 각 요소들을 따로 분리하여 살펴보기란 쉬운 일이 아니다. 학습, 사고, 이해, 기억, 문제해결 등의 과정은 매우 깊이 그리고 시시각각 서로 관련되어 있다. 그렇지만 논의 및 설명을 하기 위해서 우리는 이들을 구별해야 한다. 따라서 이 장에서는 발달심리학에서 일반적으로 다루는 기억 측면에서의 인지발달을 중심으로 살펴보고, 다음으로 학습과 관련된 내용을 다루고자 한다.

유아의 기억력 발달은 지난 20여 년 동안 중요한 발견이 있었던 또 하나의 연구 분야이다. 과학이 항상 그렇듯이(천문학에서 망원경의 발명과 같이), 새로운 방법론이 등장함에 따라 이와 같은 발견을 할 수 있었다. 과거 기억 연구에서는 지금은 완전히 틀렸다고 인식되고 있는 언어적 회상법을 주로 사용했다. 이로 인해 3세 이전의 유아들은 완전히 '현재 중심적(here and now)'으로 살고 있으며, 과거에 대한 정신 표상을 만들 능력이 없다고 인식되었다. 그 결과, 유아의 기억은 제한적이고 조직화되어 있지 않다고 여겨졌다. 그러나 말을 하기 이전의 영아들의 시선을 측정하는 방법인 새로운 안구 추적 기술을 통해 영아도 사물, 그림, 얼굴 등을 기억하고 인식할 수 있음을 알게 되었다. 예를 들어, 5개월 된 영아에게 이전에 봤던 사람의 얼굴(최대 2주 전까지 봤던)과 한 번도 본 적이 없는 얼굴을 보여 주었더니, 익숙하지 않은 얼굴보다 익숙한 얼굴을 훨씬 더 오래 쳐다보았다. 또한 17개월이 되면 그들이 익숙한 상황에서는 활동(곰돌이 인형을 목욕시키는 것과 같은 활동)의 순서를 확실히 기억하고 재현할 수 있다는 것을 쉽게 관찰할 수 있다. 퍼트리샤 바우어(Patricia Bauer, 2002)는 새로운 연구 내용을 발표하고, 미네소타 대학교 동료들과도 연구를 진행했지만 대부분 혼자서 많은 연구를 실시하였다. 최근 바우어와 여러 연구자는 '영아 기억상실(infant amnesia)' 또는 우리가 3~4세 이전 겪었던 활동들을 떠올릴 수 없는 것은 초기 기억의 한계를 반영한다기보다는 초기 언어 능력의 한계 때문이라고 결론지었다.

기억력의 어떤 부분들은 영아기부터 준비되어 있는 반면에, 가시적인 발달이 일어나는 부분도 존재한다. 사실 유아가 배워야 할 것이 많다는 것뿐 아니라 학습 자체에 대해서 학습해야 할 것도 많다는 점에서 유아교육은 매력이 있고 도전적인 영역이다. 유아교사들은 유아가 학습하고 기억하거나 이해해야 하는 적절한 과제를 단순히 제시하고 그냥 하도록 내버려 두어서는 안 된다. 만일 그렇게 한다면 유아교육은 너무 단순하고 아마도 매우 지루한 영역일 것이다.

회상(remembering)과 학습이 구별된다는 것은 일상생활을 통해 알 수 있다. 즉, 유아는 취학전이나 다른 사람들이 그들에게 어떤 것을 가르치기 전에는 매우 효과적으로 학습하지만, 취학후 학교에서 학습을 할 때는 종종 어려움에 직면한다. 취학전 유아기의 많은 성과 중 대부분의 아이는 하나의 언어 또는 두 개의 언어를 습득하는 놀라운 업적을 달성한다. 많은 학생이 학습과 회상의 어려움에 직면하는 것은 학교에서만 그렇다. 그러나 학교에서의 학습은 다음과 같은 두 가지 측면에서 차이가 있으며 더 어렵다.

- 학교에서 아동은 추상적(알파벳 철자, 자소−음소 대응, 숫자 쓰기)이거나 그들의 일상생활과 관련이 없는(삼각형의 속성, 에너지와 힘) 많은 내용을 의도적이고 완벽하게 암기해야 한다.
- 학교에서 아동은 자기 자신의 인생 경험에서 자연적으로 발생한 것보다는 계획적으로 전달되는 '교육과정' 속의 생각과 개념들을 이해하고 발전시켜야 한다.

물론 이것은 초등학교 저학년에서는 덜하지만 아이들이 교육제도 안에서 자라갈수록 점점 더 기정 사실이 되어 간다. 그러므로 어떤 면에서는 유아기에는 아이들이 '우연'에서 '의도'적 회상 및 학습으로 전환하는 것을 도울 필요가 있다. 그러나 이러한 전환은 단지 학교교육을 위해서 필요한 것이 아니라 발달심리학 관점에서 볼 때 아동의 인지적 자기인식 및 통제 발달에서 중요한 부분을 차지한다. 이것은 추론, 사고, 문제해결, 의사결정과 같은 고등 사고발달을 촉진시킨다. 따라서 유아교사는 유아가 기억할 수 있는 방법으로 정보를 제시하고, 유아가 쉽게 이해할 수 있고, 동시에 유아의 기억 및 학습 능력이 발달할 수 있는, 즉 유아가 독립적이며 자기조절 학습자로 성장할 수 있도록 돕는 활동과 경험을 고안해야 한다.

이와 같은 활동과 경험을 만들기 위해서는 유아의 기억 및 학습 능력이 어떻게 발달하는가를 이해하는 것이 기본적으로 필요하다. 따라서 이 장에서는 최근 학자들이 밝힌 인간의 기억 체계와 발달 및 그것이 유아의 학습과 세상을 이해하는 것에 어떠한 역할을 하는지에 대해서 다룰 것이다. 앞으로 살펴보겠지만, 최근 신경과학자들의 뇌 연구와 인지발달심리학 연구의 결과들은 아주 명확한 지침을 제공해 준다. 숙련된 교사가 이러한 지침을 적용한다면 유아교육의 효율성을 증진시켜 유아가 효율적인 학습자로 성장하는 데 도움을 줄 수 있다.

기억 체계의 구조

기억 연구에 의하면 인간의 인지처리 과정은 매우 복잡하고 다면

적이다. 인간의 기억은 단일한 것이 아니며 오히려 여러 개의 기억 체계로 이루어져 있다. 각각의 기억 체계는 각자 다른 기능을 수행하기 위해 각각의 구조적 특성을 가진다. 이와 같은 기억은 우리가 쉽게 기억할 수 있는 것과 그렇지 않은 것이 있다는 것을 통해 증명될 수 있다. 보다 자세한 설명을 위해, 다음의 목록을 읽고 이 중에서 기억하기 쉬운 것과 어려운 것을 적어 보라.

- 노래
- 알파벳 철자
- 자전거 타는 법
- 만났던 사람의 이름
- 강의안
- 미국 50개 주 이름
- 전화번호
- 얼굴을 그리는 방법
- 중요한 면접에서 일어났던 일
- 열쇠를 잃어버렸을 때 열쇠가 있는 장소
- 무지개 색깔
- 관심 있는 분야에 관한 새로운 정보
- 관심 없는 분야에 관한 중요한 정보

성인을 대상으로 이런 활동을 실시해 보면 사람들마다 차이가 나타난다. 어떤 사람들은 노래는 잘 기억하지만 숫자는 잘 기억하지 못하고, 반면에 어떤 사람들은 전화번호는 잘 기억하고 사람들의 이름은 잘 기억하지 못한다. 이것은 정보의 종류에 따라 기억 체계가 서로 분리되어 있다는 점을 강력히 시사한다. 마찬가지로 어떤 사람들은 시각적 기억 능력이 매우 뛰어나고, 반면에 어떤 사람들은 언어적으로 표현된 정보를 훨씬 효과적으로 기억한다.

대부분의 사람이 만장일치로 동의하고 있는 것이 있다. 자전거를 타는 법이나 얼굴을 그리는 법과 같은 실제적 기억은 문제가 되지 않는다는 것이다. 알파벳 철자나 무지개 색깔은 반복, 노래, 연상 등 복합적인 방법을 통해 기억된다. 미국의 50개 주의 경우 우리가 전체를 다 회상할 수 없지만 각각을 인지할 수는 있다. 우리는 최근의 경험이 담긴 마음의 비디오를 되돌려 봄으로써 열쇠가 어디에 있는지 찾아낼 수 있다. 면접 상황에서 일어난 일이나 우리의 관심과 관련된 정보들은 기억에 머무르지만, 강의안이나 관심 밖의 일에 관한 정보들은 허공으로 사라진다. 나도 꽤 최근에 썼던 강의안을 다시 보았는데 전혀 기억이 나지 않았다. 반면에, 아주 흥미로운 새로운 아이디어들은 내 생각의 중심을 차지한다.

이 모든 것은 인간의 기억 체계가 작동하는 방법과 그것이 학습에 미치는 영향이 매우 독특하고 복잡하다는 것을 보여 주는 증거이다. 기억 체계는 특정한 기억과 학습 과제를 매우 효과적으로 수행하기 위해 적응된 시스템이다. 이러한 것이 가능하도록 하기 위해, 예를 들어 기억 체계는 중요하지 않은 정보들은 버리고 중요한 것은 기억하는 방향으로 아주 효율적으로 발달해 왔다.

인간 기억 체계의 구조에 관한 중요한 연구로 앳킨슨과 쉬프린(Atkinson & Shiffrin, 1968)이 제안한 '다중저장' 모델이 있다. 연구자들은 인간의 기억 체계에 감각기억, 단기기억, 장기기억의 세 가지 다른 종류의 기억이 있다고 주장하였다. 이 가설은 당시에 여러 연구의 지지를 받았고 이 분야의 부수적인 연구들로 인해 기본 모델이 더 발전하였다. [그림 5-1]은 최근 연구자들이 합의하고 있는 인간 기억의 다양한 구조와 처리 과정을 다이어그램으로 제시한 것이다. 우리는 이 모델을 계속해서 다룰 것이다. 이 장의 나머지 부분에서는 기억 체계와 발달과 관련된 연구들을 검토하고 유아교육에 적용하는 방안을 살펴볼 것이다.

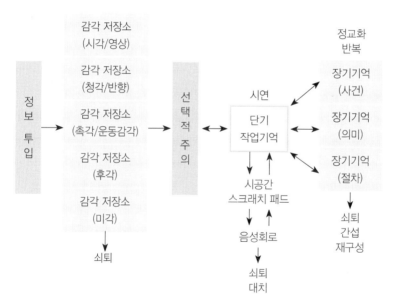

[그림 5-1] 다중저장 기억 모델

출처: Atkinson & Shiffrin (1968).

감각 저장소, 재인, 선택적 주의

이 모델에 의하면, 환경에서 투입된 정보는 먼저 다양한 감각 수용기관을 통해 감각 저장소로 들어간다(감각별로 따로). 이 절차는 첫 번째 선별 장치와 같아서 중요하고 핵심적이거나 유관한 정보를 그렇지 않은 정보들로부터 분리해 낼 수 있을 정도의 시간만큼(대략 0.5초) 보유하였다가 단기기억(또는 작업기억)으로 넘긴다. 선택되지 않은 과도한 양의 정보의 흔적은 신속히 쇠퇴하거나 사라진다.

이러한 것이 어떻게 작동하는지는 고전적인 '칵테일 파티' 실험을 통해 알 수 있다. 당신이 사람들로 붐비는 방 안에 있는 경우 의식적으로 함께 있는 사람들의 대화에 귀를 기울이는 반면에, 나머지 소리들은 잘 들리지 않을 것이다. 다른 사람이 당신의 이름을 불렀을 때 당신의 주의는 바로 다른 대화의 장면으로 전환될 것이다. 이것은 기억 체계의 두 가지 중요한 측면을 말해 준다. 즉, '재인'의 중요성과 '선택적 주의'의 강력한 힘이다.

재인

비록 의식하지는 못하더라도, 우리는 감각 수용기관으로 들어오는 모든 정보를 계속해서 모니터링한다. 이러한 모니터링 과정은 기억의 가장 최초이자 단순한 형태이다. 이를 재인(recognition)이라고 한다. 인간의 뇌는 이미 주의를 기울였거나 기존에 받아들였던 정보들을 재인하는 것에 있어서 아주 놀라운 능력을 가지고 있다. 최근 신경과학자들의 연구에 의하면, 지식은 뇌에 저장될 때 뉴런 또는 뇌 세포 간의 연합 패턴으로 저장된다. 이전에 한 번 보았던 정보를 다시 접할 경우, 이미 형성된 뉴런 패턴이 활성화되고 이와 같은 정확한 일치가 일어나는데, 이를 재인이라고 한다. 이것은 우리의 장기기억 체계를 작동시키는 데 있어서 기본이 되며, 생득적으로 가지고 태어난 능력이다. 영아들을 대상으로 한 실험 결과에 의하면, 영아의 재인기억은 성인과 유사하다(유아와 '짝맞추기' 게임을 해서 진 적이 있는 성인들도 이를 증언할 것이다!).

이와 같은 신경과학 연구는 우리가 회상할 수 있는 정보보다 재인할 수 있는 정보가 왜 항상 더 많은지를 설명해 준다. 예를 들어, 우리는 사람들의 얼굴은 쉽게 기억하지만 그들의 이름을 기억하는 것은 더 어렵다. 재인을 하기 위해서는 단순히 투입되는 감각 정보의 패턴만 일치하면 된다. 하지만 회상은 투입된 감각 정보의 패턴을 확인하고, 그다음으로 연관된 패턴을 찾는 작업이 필요하다. 이후에 살펴보겠지만, 여러 가지 뉴런 패턴 간에 연합 강도의 차이를 만들어 내는 것은 반복이다. 그러나 여기서 짚어 볼 중요한 사실은 재인 과정이 사람의 주의를 이끌고 있다는 점이다.

선택적 주의

두 번째로, '칵테일 파티' 현상에서 우리는 선택적 주의(selective attention)의 강력한 힘을 발견하게 된다. 파티에서 종종 일어나는 현상인데, 당신은 관심이 없는 상대방의 매우 지루한 이야기에 예의를 갖추고 경청할 것이다. 그동안, 다른 한쪽에서 사람들이 당신이 가장 좋아하는 영화에 대해 신나게 대화하고, 당신이 아는 사람에 대해서 속닥속닥 험담하고, 굉장히 웃긴 이야기를 서로 시끄럽게 주고받는다고 가정해 보자. 이러한 상황에서 당신의 대화 상대가 계속해서 이야기하는 문제들이나 파티에 오는 방법과 같은 이야기에 주의를 기울이는 것은 거의 불가능할 것이다.

유아들이 생활하는 교실 또한 파티와 유사한 특성을 가지며, 유아의 주의집중을 방해하는 많은 요인이 존재한다. 성인은 스스로 현재 감각에 입력된 한 가지 요소에 의식적으로 주의를 기울일 수 있는 능력이 있지만 유아들은 아직 통제하는 방법을 배우지 못했다. 헤이건과 해일(Hagen & Hale, 1973)은 5~6세 유아와 14~16세 아동에게 카드의 그림을 기억하는 과제를 제시하여 선택적 주의 발달을 연구하였다. 사실은 카드 한 장에 두 개의 그림이 있었지만, 그중 한 가지만 기억하도록 요구하였다. 이러한 상황에서 14~15세 아동은 5~6세 유아보다 더 많은 것을 기억하고 있었다. 그러나 유아들은 기억하지 않아도 되는 그림들을 더 많이 기억하고 있었다. 즉, 기억하고 있는 정보의 양은 양쪽 집단 모두 동일하였지만, 14~15세 아동의 경우 보다 효과적으로 주의를 기울였던 것이다.

선택적 주의의 강력한 힘과 그 활동적 특성을 이해하는 것은 중요하다. 이는 우리가 왜 유아들을 대상으로 한 활동을 구성할 때 가장 먼저 그리고 가장 중요한 것으로 아동이 관심을 가지는 것, 호기심을 가지는 것, 개인적으로 관련이 있는 것으로 구성하는 것이 필수적인지를 명백히 보여 준다. 그렇게 했을 때 유아가 주의를 기울일 수 있다. 왜냐하면 유아는 아직 효과적으로 정교하게 통제하는 방법을 훈련받지 않았기 때문이다.

중요한 것은, 유아의 주의를 집중시키기 위해서는 강한 재인 요인이 필요하고 동시에 유아가 이미 알고 있는 것과 관련된 새로운 정보가 포함되어 있어야 한다. 만약 그렇지 않다면 주의가 쉽게 흐트러질 것이며, 성인이 고심해서 계획하고 준비한 중요한 정보들이 유아의 감각 저장소에서 0.5초 안에 사라지게 될 것이다.

감각 통로

감각 저장소는 독립적이며 다른 기제와 동일하게 중요한 특성을 가진다. 이는 한 번에 하나의 정보를 전달해 주는 일원화된 채널로 보인다. 하지만 결과적으로 보면 여러 다양한 정보가 동일한 감각 양식으로 들어오면 서로 방해하는 경향이 있다. 따라서 두 사람이 같은 말을 하고 있을지라도 동시에 두 사람이 말하는 것을 듣는 것은 불가능하다. 반면에, 서로 다른 감각 양식(예: 청각과 시각)으로 전해지는 서로 관련된 정보들은 서로를 지원하고 강화하는 경향이 있다.

유아에게 새로운 정보, 생각이나 개념을 소개할 때는 이와 같은 다중감각 전달 방법을 사용하는 것이 필수적이다. 특히 유아들은 단순히 말로 표현되거나 본문을 읽는 것만으로 지식을 습득하는 것을 어려워한다. 유아 그림책이나 정보를 담은 책의 영향력이 이러한 현상을 증명한다. 특히 새로운 것을 소개할 때 유아들은 최대한 다양한 방식으로 보고, 듣고, 만지고, 체험해야 한다. 유아의 활동을 다중감각적으로 접근하면 유아의 학습이 성공적으로 이루어질 수 있다. 이 때문에 감각적으로 풍부하게 직접 체험하는 것이 유아의 학습에 도움이 된다.

앞으로 살펴보겠지만, 감각 특정적 처리와 표상이 단기기억과 장기기억의 중요한 요소가 된다.

단기기억과 작업기억

앳킨슨과 쉬프린이 밝힌 기억 체계의 핵심 구조는 단기기억 저장이라고 할 수 있다. 그러나 후속 연구에서 배덜리와 히치(Baddeley & Hitch, 1974)는 이것을 다시 작업기억이라고 명명하였고, 이 개념이 지금까지 사용되고 있다. 여기서 짚어 볼 것은, 기억 체계란 하나의 고정된 저장 장치가 아닌 역동적인 처리 과정의 집합체로 보았을 때 보다 정확하게 설명될 수 있다는 점이다.

작업기억은 정보를 우리의 의식으로 가져와서 거기서 작업을 할 수 있게 한다. 그것은 세 가지 구별된 속성이 있으며, 이는 유아가 다양한 종류의 인지적 과제를 수행할 때 필요한 능력에 아주 중요한 바탕이 되고, 기억발달 과정을 결정하는 요인이 된다.

시연 및 음성회로

단기기억 또는 작업기억 저장의 첫 번째 중요한 속성은 감각 저장소와 마찬가지로 이곳에 머무르는 정보들이 쇠퇴할 수도 있다는 것이다. 그러나 쇠퇴의 속도는 다소 느린 편이다. 감각 저장소에서는 0.5초가 지나면 정보가 소멸되는 반면에, 연구결과에 의하면 작업기억에는 정보가 약 30초 정도 머무른다. 더 나아가, 만약 좀 더 오래 그 정보가 필요할 경우에는 '시연(rehearsal)'이라는 과정을 통해 다시 저장되기도 한다. 그것은 마치 작업기억에 저장된 정보가 컨베이어 벨트를 타고 이동하는 것과 같다. 한쪽에서 다른 쪽으로 이동하는 시간은 약 30초이며, 이 시간이 지나면 정보가 끝으로 떨어져서 소멸한다. 그렇지만 벨트의 끝에서 정보가 떨어지기 직전에 그것을 집어서 컨베이어 벨트의 시작점에 다시 놓을 수 있고, 그렇게 하면 30초가 다시 시작되는 것이다. 이러한 정보의 재투입은 반복될 수 있다.

　우리가 필요한 만큼 최대한 오랫동안 정보를 기억에 저장할 수 있을 뿐 아니라, 시연에는 또 다른 목적이 있다. 그것은 단기기억에서 장기기억으로 전환시키는 것이다. 수많은 연구결과에 의하면 시연을 하면 할수록 더 오랫동안 기억에 남는다. 예를 들어, 목록을 기억하는 실험에서 뒤에 제시된 단어보다 처음에 제시된 단어를 더 잘 기억하게 된다. 이것을 '초두성 효과(primacy effect)'라고 한다. 만약 목록을 좀 더 천천히 보여 줌으로써 시연할 수 있는 기회를 더 주면 초두성 효과가 증가한다. 반면에, 단어 목록이 제시될 때 피험자들에게 거꾸로 세기와 같은 '방해 과제'를 주어서 시연 시간을 적게 주었을 경우 초두성 효과는 사라진다.

　작업기억에 정보를 저장하는 것, 장기기억으로 정보를 이동시키는 것과 같은 시연의 주요 역할은 교육에 크게 적용될 수 있다. 특히 유아기와 초등 저학년 시기에 시연 능력이 발달한다는 증거들이 있기에 매우 중요하다. 단기기억 과제에서 자발적으로 시연 능력을 활용하는 유아의 비율이 5세 10%에서 7세 60%, 10세 85%로 증가하였다. 양적인 증가뿐 아니라, 시연 능력의 질적인 측면도 발달한다. 고학년 아동이나 대학생은 시연 전략을 이용할 때 보다 복잡하고, 누적된 그리고 유연한 반복 패턴을 사용한다.

배덜리(Baddeley, 1986, 2006)와 동료들이 계속적으로 연구하고 발전시키고 있는 작업기억 모델에서 시연 과정은 '음성 또는 음운 회로'로 변경되었다. 이러한 명칭은 의식적인 시연은 언어적 정보에 국한되며, '내적 음성'의 역할이 필요하다는 점을 시사한다. 세부적인 연구에 의하면, 효과적인 음성 또는 음운 회로와 독해 유창성은 관련이 있었다. 발달적 난독증이 있는 유아의 기억 범위가 매우 좁다는 것도 이와 관련이 있다.

다중감각 표상

두 번째로, 단기기억은 다중감각적 특성을 가진다. 예를 들어, 우리는 마음속에 시각적 이미지를 담아 두는 능력이 있음을 인식하고 있다. 이것은 최근의 작업기억 모델(Baddeley, 1986, 2006)에서 밝혀졌으며 '시공간 스크래치 패드'라는 두 번째 시스템이다. 이 시스템에는 시각적 이미지가 저장되고 이것을 이용하여 과제를 수행할 수 있다. 하나 이상의 감각 양식으로 수용된 정보가 전달력을 강화시키는 것과 마찬가지로, 작업기억에 하나 이상의 감각 양식으로 표상되면 기억력이 극적으로 증진된다. 유아가 학습을 할 때 시각적 이미지를 만들고 사용할 수 있도록 격려하는 학습 전략을 사용한다면 매우 효과적일 것이다. 특히 수학이나 문제해결과 같은 수업에서 그러하다.

기억 용량 제한

세 번째로, 작업기억 체계는 용량이 제한되어 있다. 초기 연구에 의하면, 밀러(Miller, 1956)는 성인도 일반적으로 단기기억에 약 7개의 정보를 보유할 수 있다고 하였다. 새로운 감각 정보가 투입되거나 장기기억에서 회상을 하여 정보가 투입되면 기존에 있었던 정보는 새로 대체된다. 이것은 쉽게 증명될 수 있다. 아래의 문자 해독 과제를 풀어 보라. 각 항목은 알파벳 문자와 숫자로 되어 있다. 각 항목을 보는데, 새로운 항목을 볼 때에는 눈을 감았다가 뜬 후 알파벳의 개수를 헤아린다. 그렇게 해서 새로운 항목을 습득한다. 새로운 항목을 기억했다고 생각하면 눈을 뜨고 그것을 적어 본다. 이렇게 하는 것이 불가능하다고 생각될 때까지 계속 해 보라.

A+6

BK+4

MJC+5

KSDP+3

RLTEN+4

FOHQGI+2

유아가 성인보다 기억 용량이 더 적다는 것은 오래전부터 알려진 사실이다. 예를 들어, 뎀스터(Dempster, 1981)는 여러 연령대의 아동과 성인이 기억할 수 있는 숫자 또는 문자가 몇 개나 될지에 대해서 연구하여 발달적 경로가 있음을 명확히 밝혔다. [그림 5-2]에 제시된

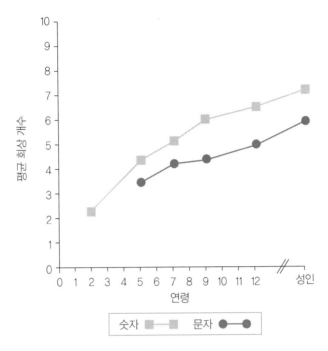

[그림 5-2] **숫자 및 문자 기억 용량의 발달**

출처: Dempster (1981).

바와 같다.

이와 같은 발달적 경로의 원인에 대해서는 다음에서 살펴볼 것이다. 우선, 광범위한 인지 활동을 위해서 작업기억이 얼마나 중요한지 인식하는 것이 중요하다. 또한 유아들이 과제를 이해하지 못해서가 아니라 마음속에 정보를 충분히 보유하고 있을 수 없기 때문에 과제를 어려워하는 것일 수도 있다. 이와 같은 이유 때문에 유아들이 자신의 사고를 정교화하거나 글을 읽거나 숫자 관련 과제를 수행하려고 할 때 '개념 파악을 못하는 것'처럼 보일 때가 있을 것이다.

이와 같은 상황에서, 성인은 유아를 위해 과제를 적절히 '비계설정'

하는 역할을 수행하는 것이 중요하다. 즉, 유아의 작업기억에서 빠져 있는 중요한 정보를 살짝 알려 줌으로써 유아를 도울 수 있다. 아동의 경험을 이해하는 것은 어쩌면 자동차를 운전하는 것과 유사하다고 할 수 있다. 처음에는 그 많은 것을 한꺼번에 생각하는 것은 너무 많아 보인다. 운전대를 돌림과 동시에 기어를 변속하는 것은 불가능해 보인다. 유아기의 아동이 학습을 할 때 이와 같은 상황은 매우 일반적이라고 볼 수 있다.

초보자들이 토론, 읽기, 수학 문제 풀이, 자동차 운전과 같은 복잡한 과제에서 주어진 다량의 정보를 다루는 기제를 살펴보면 중요한 교육학적 적용이 가능해진다. [그림 5-2]와 같은 자료를 보았을 때 심리학자들은 유아의 작업기억 용량이 적었다가 점진적으로 양이 증가하는 것이라고 단순히 생각하였다(마치 팔과 다리가 자라는 것처럼). 그러나 후속 연구에 의하면, 성인들의 작업기억 용량이 크게 보이는 것은 제한된 기억 용량을 보다 효율적으로 사용할 수 있도록 하는 세 가지 측면에서의 발달에 따른 결과라고 한다. 첫 번째는 기억 처리의 속도와 '자동성(automatocity)'의 증가이다. 성인들은 다른 뇌 기능과 마찬가지로 이를 연습을 통해 수행할 수 있다. 교육자로서 우리는 이것을 증진하기 위해 할 수 있는 것이 많지 않다. 나머지 두 가지 요소가 교육자로서 우리가 관심을 가지는 분야인데, 성장하면서 지식 기반을 향상시킬 수 있으며 자기인식을 증진하고 자신의 인지처리 과정을 제어하는 부분이다.

지식 기반 향상

보다 명쾌한 연구를 수행한 치(Chi, 1978)는 어떤 특정한 영역에 대한 기억 능력을 결정하는 것은 연령이 아닌 관련 지식임을 증명하였다. 연구자는 10세 아동과 성인에게 10자리 숫자와 체스에서 말의 위치를 기억하는 과제를 주었다. 예상대로, 성인들이 숫자를 회상하는 과제는 훨씬 잘했지만, 놀랍게도 체스 말을 기억하는 과제의 결과는 달랐다. 이는 아동들이 체스 선수였지만 성인들은 일반인이었다는 것으로 설명될 수 있다. 즉, 전문가들이 가진 향상된 지식 기반이 다양한 방식으로 기억을 향상시키는 것이다. 이에 대해서는 장기기억을 다루면서 더 논의할 것이다. 치의 실험은 '덩이 짓기(chunking)' 현상을 나타내는 것이다. 이것은 사람들이 특정한 한 영역에 있어서 보다 많은 지식을 알게 되고 전문가가 된다는 것은 단순히 더 많은 정보를 획득하는 것이 아니라 정보를 구조화한다는 것을 의미한다. 본래 각 부분으로 나누어진 정보들이 하나의 정보 묶음이 되는 것이다. 이것은 다음의 기억 과제에서 설명된다. 다음에 나열된 12개의 숫자 또는 문자를 기억하도록 한다. 3초간 응시한 후 손으로 가리고 기억나는 것을 적어 본다.

① 9 5 8 2 3 5 4 1 6 7 0 3

② 1 0 6 6 1 9 4 5 2 0 0 1

③ 1 2 3 4 5 6 7 8 9 1 0 1

④ q g u d x v n y r p l a

⑤ catdoglegarm

⑥ abcdefghijkl

분명히, 당신이 이미 알고 있는 것을 포함하고 있을 경우 그렇지 않은 경우보다 훨씬 더 잘 기억할 것이다. 왜냐하면 그와 같은 정보들은 의미 있는 '덩이'로 기억할 것이고, 작업기억에 부담을 덜 줄 것이기 때문이다. 치의 실험에서 체스 선수였던 아동들은 체스말의 위치를 '덩이'로 기억했을 것이다.

대부분의 지식 영역에 있어서 유아들은 상대적으로 경험이 부족하다는 점을 인지하는 것이 매우 중요하다. 그렇기 때문에 대부분의 과제, 심지어 아주 단순한 과제도 유아의 작업기억 용량에 큰 부담을 주게 된다. 그래서 유아가 한 번 배웠던 새로운 과제, 기술 또는 전략을 친숙한 맥락에서 보다 쉽게 수행하는 것이다.

상위인지적 모니터링과 전략적 통제

자신의 기억 능력 및 발달에 대한 자기인식이 증진되고, 이러한 지식을 바탕으로 전략을 사용하면서 제한된 작업기억 용량을 보다 더 효율적으로 사용할 수 있는 능력이 생기게 된다. 보다 복잡한 과제를 학습하고 수행하기 위해 필요한 유아의 '상위인지적' 능력은 플라벨과 동료들(Flavell et al., 1966)이 시연에 대해서 탐색하면서 가장 먼저 알려졌다. 그들은 유아들이 시연에 실패하는 이유가 그들이 시연을 할 수 없기 때문인지, 아니면 시연이 유용한 전략이라는 것을 인식하지 못해서인지에 대해서 의문을 가지게 되었다. 그래서 그들은 연속된 그림을 보여 주고 간단한 기억 과제를 수행하면서 5세 유아에게 시연을 가르쳐 주었다. 그 결과, 유아들도 시연을 수행할 수 있는 능력이 충분하였고, 더 나이 많은 아동만큼 잘할 수 있었다. 하지만 후속으로 유사한 과제를 수행하도록 하니 실험 대상 유아 중 절반 정도는 원래대로 시연을 사용하지 않아서 기억 과제 수행에 실패하였다.

이들의 초기 연구는 유아의 '상위기억(metamemory)' 발달 또는 자기 기억 능력에 대한 지각, 복잡한 전략에 관한 수많은 연구로 이어졌다. 유아들에게 자기인식 능력이 부족하다는 것은 널리 알려진 사실이다. 예를 들어, 웰먼(Wellman, 1977)은 '설단(tip-of-the-tongue)' 현상을 연구하면서 유아가 자신이 알고 있다는 것을 인식하고는 있으나 바로 회상하지 못할 경우 성인에 비해서 훨씬 정확도가 떨어진다고 하였다. 이스토미나(Istomina, 1975)는 유아의 자기인식 능력이 점진적으로 발달한다는 것을 기억 과제에서 밝혔다. 이 과제에서 유아들은 가상의 티파티를 열기 위해 필요한 다섯 가지의 준비물을 '상점'에 가서 사 오는 일을 수행하였다. 발레릭은 전형적인 3세 유아의 행동을 보여 주었다.

발레릭은 제안을 듣고 매우 기뻐하면서 바구니를 들고 가게로 향했다. 그는 실험자가 마지막에 하는 이야기를 듣지도 않고 'OK'라고 하면서 바로 뛰어나갔다.

가게에서 발레릭은 전시된 물건들을 호기심 어린 눈으로 살펴보았다. 상점 직원(실험 보조자)이 "무엇을 사 오라고 하셨니?"라고 물어보자, 발레릭은 장난감을 바라보며 고개를 끄덕이고 '사탕'이라고 말한다.

"그다음에는 뭐니?"라고 직원이 물었다.

발레릭은 긴장된 표정을 보이며 얼굴을 찡그리며 "제가 상점 직원을 하면 안 될까요?"라고 묻는다.

그러나 4세 유아의 경우 초보적인 전략이 등장하기 시작한다.

이고르는 지시 사항을 참을성 있게 듣고, 중요하다는 듯이 실험자를 주의 깊게 바라본다. 그다음 바구니를 가져가는 것도 잊은 채 바로 달려 나간다. "국수, 공, 버터 좀 주세요. 이게 전부예요."라고 빨리 말한다. ……
"빨리 주세요. 아이들이 배가 고프대요."

이고르가 모든 주의를 기울여서 듣고 과제를 수행하기 위해 달려 나간 것은 자신의 기억 능력과 한계를 어느 정도 지각하고 있다는 것을 보여 준다. 하지만 이스토미나는 5세가 되어야 대부분의 유아가 시연을 하며, 자신이 잊어버린 것에 대해 지각을 한다고 하였다.

세레차는 준비 목록을 주의 깊게 듣고 실험자가 하는 말을 하나하나 작은 소리로 따라 하였다. 네 개는 기억했지만, 다섯 번째는 기억하지 못했다. 모르겠다는 표정으로 실험자를 바라보며 다시 한 번 단어들을 반복하였다. "사야 할 것이 하나 더 있는데 잊어버렸어요."라고 한다.

기억하지 못하거나 이해하지 못했다는 것을 인식하기 전에는 과제를 다른 방법으로 해야 할 필요성을 느끼지 않는다. 따라서 수행에 대한 자기점검을 하는 것이 효율적인 학습자가 되기 위해 필수적이다. 어떤 본문을 '읽고' 있다가 그 의미를 전혀 모르고 있다는 것을 갑자기 깨닫게 되는 이러한 평범한 경험들이 그 증거이다. 지금까지 책을 읽으면서 그러한 경험을 했는가? 이러한 일이 자주 일어나지는 않기를 바란다. 만약에 그랬다면, 당신은 분명히 그것을 알아차렸을 것이며, 그것에 대해서 무엇인가 조치를 취했을 것이다.

결과적으로, 유아들이 과제 수행에 대한 자기점검을 하도록 격려하는 것은 유아의 학습 능력 발달에 굉장히 효과적일 수 있다. 유아에게 해당 과제를 수행할 때 어느 정도 잘할 것 같은지 질문을 할 수 있다. 다음과 같은 전략을 가르칠 수도 있다.

- 시연 및 반복 시연
- 시각적 이미지 사용
- 추상적인 정보를 보다 의미 있게 만들어서 덩이 짓기를 할 수 있게 한다. 예를 들어, Richard of York Gave Battle In Vain(무지개색 외우기), Big Elephants Can't Always Understand Small Elephants('because' 철자 외우기) 등등
- 회상 대신 재인하기. 예를 들어, 알파벳 외우기
- 기억해야 할 사항들을 처음 보았을 때의 맥락을 다시 생각해 보기

이들 전략이 전부가 아니다. 인간의 뇌가 구성할 수 있는 광범위하고 다양한 전략은 놀라울 정도로 기발하다. 각 전략들은 인간의 기억

체계의 구조에 따라 성공 여부가 결정된다. 유아는 자기 기억과 학습에 대한 인식 능력이 발달함에 따라 자신만의 전략을 만들어 내고, 특정한 과제에 적절한 전략을 사용하는 능력이 향상된다. 니스벳과 셕스미스(Nisbet & Shucksmith, 1986)는 어린 유아들에게도 전략을 가르칠 수 있고, 그 전략을 사용하여 확실하게 성공했다면 그들이 그것을 계속 사용한다는 것을 밝혔다. 유아가 다양한 기억 전략을 사용할 수 있도록 하는 데 있어서는 성인과의 토론이나 모델링이 효과적이었다. 또한 유아가 어떤 전략을 사용하여 성공하면 다른 상황에서도 전략적으로 행동할 수 있다는 증거도 있다. 이로 인해 진정한 독립적·자기조절적 학습의 기반이 마련되는 것이다.

온스타인과 동료들(Ornstein et al., 2010 참조)은 주요 연구에서 유아의 기억 능력 발달을 증진하고 지원하는 교수법을 살펴보았다. 예를 들어, 한 연구에서는 1학년 담임 교사가 '기억과 관련된' 말을 사용하는 비율이 보통 0~12%로 낮았다. 기억과 관련된 말이란 기억 전략을 제안하거나 상위인지적 질문을 하는 것을 말한다. 예를 들어, 가능한 전략이 어떠한 것이 있는지 유아에게 묻거나 유아가 고안한 방법을 다시 살펴보면서 기억해야 할 것은 없는지 짚어 보는 것이다. 연구자들은 기억 요구와 관련된 대화의 출현에 대해서 살펴보았다 (예를 들어, 무엇인가를 기억해 내야 할 때 유아에게 회상 전략을 상기시키는 것이다). 이러한 교수법은 상대적으로 빈번하지 않았다. 하지만 연구에 참여한 교사들 간의 차이가 컸다. 연구자들은 이러한 차이가 유아들의 기억 전략 사용에 주요한 차이를 일으켜 결과적으로 수행 능력이 향상되었을 뿐만 아니라, 이러한 차이가 4학년까지 계속 이어졌다는 것을 밝혔다.

이 연구는 또한 초등학교 입학 학년(미국의 경우 1학년, 영국의 경우 2학년)을 대상으로도 실시되었다. 하지만 이스토미나의 연구와 같은 다른 연구를 통해 알 수 있듯이, 이 연령대보다 더 어린 유아들도 간단한 기억 전략을 수행할 수 있는 충분한 능력이 있다. 여기서 핵심은 개인차가 중요하다는 점인데, 어떤 유아는 자연스럽게 전략을 배우지만 어떤 유아는 그렇지 않았다(이에 대해서는 7장에서 보다 더 자세히 살펴볼 것이다). 따라서 기억을 하기 위해 성인이 제안하고 지원하는 모델링 방법은 3세 유아들이 기억을 떠올려야 할 때(그림 그리기 순서, 물건을 놓아둔 장소, 내일 학교에 가져와야 할 물건) 아주 큰 도움이 된다.

장기기억

앳킨슨과 쉬프린의 장기기억이라는 개념은 후속 연구들에 의해 구체화되고 더 발전되었다. 현재 받아들여지고 있는 모델은 툴빙(Tulving, 1985)이 최초로 제안한 것이다. 그는 장기기억이 사실 세 개의 서로 다른 요소로 구분된다고 주장하였다. 즉, 절차기억, 사건기억, 의미기억으로 구분된다. 이 주장은 건망증 환자 연구에서 그들이 다른 상황과 조건에서 어떤 것은 잊어버리지만 어떤 것은 기억한다는 것으로 증명될 수 있다.

이와 같은 세 가지 종류의 장기기억은 표상 및 저장 그리고 지식의 종류에 따라 다르다. 저명한 발달심리학자인 제롬 브루너(Jerome Bruner, 1974)의 거대한 학습발달이론에서는 표상 형식이 기억과 관련된다고 하였다. 브루너의 이론은 다양한 표상 양식의 발달이 지식 발달에 영향을 미치고 있음을 강조한다.

- '행동': 행동에 대한 기억
- '영상': 재구조화되지 않은 지각에 대한 기억. 시각적 영상/음성/ 음향 등
- '상징': 상징 코드로 변환된 경험에 대한 기억(언어/수학 등). 사고/ 아이디어/개념 등

각각의 세 가지 양식은 우리가 의식할 수 있으며 유연성이 강하다. 즉, 절차기억은 행동 표상에, 사건기억은 영상(주로 시각) 표상에, 그리고 의미기억은 상징(주로 언어) 표상에 의존하게 된다. 뇌의 진화에 대한 연구에 의하면, 이와 같은 표상 양식 및 그와 관련된 기억 체계는 이러한 순서로 발달한다(그리고 정서발달을 다룬 2장의 [그림 2-2]에 제시한 것과 같이 뇌의 세 가지 영역과 관련이 있다). 아마도 세 영역 간에 복잡한 상호작용이 있겠지만, 행동/절차기억과 영상/사건기억이 상징/의미기억을 지원하는 경우가 더 많은 것으로 보인다.

절차기억

절차기억은 우리가 어떠한 행동을 할 것인가에 대한 지식 저장소이다. 예를 들어, 숟가락으로 음식을 먹는 것, 단추를 잠그는 것, 뛰는 것, 자전거를 타는 것, 연필로 쓰는 것, 공을 치는 것 등이 그에 해당한다. 이러한 일들을 어떻게 하는지에 대한 기억 또는 지식은 행동

으로 저장되기 때문에 의식적인 언어로 나타내기 어렵다.

물론 우리의 신체 행동을 말로 설명할 수 있지만, 그렇게 하는 것이 행동을 세련되게 하거나 효율성을 높이는 데 도움이 되는 것 같지는 않다. 예를 들어, 골프를 칠 때 완벽하게 스윙하는 방법에 관한 책을 수도 없이 읽는다 하더라도 실제로 잘 치려면 연습을 하는 방법밖에 없다. 또한 말로 설명했을 때가 아닌, 아주 좋은 스윙을 날렸을 때의 경험을 신체적으로 기억했을 때 훌륭한 샷을 칠 수 있다.

정반대로, 언어적 정보를 동작으로 부호화하는 방법이 효과적인 연상법이라는 증거도 있다. 철자 외우기가 '손 안에 있다'고도 하는데, 어떤 철자가 순간적으로 기억이 나지 않을 때(즉, 상징 표상을 떠올릴 수 없는 경우) 그것을 손으로 써 보면 기억이 나기도 한다. 물론, 아동의 경우 새로운 정보를 동작과 연결시키는 것이 많은 도움이 된다. 예를 들어, 알파벳이나 숫자를 외울 때 팔을 이용하여 크게 표현해 보거나, 모래에 써 보거나, 또는 새로운 단어나 노래를 연속된 동작과 연결하여 기억할 수도 있다.

사건기억

사건기억은 우리가 경험한 것이 처음으로 꽤 자세히 기록된 것이라고 할 수 있다. 이 중에 가장 중요한 부분은 아마도 시각적 기록이라고 할 수 있는데, 물론 모든 종류의 감각 정보의 투입도 포함된다. 사건기억이 기록되는 방법을 참조해 볼 때, 특정한 기억을 떠올리기 위해서는 본래 그 사건이 일어난 일련의 순서를 찾아내야 한다. 예를 들어, 사람들은 열쇠, 안경, 지갑 등 어떤 물건을 잃어버렸을 때 그날 있었던 일과를 '되돌리기' 하여서 잃어버린 물건이 분명하게 기억나는 시점부터 시작한다. 보통 이 방법이 효과적이며, 아마도 대부분이 그러한 방법을 사용할 것이다. 이것은 마치 머릿속 비디오테이프를 되감는 것과 같다.

사건기억의 기억 정보들이 고정되어 있고 '영상적' 특성을 가진다는 제한점이 있음에도 불구하고, 사건기억은 장기기억 분야에 있어서 매우 중요한 역할을 한다. 연구에 의하면, 우리가 배우는 모든 것은 대부분의 경우 성인이 되어서도 그것을 처음 경험했던 특정한 맥락이나 사건의 순서와 강한 연합을 형성한다(Conway et al., 1997 참조). 예전에 방문했던 곳을 오랜만에 다시 방문한다거나, 어떤 특정한 냄새를 맡거나 소리를 들었을 때 그 장소에서 일어났던 특정한 사건에 대한 기억을 자극하는 경험은 많은 사람이 흔히 경험하는 일이다.

어떤 정보를 기억하는 아주 효과적인 방법은 우리가 그것을 처음 접했을 때의 맥락을 떠올리는 것이다. 유아들에게 이러한 기술을 교육할 수도 있다. 사건기억의 장점을 다른 것에 적용할 수 있다. 중요한 문화적인 정보가 이야기, 신화, 설화 등으로 구전되었다는 것은 우연이 아니다. 숙련된 교사들이 알다시피, 유아에게 새로운 정보를 제공할 때는 사건, 이야기, 연극 등의 맥락에서 제공하는 것이 아주 큰 도움이 된다. 역사적 사건을 동작으로 표현하거나, 음성 규칙을 짧은 이야기로 변형하거나, 소방서를 방문하는 것과 같은 방법은 단순히 동기부여만을 위한 것이 아니다. 그것은 사건기억의 큰 장점을 이용하는 방법으로 유아들이 학습하고 기억하는 데 있어서 도움이 된다. 최근에 나는 이야기를 이용하여 화학식을 암기하는 효율적

인 방법을 찾았다. 예를 들어, 광합성 과정을 탄소 총각과 수소 처녀
의 만남과 사랑으로 표현해 보았다. 둘이 만나 사랑의 감정이 싹트고
기쁜 마음을 'O! O!(Oxygen, 산소)'로 표현했다는 이야기이다.

의미기억

의미기억은 가장 늦게 발달하며 인간에게만 있는 유일한 장기기
억 체계이다. 왜냐하면 그것이 상징 표상에 의존하기 때문이며, 가장
중요하게는 인간이 발달하고 언어를 사용하면서 크게 확장되기 때
문이다. 그것은 어떤 특정한 에피소드나 사건보다는 사고, 아이디어,
일반적인 규칙이나 법칙, 개념 등을 경험에서 추론해 내는 부분을 의
미한다. 다른 장기기억 체계와 달리 의미기억은 우리가 세상에 대한
내적 지식을 조직화하고 재조직화하면서 지속적으로 재구조화된다.
경험이 쌓일수록 우리는 개념을 재분류하고 새로운 연합을 형성하
며, 새로운 위계나 의미를 만들어 내고 발전시킨다.

의미 구조 안에 얼마나 잘 정리되었는지, 연결되었는지, 구체화되
었는지에 따라 정보의 회상 및 인출 정도가 달라진다. 신경과학 연구
에 의하면 장기기억에는 두 가지 요소가 있다. 즉, 결합 강도와 결합
범위이다.

결합 강도

1949년, 심리학자 헵(Hebb)은 학습이 대뇌피질 뉴런 간 결합의 형
성이라고 주장하였다. 뉴런이 화학 반응을 일으켰을 때 결합이 발생
하는데, 뉴런 간에 반응이 잦을수록 결합 강도가 강해진다. 이 이론

은 신경과학 연구의 지지를 받았다. 결합 강도는 전기화학적 기제를 통한 장기 강화(Long-Term Potentiation: LTP)에 따른 반복적 화학 반응으로 결정된다.

이것은 학습의 핵심 원리인 '적게 자주' 하는 것과 관련이 있다. 만약 새로운 것을 배우고 싶다면 매일 10분 동안 하는 것이 일주일에 1시간 하는 것보다 더 효과적이다. 왜냐하면 전자의 경우 학습자가 여러 상황에서 정보를 재투입하게 되므로 뉴런 간 연합이 강화되기 때문이다. 유아에게 어떤 새로운 정보나 아이디어를 소개한 후 그것을 오랫동안 기억하게 하기 위해서는 배운 지식을 곧바로 유아가 시연하도록 하는 방법이 효과적이다. 어떤 정보를 배우고 그것을 기억했는가를 바로 테스트할 경우 그렇지 않은 경우보다 훨씬 더 오랜 기간 기억을 보유한다.

결합 범위

기존 결합을 강화시키는 것뿐 아니라, 학습을 위해서는 끊임없이 새로운 결합을 만들어 내야 한다. 새로운 정보나 아이디어를 기존에 가진 정보에 결합시켰을 때 우리는 새로운 정보가 의미 있거나 상식적으로 받아들일 수 있다고 느낀다. 결합을 많이 만들어 갈수록 새로운 정보를 더 잘 받아들이고, 더 잘 기억할 수 있다. 이러한 처리 과정을 증명하기 위해 14개 문자로 이루어진 다음 단어를 기억해 보자. 5초간 응시한 다음 단어를 가리고 적어 본다.

Constantinople   Gwrzcwydactlmp   *χονσταντινοπλξ*

당연히, 첫 번째 단어가 가장 쉬웠을 것이고 두 번째 단어는 약간 어렵고, 세 번째 단어는 (당신이 그리스어를 읽을 수 있지 않은 이상) 전혀 가능하지 않았을 것이다. 이것은 당신이 가지고 있는 현재 지식과 새로운 정보를 연결할 수 있는 정도, 즉 그 범위와 상관이 있다. 첫 번째 단어는 당신이 이미 알고 있는 많은 지식과 여러 수준(의미, 음운, 소리, 문자)에서 연결되어 있다. 반면, 나머지 두 단어는 어떤 연합을 형성하기가 매우 어려웠을 것이다.

지식, 의미, 기억 간 관계에 대하여 치와 코스케(Chi & Koeske, 1983)는 공룡 전문가인 5세 유아를 대상으로 한 실험을 통해 아주 흥

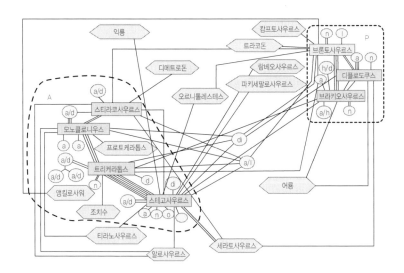

A그룹의 공룡은 포식자이며 P그룹의 공룡은 초식동물이다. 이중으로 표시된 선은 특히 관련성이 높은 공룡들을 의미한다. 공룡 이름 주변에 적혀 있는 소문자는 각 특성을 의미한다. a=appearance(외형), d=defence mechanism(방어기제), di=diet(식이), n=nickname(별명), h=habitat(서식), l=locomotion(운동능력).

[그림 5-3] 5세 유아의 공룡에 대한 지식 의미 표상 네트워크
출처: Chi & Koeske (1983).

미로운 사례를 제공하였다. 이 특별한 남자아이는 공룡에 대한 책을 9권이나 읽었고 40여 개의 공룡 이름을 외우고 있었다. [그림 5-3]은 이 아이가 가지고 있는 공룡에 대한 의미 표상 네트워크이다. 연구자들은 여섯 차례에 걸쳐서 아이가 알고 있는 공룡 이름을 회상하고, 공룡을 회상하는 데 있어서 어떤 힌트를 가장 잘 사용하고 있는지를 살펴보면서 표상 네트워크를 구성하였다. 그들은 유아가 공룡 이름을 함께 언급하거나 공통되는 특성으로 말한 것을 모아서 공룡 그룹으로 구분하였다. 그들의 가설대로 회상 실험에서 유아는 서로 관련이 있는 공룡들을 더 잘 기억하는 경향이 있었으며, 잘 기억하지 못하는 공룡들은 관련성이 거의 없는 공룡이었다.

크레이크와 록하트(Craik & Lockhart, 1972)는 지식, 의미, 이해 간에 강한 연관성을 강조하는 기억이론을 발표하였다. 이것은 '처리 수준' 이론이라고 한다. 즉, 그들은 새로운 정보를 '심층적'으로 처리할수록 후에 기억할 가능성이 높다고 주장하였다. 여기서 '심층적'이라는 것은 기존에 가지고 있는 지식 및 의미와 결합되었다는 것을 의미한다. 예를 들어, 사람들에게 단어 목록을 주고 그 단어가 동물인지 또는 부엌에 있는 사물을 의미하는지를 묻는 경우(단어의 의미에 대해 심층적으로 처리해야 함)와 대문자인지 또는 'lemon'과 음운이 유사한지를 묻는 경우(단어의 추상적인 형식이나 단어의 소리에 주의를 기울여야 함)에 후자가 기억해 내기 더 어려울 것이다.

의미기억 처리 과정에서 얻은 통찰은 효과적인 교육의 중요한 뒷받침이 되고 있다. 먼저, 유아들을 교육할 때 아이들이 알고 있는 것과 새로운 정보나 아이디어를 연결시켜 주는 것이 얼마나 중요한지를 분명하게 보여 준다. 유아는 자신이 가진 지식을 탐색하여 연결

짓는 것을 성인만큼 효율적으로 하지 못한다. 따라서 유아들이 할 수 있도록 그들을 돕고 격려하기 위한 전략을 만들 필요가 있다. 새로운 것을 제시할 때 유아들에게 조심스럽게 질문하고, 그들이 먼저 알고 있는 것과 어떤 관련이 있는지를 스스로 생각할 수 있도록 촉진하는 방법은 많은 경우 유아에게 도움이 된다.

두 번째로, 새로운 정보나 아이디어를 유아에게 제시할 때, 수동적으로 그것을 받아들이는 경우보다 그 정보를 가지고 무엇인가를 해야 할 경우에 현격한 차이가 나타난다. 이와 관련하여, 하우(Howe, 1999)는 예를 들어 정신 활동의 중요성에 대해 설득력 있는 주장을 내놓았다. 유아들에게 다양한 방법(말하기, 쓰기, 그리기, 모델링 등)으로 자신의 생각을 다시 표현하도록 요구했을 때 또는 새로운 정보를 창의적으로 사용해 보거나 문제를 해결하는 데 사용하도록 했을 때, 유아들이 확장된 연결을 하고 의미 네트워크를 재구성하는 것과 같은 긍정적인 효과가 나타났다. 이러한 과정에서, 새로 배운 것이 안정적으로 자리 잡는다. 이것은 앞에서 언급한 바와 같이 유아들이 어떤 놀이를 할 때 수시로 하는 행동 가운데 중요한 요소이다.

이 장에서는 심리학자 및 신경과학자들의 축적된 연구를 검토하며 기억의 구조와 발달에 관한 상당한 분량의 내용과 유아의 학습과 그들이 세상을 이해하는 방법에 대해서 살펴보았다. 유아를 담당하는 유아교사들에게 필요한 주요 사항들을 정리하면 다음과 같다.

• 목적이 있는 활동과 개인적으로 관련된 활동을 제시하여 유아의 주의를 모은다.

- 다감각적 접근 방법을 사용한다.
- 새로운 과제는 친숙한 맥락에 접목시킨다.
- 유아들이 기억하고 있는지에 대해서 유아 스스로 자기모니터링을 하도록 격려하고 이를 증진시키도록 노력한다.
- 무엇인가 기억해야 할 경우, 유아들이 다양한 기억 전략을 사용하도록 적극적으로 논의하고 모델링을 통해 교육한다.
- 새로운 정보를 동작과 연결시킨다.
- 새로운 정보를 사건, 이야기, 연극 등의 맥락에 놓는다.
- 새로운 지식을 반복하도록 시킨다.
- 이미 알고 있는 것과 새로운 정보 또는 아이디어를 연결하도록 돕는다.
- 유아들이 정신처리 과정을 거치고, 말하기, 쓰기, 그리기, 모델링, 놀이 등을 통해 다시 표현할 수 있도록 하여 새로운 아이디어나 정보 암기력을 향상시킨다.

이러한 방법들은 어떤 면에서 보면 뻔하고 단순해 보인다. 하지만 그것은 유아교육을 계획하고 구성하는 데 있어서 신중하게 적용할 만하다. 숙련된 교사가 창의적으로 적용한다면 우리가 가진 증거들은 유아의 기억, 학습뿐 아니라 교육 맥락 내외에서 얻은 새로운 아이디어, 정보, 기술을 습득하는 능력을 개발할 수 있다는 것을 보여 준다.

토론을 위한 질문

- 왜 어떤 아동은 특히 기억을 더 잘하는가?
- 기억을 잘 못하는 아동의 암기력을 향상시키기 위해 어떤 활동을 할 수 있는가?
- 아동은 어떤 활동이나 사건을 가장 잘 기억하는가?
- 성인으로서 당신은 무엇인가를 기억해 내려고 할 때 어떤 행동을 하는가?

🗣 활동

A. 기억 전략

유아들은 실제 상황에 처하면 전략을 사용하는 경우도 있지만, 동떨어져 있는 상황에서는 전략을 정교하게 사용하지는 못한다. 그렇게 하기 위해서 기억을 해야 할 필요성이 있는 진짜 상황을 만들 필요가 있다. 예를 들어, 저녁 식사 또는 가게 놀이, 다른 교사에게 말을 전달해야 하는 상황, 유아에게 중요한 사항 가운데 한 가지를 기억하여 나중에 꼭 교사에게 다시 알려 주도록 하는 것 등의 방법이 있다. 비교를 위해, 앞의 질문과 대응하는 질문으로 어떤 특정한 목적이 없지만 유아에게 무엇인가를 '기억'하라고 한다. 그리고 나중에 그것을 확인한다는 것을 알려 준다.

이러한 상황에 대한 유아의 반응을 주의 깊게 관찰하여야 한다. 특히 잊어버리기 전에 빨리 하려고 하는 것, 시연하기, 기억해야 할 내용과의 연합 또는 정교화 등 유아가 정보를 기억하기 위해 전략을 사용하는지 살펴본다. 각 단계에서 유아가 어떤 말을 하는지 기록하고, 얼마만큼 기억하는지를 적고, 유아가 잊어버렸다는 사실에 대해 인식하고 있는지를 기록한다. 기억 과제를 수행하는 것이 어땠는지 유아들과 대화를 나눈다.

B. 상위 기억

자신의 기억 능력, 기억 전략, 기억 과제의 난이도 등에 관한 유아의 지식은 발달한다. 이러한 사실을 탐구하기 위해서 유아에게 친숙한 사물과 낯선 사물 약 20개 정도가 필요하다. 이 사물들을 3~5개의 범주로 분류한다. 그다음 개별 유아를 면접하면서, 다음 세 가지 범주를 토대로 유아의 반응을 기록한다.

① 기억 능력: 물건 20개를 쟁반에 무작위로 놓고 천으로 덮은 후 유아에게 보여 준다. 쟁반 위에 몇 개의 물건이 있을지 어림해 보고, 만약에 30초간 보여 준다면 몇 개 정도를 기억할 수 있을지 묻는다. 유아가 어떠한 전략을 사용하는지 기록한다. 실제로 몇 개를 기억하는지 기록한다.

② 기억 전략: 유아들이 사물을 기억하는 데 어떠한 행동이 도움이 될지 묻는다.

③ 기억 과제: 과제를 보다 쉽게 만들기 위해서 무엇을 하면 되는지 묻는다. 유아들의 의견을 기록한다. 많은 의견을 말하지 않을 경우, 유아에게 제안을 한다 (예: 물건을 다른 방법으로 나열하기, 물건의 개수를 줄이기, 좀 더 많은 시간을 허용하기, 보다 친숙한 물건을 선정하기). 유아의 반응을 살펴본다.

Atkinson, R. C. & Shiffrin, R. M. (1968). 'Human memory: a proposed
system and its control processes', in K. W. Spence & J. T. Spence
(eds) The Psychology of Learning and Motivation, Vol. 2. London:
Academic Press.

Baddeley, A. D. (1986). Working Memory. Oxford: Oxford University Press.

Baddeley, A. D. (2006). 'Working memory: an overview', in S. J. Pickering
(ed.) Working Memory and Education. London: Academic Press.

Baddeley, A. D. & Hitch, G. (1974). 'Working memory', in G.H. Bower
(ed.) The Psychology of Learning and Motivation, Vol. 8. London:
Academic Press.

Bauer, P. J. (2002). 'Early memory development', in U. Goswami (ed.)
Blackwell Handbook of Childhood Cognitive Development. Oxford:
Blackwell.

Bruner, J. S. (1974). 'The growth of representational processes in childhood',
in Beyond the Information Given. London: George Allen & Unwin.

Chi, M. T. H. (1978). 'Knowledge structures and memory development', in
R. S. Siegler (ed.) Children's Thinking: What Develops? Hillsdale, NJ:
Lawrence Erlbaum.

Chi, M. T. H. & Koeske, R. D. (1983). 'Network representation of a child's
dinosaur knowledge', Developmental Psychology, 19, 29-39.

Conway, M. A., Gardiner, J. M., Perfect, T. J., Anderson, S. J. & Cohen,
G. M. (1997). 'Changes in memory awareness during learning: the
acquisition of knowledge by psychology undergraduates', Journal of
Experimental Psychology, 126(General), 393-413.

Craik, F. I. M. & Lockhart, R. S. (1972). 'Levels of processing: a framework
for memory research', Journal of Verbal Learning and Verbal
Behaviour, 11, 671-84.

Dempster, F. N. (1981). 'Memory span: sources of individual and developmental differences', *Psychological Bulletin, 89,* 63-100.

Flavell, J. H., Beach, D. R. & Chinsky, J. M. (1966). 'Spontaneous verbal rehearsal in a memory task as a function of age', *Child Development, 37,* 283-99.

Hagen, J. W. & Hale, G. A. (1973). 'The development of attention in children', in A. D. Pick (ed.) *Minnesota Symposium on Child Psychology, Vol. 7.* Minneapolis, MN: University of Minnesota Press.

Hebb, D. O. (1949). The Organisation of Behaviour. New York: Wiley.

Howe, M. J. A. (1999). A Teacher's Guide to the Psychology of Learning, 2nd edn. Oxford: Blackwell.

Istomina, Z. M. (1975). 'The development of voluntary memory in pre-school-age children', *Soviet Psychology, 13,* 5-64.

Miller, G. A. (1956). 'The magical number seven, plus or minus two: some limits on our capacity for processing information', *Psychological Review, 63,* 81-97.

Nisbet, J. & Shucksmith, J. (1986). *Learning Strategies.* London: Routledge & Kegan Paul.

Ornstein, P. A., Grammer, J. K. & Coffman, J. L. (2010). 'Teachers' "mnemonic style" and the development of skilled memory', in H. S. Waters & W. Schneider (eds) *Metacognition, Strategy Use and Instruction.* New York: Guilford Press.

Tulving, E. (1985). 'How many memory systems are there?', *American Psychologist, 40,* 385-98.

Wellman, H. M. (1977). 'Tip of the tongue and feeling of knowing experiences: a developmental study of memory-mentoring', *Child Development, 48,* 13-21.

학습과 언어

- 주요 학습이론은 무엇인가?
- 인간의 학습은 다른 종, 특히 영장류의 학습과 어떻게 다른가?
- 성인과 아동은 서로 다른 방식으로 사고하고 학습하는가?
- 학습자로서의 아동은 어떻게 발달하는가?
- 일부 아동이 다른 아동보다 더 나은 학습자인 이유는 무엇인가?
- 언어는 더 나은 학습자가 되도록 어떻게 돕는가?
- 아동의 학습을 지원하기 위해 교육 환경을 어떤 방식으로 조직할 수 있는가?

초기 행동주의 학습이론

1960년대 후반 학부생이었던 나는 일 년 과정의 학습이론 과목을 수강하였다. 이 과목에서는 그 시대에 학습에 정통한 심리학자에 대해 아주 자세하게 소개하였고, 쥐, 비둘기를 대상으로 미로에서 길을

찾거나 음식을 보상으로 얻기 위해 지렛대 누르기를 학습하는 실험
으로 대부분의 강의가 구성되었다. 이러한 연구는 현재 행동주의로
언급되는 심리학의 한 분야로 자리 잡았는데, 인간의 뇌 또는 정신세
계에서 일어나는 현상은 직접적으로 관찰하거나 측정하지 못하기 때
문에 인간의 심리를 과학적으로 탐색하고자 한다면 행동을 관찰하고
측정하는 데 국한해야 한다는 당시의 주장에 근거하였다. 윌리엄 제
임스(William James)와 같은 사상가가 숭배하던 통찰의 과정을 통해
인간의 정신세계를 이해하려는 초기 연구에 대한 반작용으로 행동주
의가 등장하였다.

그러나 진정으로 과학적인, 엄격하게 통제된 실험을 수행하기 위
해 학습은 매우 단순한 구성요소로 축소되고, 사회적 맥락이 제거
되어야 하며, 아동 대상으로는 실험을 할 수 없어서 배고픔이 동기
가 되고 감금해도 되는 동물을 대상으로 실험이 진행되었다. 아마도
이러한 연구의 가장 유명한 예는 러시아의 심리학자 이반 파블로프
(Ivan Pavlov)의 개 실험, 쥐와 비둘기를 대상으로 한 미국의 심리학
자 스키너(B. F. Skinner)의 연구일 것이다. 파블로프는 개가 종소리
와 음식물을 연합하도록 학습시킨 결과, 결국 종소리만 들어도 침이
분비됨을 입증하였다. 스키너는 쥐, 비둘기 등이 음식물을 얻기 위해
지렛대 누르기를 학습하고, 모양이 다른 여러 지렛대 중 하나를 선
택하는 상황에서도 정확한 지렛대 누르기를 학습하였음을 입증하였
다. 그는 고정적인 또는 규칙적인 강화계획(예: 지렛대를 누르면 매번
또는 세 번에 한 번 음식물이 제공되는 경우)보다 '변동적인 강화계획(예:
정확한 지렛대를 누르면 일부 시도에서는 음식물이 제공되지만 모든 시도
에서 음식물이 제공되지는 않는 경우)'으로 불리는 개념이 학습된 행동

을 지속시키는 데 훨씬 더 강력한 동기임을 입증하였다. 이는 인간의 도박 행동과 유사하다는 점에서 매우 충격적이다. 당신이 슬롯머신에 투입한 금액의 절반을 세 번에 한 번 되돌려 준다고 상상해 보라! 이러한 결과가 매번 동일하다면 그렇게 많지는 않더라도 사람들은 이를 경험하기 위해 라스베이거스로 여행을 떠날지도 모른다. 또한 스키너의 연구결과는 교육 분야에도 중요하게 적용되어, 동물이 실수한 경우 벌하는 것보다 올바른 행동에 대해 보상을 제공하는 것이 학습에 훨씬 더 효과적인 자극임을 보여 주었다. 스키너는 자신의 원리를 이용하여 비둘기가 숫자 7까지 세고, 롤러스케이트를 탈 수 있음(두 가지 중요한 과학적 진보)을 보여 주었는데, 이는 눈을 가린 개를 훈련시키고, 심각한 품행장애 아동에게 성공적인 행동 관리 기술을 적용하고, 수많은 유능한 유아교사가 교실의 아이들에게 사회에서 행동하는 방법을 가르치도록 돕는 데 사용된 행동 지침의 기초가 되었다. 잘못된 행동을 벌하거나 비난하는 것보다, 아이들이 서로 사이좋게 지내고, 장난감을 함께 가지고 놀 때 칭찬하면 교실의 분위기는 평화로울 것이다. 최근에 400명의 4~6세 아동을 대상으로 미국에서 실시된 연구에서는 스티커나 언어적 칭찬을 보상으로 제공하여 아동이 야채를 좋아하도록 학습시킬 수 있었다(Cook et al., 2011). 놀라운 일이긴 하지만 사실이다!

　행동주의의 핵심은 후속 연구에서 밝혀진 수많은 중요한 통찰에 있다. 예를 들어, 학습을 자극과 반응의 연합 형성으로 간주하는 사고는 최근의 수많은 신경과학 연구(인간의 두뇌 활동에 대한 직접 관찰을 통한)에 의해 지지되고 확장되었다. 그러나 이러한 성공에도 불구하고, 행동주의 모델은 인간의 학습을 충분히 설명하지 못하였다. 게

다가 내가 학부생이었던 1960년대에 이러한 사실이 점차 명백해졌다. 데이비드 우드(David Wood, 1998)는 이 시기를 많은 신진 심리학자가 행동주의 기법으로 훈련받았고, 행동주의 접근의 한계를 점차 인식하게 되었던 시기라고 묘사하였다. 학습에 대한 심리학 연구의 전환점을 대표하는 중요한 책 한 권(Hilgard, 1964)이 그 당시 출간되었다. 예를 들어, 1장에서 우드가 언급했던 것처럼, 젊은 심리학자 프리브람(Pribram)은 원숭이를 대상으로 실험을 하면서 학습에 대한 행동주의 이론의 핵심 기제, 즉 외적 강화에 의존한다는 점을 의심하게 되었다. 예컨대, 한 마리의 원숭이는 정확한 지렛대 당기기를 빨리 학습하였으나, '강화되지' 않은 시도에서는 땅콩을 먹었는데 '강화된' 시도에서는 제공된 땅콩을 먹지 않음으로써 결과적으로 실험은 실패하였다. 결국 먹을 수 있는 양보다 더 많은 땅콩을 주자, 원숭이는 온몸으로 땅콩을 가득 안고 계속해서 지렛대를 당긴 후 땅콩을 우리 밖의 실험자에게 던져 버렸다. 프리브람은 원숭이의 행동과 학습이 이 실험에서 구체화된 외적 강화계획이 아니라, 과제 자체에 대한 원숭이 자신의 '내재적' 관심에 의해 설명된다고 결론지었다. 그는 또한 그 책에 기여한 수많은 사람 중에서, 스위스의 심리학자 장 피아제가 제시한 아동 학습의 새로운 이론에 대해 호의적으로 언급하였다.

피아제와 학습의 구성주의 모델

행동주의 접근법의 근본적인 문제는 학습을 사건들 간의 단순한 연합 형성과 외적 보상이나 강화에 의존하는, 본질적으로 수동적인 과정으로 특징짓고 있다는 점이다. 1960년대는 이러한 문제가 더 명백해졌는데, 행동주의는 쥐 또는 비둘기와 같은 비교적 단순한 동물의 행동은 매우 잘 설명하는 모델이지만, 영장류의 학습은 제대로 설명할 수 없었고, 인간 학습의 풍요로움, 다양성, 창의성을 설명하는 데는 전적으로 부적절한 모델이었다. 이로 인해 존 플라벨(John Flavell)의 저서 『장 피아제의 발달심리학(The Developmental Psychology of Jean Piaget)』에 의해 피아제의 연구가 번역되어 영어권 연구 분야에 소개되자, 그 연구는 열광적인 환영을 받았다. 피아제 이론의 상당 부분은 평가 절하되었으나(다음에서 논의된 바와 같이), 그럼에도 불구하고 그는 인간 학습에 대한 주요 통찰의 제안자로서 인정받는다.

　방법론적으로 볼 때, 세밀한 자연관찰을 통해 일상생활에서 이루어지는 아동의 학습과 발달을 입증하였다는 점에서 피아제 연구의 의의를 찾을 수 있다(다수의 연구가 자신의 자녀에 대한 관찰에 근거한다). 학습 과정 이해의 측면에서 그는 '구성주의(constructivism)'의 아버지로 불리는데, 구성주의란 아동의 학습이 자신의 기술을 발달시키고자 시도하고, 세상에 대한 자신의 이해를 구성하는 능동적 과정이라는 관점이다.

　인간의 학습을 이 관점에서 설명하는 모델이 [그림 6-1]에 제시되어 있다. 여기서 학습자와 환경 간 상호작용의 모든 측면은 능동적이고 역동적이다. 학습자는 학습을 위해 정보를 수동적으로 받아들이기보다는 자신이 알고자 하는 정보를 능동적으로 인식하고 선택한다. 정보는 단순히 저장되는 것이 아니라 변환되고 범주화되고 재조직되며, 패턴은 획득되고 '도식(schema)'이나 개념은 구성된다. 이와

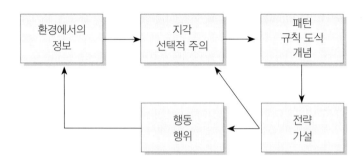

[그림 6-1] 아동의 학습 방법: 구성주의 모델

유사하게, 학습자의 행동 결과는 단순히 행동주의자가 주장하는 '자극(stimulus)'이나 보상에 대한 '반응(response)'이 아니며, 세상이 움직이는 방식에 관한 가설과 예측 그리고 그에 효율적으로 행동하는 전략과 계획에 의해 나타난다.

아동의 언어 학습 방식을 일례로 들 수 있다. 행동주의 관점에 의하면 아동이 학습하는 모든 단어와 발화는 성인을 모방하거나 외적 보상(성인의 미소 짓기)에 의한 강화의 결과로 나타나는 끊임없는 노력의 과정이다. 그러나 아동이 이해하고 산출하는 언어의 속도는 행동주의 설명보다 훨씬 빠르고, 어떤 경우에는 완전히 새로운 단어를 완벽하게 구사한다(우리 가족을 예로 들면, 우리가 함께 사용하는 단어와 문장이지만, 이는 모두 아동이 독창적으로 만들어 낸 것이다). 영어의 경우, 아동이 산출한 이러한 새로운 단어들 대부분이 패턴과 규칙을 잘못 적용한 결과이다. 예를 들어, 어린 아이들이 '어제 상점에 가서(goed) 물건을 샀다(buyed).'고 말하는 것을 들을 수 있다. 이 아이들은 성인이 이렇게 말하는 것을 들은 적이 없다. 또한 성인이 과거형을 만들 때 'ed'를 붙이라고 가르친 적도 없다. 이러한 패턴과 규칙은 풍부한 구어 경험을 통해 획득된 것이다.

인지 혁명

피아제는 1896년 스위스의 뉴샤텔에서 태어났고, 1980년 사망할 때까지 연구에 매진했다. 그의 연구는 방대하며(50권의 저서와 500편의 논문), 학습에 대한 심리학적 접근에서 '인지 혁명(cognitive revolution)'으로 불린다. 행동주의자의 '블랙박스(black box)' 심리학(뇌는 관찰할 수 없다는 주장)은 20세기 후반 심리학자들이 어린 아동의 뇌발달에서 인지적 과정을 보다 직접적으로 탐색할 수 있도록 도와준, 창조적이고 혁신적인 방법과 기술에 의해 대체되었다.

이러한 사실이 밝혀지자, 이 연구는 오늘날 피아제 이론의 구체성이 부정될 정도로, 아동발달에 대한 피아제의 이론을 직접적으로 반박하였다. 알다시피, 피아제 이론의 주요 비판점은 학습의 사회적 특성, 그리고 학습자로서의 아동의 발달에서 사회적 상호작용과 언어의 중요한 역할을 고려하지 못했다는 점에서 출발하였다. 그 결과, 그의 많은 연구에 제시된 바와 같이 근본적으로 아동이 이해하지 못했기 때문이라기보다는, 과제에 대한 언어적 설명의 어려움과 잘못된 사회적 단서 때문에 수행하기 힘든 과제를 아동에게 부과하였다. 이로 인해, 지금 우리가 알고 있듯이 어린 아동의 능력을 평가 절하하는 결과를 가져왔다.

피아제 연구가 갖는 제한점을 밝힌 초기 연구자 중 한 명은 스코틀랜드의 심리학자 마거릿 도널드슨(Margaret Donaldson)이다. 그녀의 저서 『아동의 마음(Children's Minds)』(Donaldson, 1978)에서, 피아제가 과제에서 아동에게 제시했던 방식을 일부 변형하여 피아제가 보여 준 결과보다 아동이 더 잘할 수 있음을 입증하는 많은 연구결과를 보고하였다. 예를 들어, 피아제의 유명한 수 보존 개념 과제에서는 아동에게 단추를 일대일 대응으로 동일한 수만큼 두 줄로 배열하여 보여 주고([그림 6-2]의 파트 1에 제시된 바와 같이), 아동에게 흰 단추가 많은지, 검은 단추가 많은지, 아니면 둘의 수가 같은지를 질문하였다. 그런 다음 실험자가 한 줄의 단추에 변형을 가한([그림 6-2]의 파트 2에 제시된 바와 같이) 다음 질문을 반복하였다. 많은 어린 아

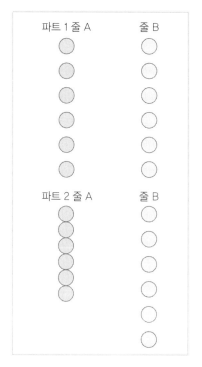

[그림 6-2] 피아제의 수 보존 개념

동이 동일한 개수의 단추가 제시된 처음 두 줄에 대해서는 정확하게 대답하였으나, 두 번째 조건에서는 흰 단추가 더 많다고 대답하였다. 그는 이 아동들이 지각적 측면에 의해 혼란을 경험하였고, 수 보존에 대한 논리적 이해가 결여되었다고 결론 내렸다.

그러나 마거릿 도널드슨과 동료들이 이 과제를 반복적으로 실시하였을 때, 두 줄의 단추들 중 한 줄의 단추들의 간격을 변형한 과제는 장난꾸러기 테디 손인형의 영향이 포함된 결과였다. 이러한 실험 상황에서 많은 수의 아동이 두 줄의 단추 수가 여전히 동일하다고 말할 수 있었다.

도널드슨은 손인형을 실험에 도입한 것이 두 번째 질문의 의미를 아동이 다르게 이해하도록 변화를 가져온 것이라고 결론 내렸다. 아동은 사회적 상황과 자신의 이전 경험 간의 관계를 고려하여 이 질문을 이해한 것이다. 성인이 단추 배열 패턴을 바꾸고 질문을 반복하자, 일부 아동은 이러한 상황이 자신의 첫 번째 대답이 틀려서 자신이 옳은 대답을 하도록 성인이 도와주려 하는 것으로 이해한 것이다. 수정된 과제에서, 두 번째 질문은 손인형이 단추를 추가하거나 제외시키지 않았다는 사실을 확인하는 단서로 사용되었다.

과제의 사회적 맥락에 대한 의존은 아동기 사고의 미성숙함을 보여 주는 증거로 볼 수 있으나, 성인의 사고 역시 이러한 사회적 단서에 동일하게 의존하고, 논리적 추론 과제가 사회적으로 의미 있는 맥락에서 제시된 과제보다 더 어렵다는 점은 이제 명백하게 밝혀졌다. 예를 들어, 와슨과 존슨-레어드(Wason & Johnson-Laird, 1972)는 다음에 제시된 '4장의 카드(four-card)' 문제를 고안하였다(다소 보안된 버전은 [그림 6-3] 참조). 숫자와 글자 버전 (a)에서는 각 카드의 한

(a)

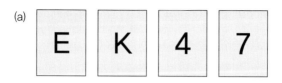

카드의 한쪽 면에 모음이 있으면,
다른 쪽 면에는 짝수가 있어야 한다.

(b)

당신이 맥주를 마시고 있다면, 적어도 18세 이상이어야 한다.

[그림 6-3] 4장의 카드 문제

출처: Wason & Johnson-Laird (1972).

쪽 면에는 숫자가, 다른 쪽 면에는 글자가 쓰여 있다고 알려 준다.
그 카드들에 이름을 붙이는 것이 과제인데, 이 카드들을 뒤집어서
규칙이 옳은지 틀린지를 확인한다. '술 마시는 사람들' 버전 (b)에서
는 맥주와 음료를 판매하는 식당에서 일한다고 가정하는데, 여기서
는 18세 미만 청소년에게 술을 판매하지 않는다는 법을 지키기 위
해, 모든 사람의 등에는 자신의 연령을 표시한 스티커가 붙여져 있
다. 아무도 법을 어기지 않아야 하는데, 4명의 손님이 법을 준수하
고 있는지 확인하기 위해 주위를 돌아다녀야 한다. 당신이 전형적인
성인의 뇌를 가졌다면, 그림 아래 문장을 읽고 이해하기 이전에 답
을 써야 한다.

(a)의 정답은 모음 E와 홀수 7이다. 가장 많이 선택한 오답은 짝수

4인데, 숫자 4는 다른 쪽 면에 모음이나 자음이 있어야 한다는 규칙을 반박할 수 없기 때문에 정답이 아니다. 이와 유사하게, (b)의 정답은 술을 마시고 있는 사람과 16세의 청소년이다. 대부분의 성인은 더 추상적인 버전 (a)를 어렵게 인식하고 종종 틀렸다. 논리적으로 동일한 문제임에도 불구하고, 사회적 맥락을 고려한 버전 (b)가 항상 더 쉬운 것으로 여겨졌다. 아이러니하게도, 과제의 사회적 맥락에 대한 이러한 의존은 인간 진화의 사회적 기원과 연결 지어 이해해 볼 수 있고, 또한 이전 장에서 논의했듯이 경험을 통해 이해한다는 피아제 자신의 이론적 견해에 대한 논리적 결과라고 볼 수 있다.

도널드슨, 와슨과 존슨−레어드 그리고 다른 많은 연구자의 이러한 유형의 연구는 인간 뇌발달의 복잡성을 해결하기 위해 노력한다는 측면에서 발달심리학자들에게 중요한 의미를 제공하고, 유아교육에 관여하고 있는 교육학자들에게도 매우 중요한 함의를 제공한다. 아동은 성인이 제공하는 정보를 수동적으로 받아들이지 않는다. 아동은 자신에게 전달되는 정보와 새로운 경험을 능동적으로 해석하고 변형하는 과정에 지속적으로 참여한다. 아동이 교육 경험을 이해하도록 돕고자 한다면, 아동에게 친숙하고 의미가 있는 맥락 내에서 과제를 제시해야 한다.

습관화(habituation), 시선 추적(eye-tracking), 컴퓨터 모델링, 신경과학 기술과 같은 새로운 연구방법을 통해, 인지심리학자들은 지난 30년 이상 인간 뇌를 학습함으로써 아동의 학습 과정을 파헤치고 있다. 또한 이러한 학습 과정이 출생 시부터 존재하고 기능하고 있으며, 뇌의 크기가 4배나 증가함에 따라(대뇌피질의 신경세포 간 시냅스 연결의 급격한 증가로 인해) 생후 4~5년 동안 매우 빠르게 성숙한다는 사실을 확인하였다. 고스와미(Goswami, 2008)는 기초 학습 과정의 범위가 아주 일찍 출현함을 보여 주는 심화된 많은 실험을 보고하였다.

출생 시부터 존재하는 이러한 과정의 하나는 통계적 또는 귀납적 학습이라고 불린다. 이는 연속적인 경험 속에서 패턴과 규칙을 찾는 과정에 해당하고, 인간 학습의 많은 부분에 토대가 된다. 이는 행동주의자들이 연구했던 연합 학습(association learning)의 매우 정교하고 능동적인 형태로 간주되며, 인간의 시각 체계가 학습하는 방법, 아동이 언어를 매우 빠르고 쉽게 학습하는 방법, 아동이 자신의 경험에 의해 개념을 형성하고 범주를 지각하는 방법, 사건들 간의 인과관계를 이해할 수 있는 방법을 명백하게 해결해 준다. 예를 들어, 습관화 방식을 사용하여, 연구자들은 2개월 영아에게 일련의 모양을 복잡한 순서 패턴으로 보여 주어도 학습할 수 있다는 사실과, 그들이 모양은 동일하나 순서는 동일하지 않은 '새로운(novel)' 패턴을 선호한다는 사실을 확인하였다(Kirkham et al., 2002). 또 다른 예로, 사용된 패턴은 언어에도 동일하게 적용되는 것으로 나타났는데, 이는 단지 고정된 순서가 있는 것이 아니라 하나의 모양이 다른 모양 다음에 나온다는 '전이 확률(transitional probabilities)'을 포함한다. 신기하게도, 2개월 영아는 이러한 능력이 6개월 영아만큼 능숙하였다.

이전 장에서 논의되었던 것처럼, 기억에 관한 신경과학 연구는 신경세포들 스스로 자기들 간의 관계를 더 강하게 만드는 과정을 통해 의미론적 정보가 대뇌피질에 저장됨을 보여 주었다. 따라서 이러한 통계적 또는 귀납적 학습 과정을 통해 학습된 일련의 패턴(또는 규칙, 도식, 개념; [그림 6-1] 참조)은 서로 연결된 신경세포들의 네트워크에서 자연적으로 구현되는 것으로 보인다. 최근 연구의 핵심 흐름인 '연결주의 모델링(connectionist modelling)'에서는 학습의 세부적인 측면을 책임지고 있는 신경세포 연결망을 모델로 만들고자 시도하였다. 예를 들어, 플런켓(Plunkett, 2000)은 이러한 연구의 핵심 아이디어와 결론을 조사하였고, 컴퓨터 시뮬레이션을 통해 아동의 전형적인 어휘발달을 모델로 만들었다. [그림 6-4]는 전형적인 어휘 학습 궤도를 나타낸 그래프인데, 몇 개월 동안의 비교적 느리지만 안정적인 성장 기간이 지난 후 22개월 무렵에 갑작스러운 급등 현상이 나타났다. 아동을 대상으로 연구하는 연구자들이 알고 있듯이, 이러한 '불연속성'은 아동의 학습 영역에서 많이 나타나는 일반적인 현상이다. 플런켓과 동료들은 놀랍게도 어휘를 학습하고 어휘발달에서 전형적으로 나타나는 것과 매우 유사한 학습 패턴을 산출하는 단순한 신경망을 구성하는 데 성공했다. 이는 아동의 학습에서 전형적으로

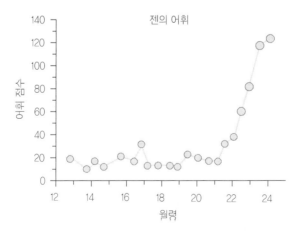

[그림 6-4] 2세 영아의 전형적인 어휘발달 프로파일

출처: Plunkett (2000), p. 78.

나타나는 오랜 안정기와 갑작스러운 급등이 인간 뇌의 신경망이 학습하는 방법의 구조적 결과임을 보여 준다.

경험에 의해 능동적으로 구성된 패턴은 이러한 통계적 또는 귀납적 과정과 밀접한 관련이 있는데, 이는 유추를 통한 학습 과정에 해당한다. 이는 인간에게는 별로 특별하지 않으나 다른 종(種)에 비해서는 더 발달된, 전적으로 능동적인 학습인데, 하나의 맥락에서 학습되고 규명된 패턴은 또 다른 맥락과 관련된 새로운 경험이나 새로운 정보를 이해하는 데 사용된다. 학습의 '전이' 또는 '일반화'라고 불리는 이러한 능력은 새로운 상황에 대한 인간의 적응성과 새로운 문제를 해결하는 인간의 능력을 설명하는 데 매우 중요한 역할을 한다. 수렵채집사회에서 살았던 인류의 조상 이래로 인류 문명과 기술에서의 거대한 변화는 유추를 통한 학습 능력이 있었기에 가능하였다. 유추는 발달의 후반부가 될 때까지는 발달하기 어려운 복잡한 추론의 형태에 해당한다는 피아제의 결론과는 반대로, 고스와미(Goswami, 1992)는 아동도 유추가 가능함을 처음으로 입증한 연구자 중 한 명이다. 그녀는 아동이 관련된 기본적인 관계를 이해하고 있다면 4세 유아도 유추에 의해 추론할 수 있음을 보여 주었다. 예를 들어, 이 연령의 아동에게 한 쌍의 새와 새집이 그려진 그림을 보여주면 개와 개집이 그려진 그림을 고른다. 그런데 첸과 동료들(Chen et al., 1997)은 한발 더 나아가 10~13개월의 어린 영아도 기본적인 유추 학습이 가능함을 입증하는 데 성공하였다. 이 과제는 매력적인 인형을 되찾기 위해 이동하는 순서를 학습하는 과제이다(장애물을 치우고, 위에 덮여 있는 줄이 달린 종이를 당기고, 인형을 이동시키기 위해 그 줄을 당긴다). 이 연령의 아동은 성인이 기본적인 일련의 움직임을 모델로 만들도록 요구했으나, 일단 학습하고 난 다음에는 이를 유사한 다른 과제에 적용할 수 있었다(13개월 영아가 10개월 영아보다 더 융통성 있게).

사회적 구성주의: 상호적 학습

첸과 동료들의 연구에서 요구된 움직임을 모델링하는 데 있어 성인의 역할은 인간 학습에서 최종적으로 중요한 요소가 무엇인지를 보여 주었다. 3장 서두에서, 인간은 규모가 커져 가는 집단에서 자기 자신을 조직할 수 있는 진화된 우위에 반응하는 차원에서 진화되어 왔다는 관점이 현재는 널리 수용되고 있음을 확인하였다. 이는 사회적이고 협동적인 기술의 발달을 강화시켰고, 인간의 뇌를 사회적 영향력에 조율하는 것은 학습의 영역에서 보다 명백하게 나타난다.

서로를 가르치는 것은 인간이 가진 독특한 능력의 토대에 해당한다. 인간이 서로 학습하는 방법의 여러 측면 중 하나는 가르치려는 강력한 성향이 존재하기 때문이고, 아동의 경우에는 특히 완전하게 학습을 지원하는 행동에 참여하기 때문이다. 이러한 측면에서 볼 때, '모성어(motherese)'라고 불리는 성인의 언어 산출은 아동의 언어 학습에 대한 훌륭한 사례이자, 자신의 경험에서 패턴과 규칙성을 찾는 과정에 도움을 주고자 성인이 아동의 경험을 중재하는 노력이라고 볼 수 있다. 성인은 아기에게 말할 때 발음을 보다 정확하게 하고, 억양과 강세를 과장하여 노래 부르는 것 같은 목소리로 말하며, 제한된 어휘와 짧고 단순한 문장을 사용한다. 지금-여기서 일어나는 일에 대해 언급하고, 성인들 간의 대화에서는 다소 무례하게 여겨지는 방식으로 아동의 언어 산출에 반응한다(예: 아동이 한 말을 반복하는 것, 아동의 발화를 확장하여 완전한 문장을 만드는 것). 누군가 우리에게 가르쳐 주지 않아도 우리는 이렇게 행동하고, 이는 아동이 자신의 수용언어와 표현언어를 발달시키도록 돕는다. 이러한 접근을 아동 학습의 다른 영역에 적용하는 것은 '타고난' 교사로 불리는 누군가의 특성에 해당하고, 주지하다시피, 아동의 학습에 명백한 영향을 미치는, 아동에 대한 성인의 민감성과 반응성에는 개인차가 존재한다. 발달심리학에서 아동의 학습과 관련된 사회적 상호작용 과정은 주로 모방에 의한 학습(교수 맥락에서 성인 모델링에 의존)과 사회적 상호작용에 의한 학습(언어 사용에 의존)의 측면에서 연구되었다.

모방에 의한 학습

미국의 발달심리학자 앤드류 멜조프(Andrew Meltzoff)와 키스 무어(Keith Moore)의 연구(Meltzoff & Moore, 1999)를 통해 놀랍게도 아주 어린 아동이 모방에 의한 학습에 능숙한 모습을 보인다는 사실을 발견하였다. 1970년대 후반에 논문이 발간되었을 때, 멜조프와 무어는 생후 12~21일 된 영아가 얼굴과 손동작을 모두 모방한다는 증거를 보여 주는 영상 자료를 제시하였다([그림 6-5] 참조). 진화된 행동의 사례와 마찬가지로, 인간은 생애 초기부터 서로를 모방하는 능력을 보일 뿐 아니라 뇌 메커니즘도 진화되어 그러한 행동에 대해 자신에게 보상을 제공한다. 아동이나 성인이나 서로 모방하고 모방당하면서 엄청난 쾌락을 느낀다. 모방 행동은 종종 즐거움과 웃음으로 이

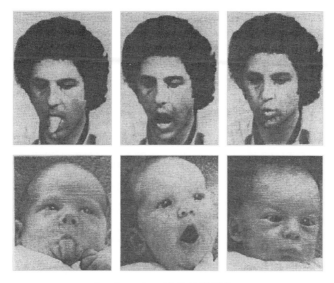

[그림 6-5] 모방을 통한 학습

어진다. 예를 들어, 모방 행동이 많은 아동용 게임뿐만 아니라 성인용 코미디의 토대가 되는 것은 우연이 아니다.

그러나 심지어 단순한 신체적 모방이 제공하는 놀랄 만한 성취도 고려할 가치가 있다. 아주 어린 아기가 성인이 보이는 행동을 관찰할 수 있고, 자신의 신체 각 부위가 성인처럼 움직여진다는 사실을 인식할 수 있고, 아직은 미성숙한 상태인 자신의 운동피질 내에서 동일한 행동을 실행하도록 조직화할 수 있는 것은 최근까지 알려지지 않았던 출생 시부터의 피질 조직의 수준을 보여 준다. 흥미롭게도, '거울 뉴런(mirror neuron)' 시스템이라고 불리는 신경세포에 의해 이러한 모방 행동이 가능하다는 사실이 이제 아주 강력한 증거로 제시되고 있다(Rizzolatti & Craighero, 2004). 다른 사람이 특정 행동을 실행하는 것을 관찰할 때와 자기 스스로 그 행동을 실행할 때 이와 동일한 신경세포가 활성화됨을 보여 주는 사례이다. 이러한 시스템은 행동을 모방하고, 3장에서 살펴본 바와 같이, 타인의 마음과 의도를 이해하고, 타인의 정서 상태를 공감하는 데 기본적으로 작용한다.

그러나 학습의 맥락 내에서 타인의 행동을 모방하는 능력은 신체적 기술의 학습이라는 차원에서 엄청난 이점이 있다(공예를 배우거나 스포츠를 배우는 경우를 예로 들 수 있는데, 나는 타이거 우즈를 보는 것만으로도 골프 스윙을 아름답게 발전시키고 있다!). 게다가 인간의 경우, 즉각적인 모방뿐 아니라 지연된 모방까지도 학습 도구로 사용한다. 지연모방은 사물과 사건을 기억 속에 정신적으로 표상하는 능력에 의존하기 때문에 인간의 고유한 능력으로 여겨진다. 이러한 능력은 다시 생애 초기부터 나타나서 영아기에 급격하게 발달한다. 피아제는 1960년대에 이미 자신의 어린 자녀가 16~24개월일 때 지연모방 능력이 나타남을 관찰하였다(Piaget, 1962). 최근 연구에서 멜조프 (Meltzoff, 1988)는 지연모방이 9개월 영아에게도 나타난다는 사실을 발견하였다. 이 시기의 영아가 24시간 이전에 관찰했던 새로운 행동을 다시 실행한다는 사실을 입증하였는데, 후속 연구에서 18개월 영아는 행동이 발생한 이후 2주일 뒤에, 그리고 24개월 영아는 2~4개월 뒤에도 모방 행동을 보이는 것으로 나타났다. 이러한 결과는 어린 아동의 표상 능력, 그리고 정신 표상을 장기기억에 저장하는 능력의 발달에 대한 정보를 제공해 준다는 점에서 매우 가치 있는 결과이다.

사회적 상호작용을 통한 학습

물론, 모델링과 모방은 단순한 형태의 사회적 상호작용에 불과하고, 성인과 아기가 서로 얼굴을 당기고 풍선껌을 불면서 즐거움을 느끼는 모습은 쉽게 관찰할 수 있다. 다른 사람과 상호작용하는 아기의 초기 경향과 능력, 아기와 상호작용하고 행동과 음성에 의미를 부여하는 성인의 경향은 콜윈 트레바든(Colwyn Trevarthen)의 연구(Trevarthen & Aitken, 2001 참조)에 잘 드러나 있다. 어머니와 아동 상호작용에 대한 다년간의 상세한 비디오 분석에 근거하여, 그는 상호작용을 통한 아동의 의미 파악 능력, 또는 '상호주관성(inter-subjectivity)'의 초기 형태를 '원형 대화(proto-conversations)'로 특징지었다. 예를 들면 다음과 같다.

> 상호작용은 조용하고, 즐거우며, 지속적인 상호 주의집중과, 얼굴과 손 보고 만지기를 포함한 짧은 발화의 리듬감 있는 조화에 의존하는데, 이러한 모든 표현은 조절된 상호성과 주고받기로 시연된다. 신생아와 성인은 서로 만족스러운 상호주관성을 자발적으로 표현한다(Trevarthen & Aitken, 2001, p. 6).

이러한 초기 의사소통 에피소드에서 상호 주의집중이 핵심 요소인 것은 명백한 사실이다. 이는 생후 2년 동안 발달하며, 외부 사물이나 사건에 대해 아동이 성인과 함께 주의집중을 하는 공유된 주의집중 능력을 발달시키면서 나타난다. 이러한 능력은 가리키기 행동의 이해와 사용을 통해 명백하게 출현한다. 10~12개월이 되면 영아는 관심은 있으나 손이 닿지 않는 사물을 가리키고, 조금 더 지나면 다른 사람에게 그 사물이 위치한 곳을 가리키는 능력을 획득한다(다른 대부분의 영장류와 마찬가지로, 9개월 이전의 아동은 상대방의 손가락을 보면서 가리키기 행동에 반응한다).

2세 아동은 성인의 시선 응시를 지켜보며 공동주의(joint attention) 능력을 점진적으로 획득한다. 일단 성인이 이러한 발달을 지원하는 경향은 영아의 시선 응시를 모니터링하고, 영아가 바라보는 곳을 응시하고, 주의의 초점을 이후 상호작용의 토대로 활용함으로써(예를 들어, 사물을 명명하고, 사물에 대해 언급하고, 아동을 위해 사물을 가져옴으로써) 명백하게 입증된다(Butterworth & Grover, 1988).

그러나 이러한 초기 성인-아동 상호작용에 대한 심층 연구는 이러한 초기 의사소통 발달을 지원하는 일반적 경향이 존재하지만, 성인 간 의사소통 양식과 민감성에 상당한 다양성이 존재하고, 이러한 다양성은 아동의 학습, 특히 언어발달에 관한 학습에서 개인차와 명백히 관련이 있음을 보여 주었다. 우선 일련의 연구는 1세 아동과 2세 아동이 부모 또는 양육자와 공동주의 에피소드(예: 공동 놀이, 대화, 책읽기)에 보내는 시간에 상당한 차이가 존재하고, 이러한 다양성이 아동의 언어발달 속도와 관련 있음을 보여 주었다. 공동주의 에피소드 내에서 아동에 대한 부모 또는 양육자의 민감성, 반응성에 상당한 차이가 존재하였고, 이는 또한 언어발달에 영향을 주었다. 일부 성인은 아동의 가리키기 몸짓이나 시선을 주의의 초점을 나타내는 지표로 인식하는 것 같았다. 아동의 초점을 정함으로써 일부 성인은 이를 이후 상호작용의 토대로 사용하는 경향을 보인 반면, 다른 성인들은 아동의 주의를 성인 자신의 관심사로 바꾸려고 시도하는 경향을 보였다. 놀랍지 않게도, 아동의 현재 관심사와 주의에 근거한 '주의 따라가기(attention-following)' 전략이 '주의 바꾸기(attention-shifting)' 전략보다 언어발달을 훨씬 더 효과적으로 지원하는 것으로 나타났다(Schaffer, 2004 참조).

　이러한 결과는 유아교육 전문가에게 상당히 흥미로운 내용이다. 아동이 성인이 하는 말을 따라하도록 돕기를 원한다면, 초기 언어발달을 지원하는 것은 그 자체로도 매우 중요하다. 그러나 아동이 문해발달로 쉽게 전이하도록 만드는 관련성이 더 중요하게 간주되고, 제롬 브루너(Jerome Bruner)가 말한 언어는 '사고의 도구'임을 반박하는 증거이다.

　의미와 분리된 '음성학'을 아동에게 가르치는 영국에서 현재의 강박관념은 캐서린 스노(Catherine Snow)의 최근 연구(Snow, 2006)를 추천하는 것이 최상의 방법이다. 그녀는 오랫동안 이 분야를 연구한 권위자이다. 그녀가 말한 것처럼, 유아기 문해력의 두 가지 확고한 예언자는 어휘 크기와 음운 인식이다. 그러나 아동의 학습을 보다 일반적인 측면에서 살펴보면 어휘 또는 음운을 직접 가르치는 것은 생산적 접근이라고 보기 어렵다. 어린 아동의 학습은 현재 관심이 있는, 그래서 의미 있는 맥락 내의 엄청난 새로운 정보에 의해 촉진된다. 물론, 어린 아동이 흥미를 가지도록 글자로 쓰인 언어의 음성학을 소개하는 것은 가능한 일이다. 스노는 20시간 동안 음운 인식에 주의를 집중하는 일이 모든 아동에게 충분히 가능하고(Ehri et al., 2001), 스스로 철자쓰기를 통해 아동의 쓰기를 지원하는 것이 음운 인식을 효과적으로 지원한다는 강력한 증거를 제시하였다.

언어와 학습: 비고츠키의 기여

이 장의 마지막에서 다루고자 하는 내용은 학습에서 언어의 역할에 관한 문제이다. 놀이를 통한 아동의 학습에 대해 다룬 4장에서 언급한 러시아의 심리학자 레프 비고츠키(Lev Vygotsky)는 이 분야의 영향력 있는 학자이다. 피아제는 언어발달이 아동의 일반적인 학습 능력과 정신 표상 능력이 향상된 결과라고 주장했으나, 비고츠키는 이와 정확하게 반대되게 주장하였다. 어린 아동의 교육에 관여하고 있는 우리는 비고츠키의 관점을 지지하는 증거들을 무수히 많이 확보하고 있다.

피아제는 아동과 물리적 환경의 상호작용이 중요함을 강조하였고, 교육 영역에서 그의 추종자들은 교사의 역할이 관찰자와 촉진자여야 한다고 주장하였다. 아동을 직접 가르치는 것은 잘못된 교수법이라는 것이 이러한 접근의 일반적 관점이다. 교사가 아동에게 무언가를 가르치려고 할 때마다 아동이 그것을 스스로 발견할 기회를 빼앗는다는 것이다. 이러한 관점은 아동이 단지 가르쳐 주는 것만 학습하고, 학습에 보상이 제공되어야 한다는 단순한 '행동주의자' 모델에 대한 일종의 반작용이다. 그러나 이러한 관점은 벼룩 잡으려다 초가삼간 태우는 일이 될 수도 있다.

비고츠키의 연구에 고무된 보다 최근 연구에서는 학습 과정에서 성인과 다른 아동이 핵심적 역할을 담당한다는 사실이 밝혀졌다. 이러한 역할은 지식을 전달하는 교수자가 아니라, 아동 자신이 능동적으로 의미를 구성하고 이해하는 것을 지지하고 격려하고 확장시키는 '비계설정자'(제롬 브루너와 동료들이 제시한 은유—Wood et al., 1976)이다. 실험 상황에서 어린 아동과 어머니를 관찰한 연구를 토대로 하여 일련의 연구자는 앞서 살펴본 바와 같이 초기 상호작용에 관한 다른 연구들에서 출발한 아이디어를 지지하고 발달시켜 비계설정을 특징 짓게 되었다. 따라서 훌륭한 비계설정자는 아동의 흥미를 고려하고, 과제를 단순화시키고, 가장 중요하게는 과제에 대한 아동의 성공을 민감하게 모니터링하여 아동이 독립적으로 수행할 수 있을 때 지지를 철회한다. 아동의 언어 학습을 지원하는 성인에 대한 연구에서도 유사하게 나타난다.

아동의 학습에 관한 비고츠키 모델의 핵심 아이디어는 모든 학습이 아동 스스로 이해를 구성하는 과정에서 아동을 지원하는 사회적 맥락에서 시작한다는 것이다. 따라서 그는 모든 학습이 구어 형태로 '정신 간(inter-mental)' 수준에 먼저 존재하고, 그러고 나서 '정신 내(intra-mental)' 수준에 존재한다고 주장하였다. 이러한 견해는 학습에 대한 '사회적 구성주의자' 접근으로 불린다. 이 모델의 더 핵심

[그림 6-6] 비고츠키의 근접발달영역

적인 통찰은 [그림 6-6]에 제시된, '근접발달영역(Zone of Proximal Development: ZPD)'이다. 비고츠키에 의하면, 아동이 어떤 과제나 문제에 맞닥뜨리더라도 현재 발달 수준인 자신의 수준에서 조작할 수 있으나, 성인이나 자신보다 유능한 또래가 지지해 주면 상위 수준인 잠재적 발달 수준에서 조작할 수 있다. 근접발달영역은 아동이 실제로 도전받는 범위 내에서 적절한 지지를 통해 도달할 수 있는, 수행이나 이해의 두 수준 간 학습 영역을 의미한다.

비고츠키와 그의 추종자들은 아동이 근접발달영역 내에서 새로운 이해를 함께 구성할 경우 사회적 상호작용을 통해 가장 효과적으로 학습한다고 주장하였다. 이러한 관점은 어린 아동이 자신의 활동에 대해 스스로 언급할 때 아동의 '혼잣말(private speech)' 산출과 관련된 일련의 연구에 의해 지지되었다. 비고츠키의 견해는 혼잣말이 성인이나 또래와의 사회적 상호작용 맥락에서 산출되는 외적인 '사회적 언어(social speech)'와 성인이 자신의 생각을 구성하도록 도와주는 '내적 언어(inner speech)'를 연결하는 결정적인 메커니즘이라는 것이다. 7세 또는 8세의 아동에게 지배적으로 나타나며, 그 이후 내적 언어의 용량이 확립되면 점진적으로 사라지나, 도전적인 과제를 해결해야 할 경우 여전히 나이 많은 아동과 성인에게서 관찰된다.

비고츠키 모델이 맞다면, 혼잣말은 어린 아동의 사고를 지원하고, 근접발달영역 내에서의 문제를 해결해야 할 때 아동이 최고 속도로 혼잣말을 산출한다고 예측된다. 또한 혼잣말의 산출은 아동의 문제 해결 능력을 촉진하는 것으로 예측된다. 혼잣말 현상에 대한 심층 연구는 이러한 예측을 전적으로 지지한다(Fernyhough & Fradley, 2005; Winsler & Naglieri, 2003). 과제의 난이도 수준에 따라 개별 아동의 혼잣말의 산출을 그래프로 나타내면 골디락스(Goldilocks) 패턴으로 불리는 역 U자 곡선으로 표현된다. 즉, 너무 쉽거나 너무 어려운 과제는 비교적 낮은 수준의 혼잣말로 나타나지만, 도전할 만한 과제는 상위 수준의 혼잣말로 나타난다. 동시에 도전적인 과제에 직면했을 때 높은 수준의 혼잣말을 산출하는 아동은 문제를 가장 성공적으로 해결한다. 어린 아동이 혼잣말을 하지 못하도록 한다는 유아교육현장 실무자의 말을 들은 적이 있다. 정확히 그 반대로 가르쳐야 하며, 게다가 혼잣말의 출현은 아동이 자신에게 적절한 수준의 도전 과제를 수행하고 있음을 보여 주는 지표이다.

이러한 관점은 학습에서 언어발달이 중요한 역할을 한다는 증거로 지지되어 왔다. 제롬 브루너(Jerome Bruner)의 연구는 이 이슈에 영향을 미쳤다. 브루너는 언어가 '사고의 도구'라고 설명하고, 언어가 아동이 자신의 사고를 발달시키고, 불가능할 수 있는 과제를 해결하도록 돕는다는 일련의 연구를 제시하였다. 예를 들어, 그의 유명한 '9개의 컵' 과제에서 그는 3×3 매트릭스 컵들의 패턴을 설명할 수 있는 아동이 매트릭스를 변형할 수 있음을 보여 주었다. 그러나 적절한

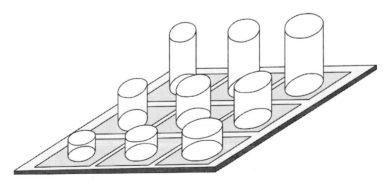

[그림 6-7] 브루너의 9개 컵 과제

언어를 말하지 않은 아동이 자신이 본 패턴을 정확하게 산출할 수 있었다.

아동에게 적절한 어휘를 제공하고, 아동이 자신의 아이디어를 말로 표현하도록 요청하는 것은 아동이 사고의 융통성을 발달시키고, 세상에 대한 이해를 구성하는 데 결정적인 도움이 된다. 1980년대 티저드와 휴즈(Tizard & Hughes, 1984)는 오전에는 어린이집에 다니고 오후에는 가정에서 어머니와 시간을 보내는 4세 여아를 대상으로 한 연구에서 아동이 자신의 어머니와의 대화를 통해 지적 학습에 참여하고 있다는 증거를 제시하였다. 아동이 어머니와 나누는 의미 있는 대화는 불행하게도 유아기 경험의 일부에 지나지 않는다. 실바와 동료들(Sylva et al., 2004)은 최근에 유아기 효과적인 교육의 요인에 관한 대규모 종단연구에서 양질의 유아기 경험이 지적 발달과 성격발달에 중요한 영향을 미칠 수 있음을, 그리고 양질의 경험에서 핵심요소는 성인과 아동 간의 '지속적으로 공유된 사고' 관련 에피소드의 출현임을 보여 주었다.

이러한 증거는 쌍으로 또는 소집단으로 이루어지는 성인과 아동 간의 특정한 상호작용 양식이 학습에 상당히 도움이 될 수 있음을 보여 준다. 최근의 현장중심 연구들은 이러한 견해를 지지하고, 유아교육에서 아동에게 적합한 성공적인 '문답식' 교육의 구체적인 요소들을 보다 자세하게 규명하기 시작했다(Mercer & Littleton, 2007). 예를 들어, 닐 머서(Neil Mercer)와 동료들(Littleton, Mercer et al., 2005)은 어린 아동의 대화에서 질적으로 다른 세 가지 유형, 즉 논쟁적(비생산적인 논쟁), 누적적(무비판적 첨가), 탐색적(능동적 공동 참여) 언어를 규명하였다. 그들은 '함께 사고하기' 접근법을 개발하였는데, 이는 아동이 집단 토론에서 탐색적 언어를 사용하는 능력을 지원하기 위한 과제들을 통합하는 것이다. 여기에는 아동이 '대화 규칙'에 동의하도록 돕고 생산적인 공동 활동을 구성하도록 돕는 활동들이 포함된다. 흥미롭게도, 이 연구와 하우와 동료들(Howe et al., 2007)의 연구에서 도출된 하나의 중요 요소는 집단 활동에 참여하는 아동이 토론을 통해 도출된 문제의 해결책에 동의하고자 시도해야 한다는 점이다. 실제적인 동의는 동의를 이루려는 시도만큼 중요한 것이 아니다. 리틀턴, 머서와 동료들(Littleton, Mercer et al., 2005)은 어린 아동이 자신의 상황을 주장하고, 자신의 견해를 설명하는 능력에서 상당한 진전이 나타났고, 언어와 비언어적 추론 기술의 질적 수준에서 향상이 나타났음을 보여 주었다.

연구 첫해에 5세 및 6세 유아를 대상으로 닐 머서와 함께 진행한 연구에서 이러한 접근법이 교사의 관찰 평가와 특정 과제 수행에 대한 아동의 언어 능력에 의해 측정된, 아동의 자기조절능력을 향상시킨다는 사실을 발견하였다. 뉴잉글랜드에 거주하는 120명의 걸음마기 아동을 대상으로 한 최근의 미국 연구(Vallotton & Ayoub, 2011)에서는 14, 24, 36개월의 어휘 크기와 관찰된 자기조절 행동 간의 유사한 관련성을 규명하였다. 이 분야의 연구에서 도출된 결론은 유아교육자의 주요한 목표가 자신이 담당하는 아동의 언어 지식과 기술을 확장시키는 데 있다는 것이다. 그 이유는 학습에 대한 이 영역 발달의 중요성에 대해 엄청난 관심이 주어지고 있기 때문이다. 현대 유아교육기관 현장에서 더 이상 침묵은 금이 아니다.

발달심리학자들이 학습에 대해 연구해 왔기 때문에, 우리는 인간의 출생 시부터 시작되는 학습 방식의 힘과 범위에 대해 인식하게 되었다. 피아제는 어린 아동의 학습에 대한 역동적이고 능동적인 모델을 확립하였다. 그러나 발달에 관한 그의 모델에서는 아동을 추론 능력에서 논리성이 결여되어 있는 존재로 간주하고 있는데, 이는 아동의 능력을 간과하는 것이다. 마거릿 도널드슨(1978)과 다른 연구자들은 성인도 아동과 마찬가지로 논리적 실수를 동일하게 보이고, 의미 있는 맥락이 제거된 상황에서 추론 과제를 해결하는 데도 동일한 어려움을 보인다는 사실을 입증하였다. 현대 발달심리학에서 아동의 학습은 단순히 경험과 축적된 지식의 부족 때문인 것으로 간주된다. 이런 점으로 인해 아동은 새로운 상황에 적절한 것을 이해하는 데 어려움을 겪고, 최상의 해결책을 찾는 데 어려움을 겪는다. 그러나 과제가 제시되는 맥락이 명확하다면 학습에 대한 아동의 잠재력은 놀랄 만하며, 평가되는 것 이상의 능력을 발휘한다. 영아의 능력에 대해 현재 알려진 사실에 관심 있는 독자라면, 티파니 필즈(Tiffany Field)의 『놀라운 영아(The Amazing Infant)』(2007) 또는 이 영역에 대한 앨리슨 고프닉(Alison Gopnik)의 저서(Gopnik, 2009; Gopnik et al., 1999)를 적극 추천한다. 3세 유아가 무엇을 할 수 있는지 알고자 한다면 유튜브 사이트(www2.choralnet.org/268945.html)를 방문하면 된다.

　학습자로서의 아동에 대한 최근의 견해는 통계적·귀납적 학습, 유추학습, 성인과의 사회적 상호작용을 통한 모방학습, 언어 사용에 따른 정신 표상의 형성을 통한 학습을 포함하여 학습에 대한 적성과 학습 과정의 능동적 특성을 인식하고 있다는 것이다.

　아동의 학습을 지원하는 성인의 역할에 대한 견해가 아동이 단지 가르쳐 주는 내용만을 학습한다는 초기 행동주의 견해에서, 아동은 스스로 학습하고 성인은 단지 방해만 한다는 피아제의 견해로 어떻게 방향을 바꾸게 되었는지 알게 되었다. 현재 상당히 다양한 증거로 지지되는 견해는 오히려 더 한결같고, 미묘한 차이가 있다. 아동의 학습을 지원하는 성인의 역할은 확고한데, 교수자로서가 아니라 오히려 촉진자이자 중재자, 즉 학습의 세계에서 중요한 명소에 아동을 데려다 주고, 특별히 주목해야 할 핵심적 문화 아이콘을 알려 주는 숙달된 여행 가이드로 간주된다. 유아교육자로서 이러한 역할을 수행함에 있어 발달심리학의 연구증거는 실제 적용을 안내하는 수많은 명백한 원리를 제공해 준다.

- 아동은 스티커, 언어적 칭찬과 같은 외적 보상에 반응하지만, 이는 아동의 학습에 대한 제한된 견해를 나타내고, 어린 아동의 수동적·의존적 학습 양식을 격려하며, 생애 초기에 반사회적 행동을 감소시키고, 친사회적 행동을 지지하는 가장 좋은 수단으로 여겨진다. 친사회적 행동에 대한 언어적 칭찬은 바람직하지 않은 행동에 대한 비판보다 훨씬 더 효과적이다.
- 아동은 세상을 이해하고 학습하도록 강하게 동기부여된 역동적이고 능동적인 학습자이다. 아동에게 의미 있는 맥락 내의 활동이자 현재의 관심 및 열정과 관련된 활동을 제공하여 지원한다.
- 인간의 뇌가 학습하는 과정은 생애 초기부터 이미 진행된다. 경험의 흐름에서 패턴과 규칙의 규명을 통한 학습, 성인과 나이 많은 또래의 행동 모방을 통한 학습이 포함된다.
- 생후 1, 2년 동안 패턴과 규칙에 대한 학습은 유추를 통해 새로운 경험을 이해하는 능력을 지지하고, 지연모방은 어린 아동의 학습 목록 중 중요한 부분이 된다.
- 학습의 많은 부분은 성인 및 또래와의 사회적 상호작용에 의해 지지된다. 출생 후 몇 주 지나지 않아 영아는 성인과의 '원형 대화'에 참여하고, 자신의 경험의 의미를 이해하려는 초기 노력은 생후 몇년 동안 성인과의 공동주의 에피소드를 통해 강력하게 지지된다. 이러한 에피소드는 미리 정해진 초점에 아동의 주의를 집중시키기보다 성인이 아동의 주의의 초점에 반응하고 이를 발달시킬 때 더 생산적이다.

- 특히 공동주의 에피소드는 아동의 언어발달을 지원하는 도구에 해당한다. 모성어를 통해 성인은 아동이 언어의 규칙을 구별하고, 음운 인식과 듣기 및 말하기 능력을 발달시키고, 어휘를 확장시키도록 돕는다. 이러한 능력은 아동의 초기 문해발달 참여도 지원한다.
- 언어는 강력한 '사고의 도구'이다. 아동이 학습 도구로 언어를 사용하는 능력은 성인 및 또래와의 의미 있는 대화에 참여하는 경험을 통해 가장 강력하게 지지된다. 이러한 맥락에서 성인은 아동이 자신의 능력보다 조금 높은 과제나 활동에 참여하는 것을 의도적으로 '비계설정'할 수 있다. 대화 맥락에서 사용된 사회적 언어는 이후 어린 아동이 동일하거나 유사한 과제를 독립적으로 수행하기 위해 '혼잣말' 형태로 사용된다.
- '대화 규칙'에 동의하고 이를 반영할 기회가 제공되고, 진정한 논의와 견해 표명을 격려하도록 적절하게 구성된 협력적 문제해결 과제가 제공된다면, 어린 아동은 또래와의 생산적인 '탐색적' 대화에 참여할 수 있다.

토론을 위한 질문

- 과제를 성공적으로 완수했을 때 아동에게 칭찬해야 하는가, 아니면 어떤 방법으로 완수했는지 설명하도록 요구해야 하는가?
- 새로운 활동이나 지식 영역에서 아동이 중요한 아이디어를 이해하도록 어떻게 도울 수 있나?
- 현장에서 어린 아동과 확장된 토론에 생산적으로 참여하는 데 매일 시간을 보내야 한다고 어떻게 확신할 수 있나?
- 어린 아동에게 언어와 문해 발달을 지원하는 데 중요한 요소로 음성학을 가르칠 것인가?

🏃 활동

A. 아동에게 말하기

2~3분 동안 개별 아동과의 대화를 녹음한다. 일부 대화에서 먼저 아동에게 가르치고 싶은 게 무엇인지 결정하고, 아동의 이해 여부를 확인하기 위해 몇 가지 질문을 한다. 다른 대화에서 아동이 토론의 주제를 결정하도록 하고, 아동이 하는 말을 듣고, 아동의 경험과 생각에 대해 더 많은 이야기를 하도록 돕고, 여러분의 경험과 생각 중 일부를 아동과 공유한다.

이러한 대화는 함께 책을 읽거나 활동에 함께 참여함으로써 자극받을 수 있다. 그런 다음 대화를 듣고 다음 질문에 응답한다.

- 가장 말을 많이 한 사람은 누구인가?
- 생각과 경험을 서로 공유하면서 즐거워한 진정한 대화였나, 아니면 아동이 간단하게 응답하는 질의응답 시간이었나?
- 아동의 어휘발달을 도왔는가?
- 이야기를 설명하거나 의견을 정당화시키는 아동의 능력을 발달시키도록 도왔는가?
- 아동을 더 잘 알게 되고, 아동이 자신의 관심사를 이전보다 더 가치 있게 생각한다고 느끼는가?
- 다음번에는 더 잘할 수 있을 것인가?

B. 혼잣말

쌓기놀이나 가상놀이에 참여한 개별 아동을 관찰한다. 특정 대상에게 하는 말이 아닌 혼자서 하는 '혼잣말'의 사례를 기록한다. 다음의 사례를 찾을 수 있는지 알아본다.

- 계획하기: 무엇을 할 것인지, 무엇을 성취하고자 하는지에 대해 말하기
- 모니터링하기: 무슨 일이 일어났는지, 그 순간 무엇을 하고 있었는지에 대해 말하기
- 교수하기: 현재 활동을 지시하기 위해 자신에게 말하기
- 평가하기: 얼마나 잘 활동을 수행했는지, 이런 일을 얼마나 잘하는지에 대해 말하기

- 소리와 단어로 놀이하기: 노래하기, 허밍하기, 활동에 수반한 소리 만들기
- 들리지 않는 웅얼거림

다른 아동보다 혼잣말을 더 많이 사용하는 일부 아동에게 주목하는가? 다른 활동 보다 특정 활동에 참여할 때 혼잣말을 더 많이 사용하는 아동에게 주목하는가?

C. '탐색적 언어' 지지하기

어린 아동의 생산적인 토론을 조직하는 능력을 발달시키려면, 특정 준비 활동으로 시작하는 것이 가장 좋다. 물론, 아동은 경험하지 못했던 활동에 대해 제대로 토론할 수 없으므로 먼저 소집단에서 토론하는 여러 번의 기회를 만들어 주는 것이 좋다. 활동이 개방형이고 아동의 결정을 필요로 하며 직접적인 문제해결이 불가능한 경우 토론이 잘 진행된다. 예를 들어, 다음의 내용 중 하나를 시도한다.

- 명백한 범주로 구분되지 않는 사물들을 무작위로 구분하기. 만들어진 집단의 수나 남겨진 집단의 수를 결정할 수 있다.
- 집단의 동의를 얻어 가장 좋아하는 것부터 가장 싫어하는 순서로 5개의 미술작품 배치하기
- 인형극 역할 정하기: 잘 알려진 이야기의 등장인물 역할을 하는 퍼핏 인형 선택하기

이러한 활동을 진행한 후에, 합의에 도달하기까지 어떤 점이 좋았고 어떤 문제가 있었는지 아동과 토론한다. 모든 집단 구성원이 진정으로 동의했는지, 아니면 집단 구성원 중 한 명이 모든 결정을 내렸는지 아동에게 질문한다. 몇 번의 시도 후에 토론을 잘한 아동이 선택한다. 아마도 손 인형을 가지고 좋은 토론과 잘못된 토론의 모델을 보여 줄 수 있다. 그런 다음 아동이 자신의 '대화 규칙'을 결정하기 위한 토론 활동을 구성한다.

참고문헌

Butterworth, G. E. & Grover, L. (1988). 'The origins of referential communication in human infancy', in L. Weiskrantz (ed.) *Thought without Language*. Oxford: Oxford University Press.

Chen, Z., Sanchez, R. P. & Campbell, R. T. (1997). 'From beyond to within their grasp: the rudiments of analogical problem-solving in 10- and 13-month-olds', *Developmental Psychology, 33*, 790-801.

Cooke, L., Chambers, L., Anez, E., Croker, H., Boniface, D., Yeomans, M. & Wardle, J. (2011). 'Eating for pleasure or profit: the effect of incentives on children's enjoyment of vegetables', *Psychological Science*. Available at: http://dx.doi.org/10.1177/0956797610394662.

Dawes, L. & Sams, C. (2004). *Talk Box: Speaking and Listening Activities for Learning at Key Stage 1*. London: David Fulton.

Donaldson, M. (1978). *Children's Minds*. London: Fontana.

Ehri, L. C., Nunes, S. R., Willows, D. M., Valeska Schuster, B., Yaghoub-Zadeh, Z. & Shanahan, T. (2001). 'Phonemic awareness instruction helps children learn to read: Evidence from the National Reading Panel's meta-analysis', *Reading Research Quarterly, 36*, 250-87.

Fernyhough, C. & Fradley, E. (2005). 'Private speech on an executive task: relations with task difficulty and task performance', *Cognitive Development, 20*, 103-20.

Field, T. (2007). *The Amazing Infant*. Oxford: Blackwell.

Flavell, J. H. (1963). *The Developmental Psychology of Jean Piaget*. Princeton, NJ: Van Nostrand.

Gopnik, A. (2009). *The Philosophical Baby*. London: The Bodley Head.

Gopnik, A., Meltzoff, A. N. & Kuhl, P. K. (1999). *How Babies Think*. London: Weidenfeld & Nicolson.

Goswami, U. (1992). *Analogical Reasoning in Children*. London: Lawrence Erlbaum.

Goswami, U. (2008). *Cognitive Development: The Learning Brain*. Hove, East Sussex: Psychology Press.

Hilgard, E. R. (ed.) (1964). *Theories of Learning and Instruction*. Chicago, IL: University of Chicago Press.

Howe, C. J., & Tolmie, A., Thurston, A., Topping, K., Christie, D., Livingston, K., Jessiman, E. & Donaldson, C. (2007). 'Group work in elementary science: towards organizational principles for supporting pupil learning', *Learning and Instruction, 17*, 549-63.

Kirkham, N. Z., Slemmer, J. A. & Johnson, S. P. (2002). 'Visual statistical learning in infancy: evidence for a domain general learning mechanism', *Cognition, 83*, B35-42.

Littleton, K., Mercer, N., Dawes, L. Wegerif, R., Rowe, D. & Sams, C. (2005). 'Talking and thinking together at Key Stage 1', *Early Years, 25*, 167-82.

Meltzoff, A. N. (1988). 'Infant imitation and memory: nine-month olds in immediate and deferred tests', *Child Development, 59*, 217-25.

Meltzoff, A. N. & Moore, M. K. (1999). 'Imitation of facial and manual gestures by human neonates' and 'Resolving the debate about early imitation', in A. Slater & D. Muir (eds) *The Blackwell Reader in Developmental Psychology*. Oxford: Blackwell.

Mercer, N. & Littleton, K. (2007). *Dialogue and the Development of Children's Thinking: A Sociocultural Approach*. London: Routledge.

Piaget, J. (1962). *Play, Dreams and Imitation in Childhood*. New York: W.W. Norton & Co.

Plunkett, K. (2000). 'Development in a connectionist framework: rethinking the nature-nurture debate', in K. Lee (ed.) *Childhood Cognitive Development: The Essential Readings*. Oxford: Blackwell.

Rizzolatti, G. & Craighero, L. (2004). 'The mirror neuron system', *Annual Review of Neuroscience, 27*, 169-92.

Schaffer, H. R. (2004). 'Using language', in Introducing Child Psychology. Oxford: Blackwell.

Snow, C. E. (2006). 'What counts as literacy in early childhood?', in K. McCartney & D. Phillips (eds) Blackwell Handbook of Early Childhood Development. Oxford: Blackwell.

Sylva, K., Melhuish, E. C., Sammons, P., Siraj-Blatchford, I. & Taggart, B. (2004). The Effective Provision of Pre-School Education (EPPE) Project: Technical Paper 12-The Final Report: Effective Pre-School Education. London: DfES/Institute of Education, University of London.

Tizard, B. & Hughes, M. (1984). Young Children Learning, London: Fontana.

Trevarthen, C. & Aitken, K. J. (2001). 'Infant intersubjectivity: research, theory and clinical applications', Journal of Child Psychology and Psychiatry, 42, 3-48.

Vallotton, C. & Ayoub, C. (2011). 'Use your words: the role of language in the development of toddlers' self-regulation', Early Childhood Research Quarterly, 26, 169-81.

Wason, P. C. & Johnson-Laird, P. N. (1972). Psychology of Reasoning: Structure and Content. London: Batsford.

Winsler, A. & Naglieri, J. A. (2003). 'Overt and covert verbal problem-solving strategies: developmental trends in use, awareness, and relations with task performance in children aged 5 to 17', Child Development, 74, 659-78.

Wood, D. J. (1998). How Children Think and Learn, 2nd edn. Oxford: Blackwell.

Wood, D. J., Bruner, J. S. & Ross, G. (1976). 'The role of tutoring in problem-solving', Journal of Child Psychology and Psychiatry, 17, 89-100.

Developmental Psychology & Early Childhood Education **Chapter 7**

자기조절

핵심 질문

• 독립적 학습, 자기조절, 상위인지는 무엇을 의미하는가?

• 아동이 자기조절 학습자로서의 능력을 발달시키는 것은 왜 중요한가?

• 자기조절의 정서적·사회적·인지적·동기적 측면은 서로 어떠한 연관성이 있는가?

• 유아의 상위인지와 자기조절 기술 발달을 지원하고 격려하기 위해 무엇을 해야 하는가?

• 아동의 자기조절능력을 어떻게 측정할 것인가?

자기조절의 정의와 중요성

이 책의 첫 장에서 나는 지난 30여 년 동안 발달심리학의 축적된 증거들을 바탕으로 과거에 생각했던 것에 비해 유아들이 훨씬 더 많은 능력을 가지고 있음을 주장하였다. 특히 20~30년 전에 비해 유아는 자기가 학습해야 할 것에 대한 책임을 질 수 있는 능력이 훨씬 커졌고 '자기조절' 학습자가 될 가능성도 커졌다고 할 수 있다. 전 세계적으로 그리고 유아교육 분야에서 유아를 독립적 또는 자기조절 학습자로 만들어 가는 최근 경향은 매우 흥분되는 현상이다. 하지만 이론적·실제적 측면에서 자기조절 학습자가 정확히 무엇을 의미하는지에 대해서는 상당히 혼란스러운 실정이다. 특히 나는 자기조절을 '규칙 준수' 또는 좁은 의미에서 '학교 준비도'와 어떻게 구별할 것인지에 관심이 있다. 자기조절은 정서, 사회, 인지 그리고 동기 발달의 근본적인 측면과 관계가 있다. 그리고 자기조절은 다른 사람이 시키는 대로 하는 것, 가만히 앉아 있거나 조용히 있는 것을 의미하는 것은 아니다. 자기조절은 유아가 성공적인 학습자로 성장하고 사회적으로 유능하고 성공적인 성인이 되는 것과 연관성이 큰 다양한 종류의 기술이나 특질 발달의 기본 토대가 된다. 따라서 유아교육 전문가로서 자기조절의 특성과 어떻게 하면 가장 효과적으로 자기조절을 촉진하고 발달시킬 수 있는지를 명확히 이해하는 것은 지극히 중요하다.

나는 이 책에 나오는 내용들이 적어도 발달심리학 분야 내에서라도 자기조절에 대한 이해를 명확히 하는 데 도움이 되길 바란다. 또한 자기조절이 왜 그렇게 중요하게 여겨지는지에 대해서도 명확해지길 바란다. 자기인식 발달은 유아 자신의 정신 처리와 수행을 통제하는 능력을 증진시키며, 유아발달의 전반적인 범주와 관련되고 기본 토대가 된다는 것을 앞서 살펴보았다. 이것은 학습, 사고, 추론, 기억을 위해 인지처리 능력을 구성하는 것과 같이 자기 자신의 정서적 경험이나 사회적 능력을 인식하는 능력에도 똑같이 적용된다. 이것이

가능한 것은 자신이 속한 세상을 이해하고자 하고 자기 경험을 능동적으로 통제하고자 하며 다른 유아나 성인과 관계를 맺고자 하는 어린 유아의 내재적이며 능동적인 욕구가 있기 때문이다. 또한 앞에서 다루었듯이 유아의 본질적인 놀이성은 이 모든 발달이 일어날 수 있도록 하는 풍부한 토양이 된다.

 이 마지막 장에서 지금까지 다룬 것을 모두 통합하고 특별히 자기조절 발달과 관련된 연구결과와 이론을 되짚어 보려고 한다. 그렇게 하면 자기조절을 구성하는 핵심적인 요소들을 더 명확히 보여 줄 수 있을 것이라 생각한다. 나는 유아교육에서 유아의 학습과 발달을 지원하는 실제 적용의 중요한 측면들을 선별하기 위해 노력할 것이다.

 발달심리학 분야에서 자기조절과 관련된 최근 이론으로 크게 세 가지 이론이 있다. 그것은 6장에서 다루었던 인지심리의 개혁에 기여한 후기 피아제 학파, 비고츠키를 필두로 한 구소련 심리학자들, 인간의 동기 이해에 관심을 둔 '사회'심리학자들이다.

 첫 번째 피아제 학파 가운데 미국 심리학자인 존 플라벨(John Flavell)은 '상위기억'과 '상위인지'를 명명하고 그 중요성을 최초로 인식한 학자로 알려져 있다. 우리가 5장에서 다루었던 1960년대와 1970년대에 수행된 일련의 실험 연구에서, 그는 유아들이 전략을 알고 다른 상황에서는 성공적으로 활용했음에도 불구하고 특정한 기억 과제에서는 기억 전략의 사용에 실패한 것에 대해 연구하였다(Flavell et al., 1966). 플라벨의 중대한 통찰력 덕분에 5세의 유아도 20초 안에 사물 목록을 기억해야 하는 과제를 주었을 때 자신의 행위를 의식하지 않은 채 소리 내어 암송하는 전략을 사용할 수 있음이 밝혀졌다. 그리고 앞에서 보았듯이 유아에게 전략을 가르쳤을 때 5세 유아도 소리 내어 암송하는 것을 아주 능숙하게 사용하였고 좀 더 나이 든 유아만큼 수행하였다. 그러나 뒤이어서 유아에게 유사한 과제를 주었을 때 5세 유아들 중 절반이 암송하지 못했고 기억 과제 수행력이 현저히 떨어졌다. 플라벨은 '생성 결핍(production deficiency)'이라는 개념을 만들어냈다. 이것은 5세 유아에게서 나타난 행동 패턴을 말하는데, 유아들에게 필요한 능력은 소리 내어 암송하는 능력이 아니라 언제 그리고 왜 그러한 전략을 사용해야 하는지를 아는 능력이다. 그는 이어서 가장 어린 유아의 '상위기억'에서 결핍된 부분을 찾아냈다. 그것은 곧 유아가 자신의 기억 처리에 대한 지식이나 그것을 어떻게 사용하는지, 자신의 행위가 도움이 되는지 또는 다른 접근이나 전략을 사용해야 하는지를 지각하는 것을 의미한다.

그러나 앞서 살펴본 것처럼 유아의 상위인지 지각의 결핍은 어느 정도 실험 상황 때문에 발생한 결과임이 후속 연구에서 밝혀졌다. 그래서인지 피아제의 초기 연구들을 떠올리게 된다. 예를 들어, 5장에서 다룬 1970년대 중반 러시아 심리학자 이스토미나(Istomina, 1975)가 수행한 연구에 의하면, 과제 맥락이 자신에게 의미가 있을 경우 5세 유아들도 자신의 기억처리 과정을 명백하게 인지하고 있고, 적절한 전략을 사용하고 있음을 알 수 있다. 다음은 이스토미나가 알로츠카라는 5세 여아가 먹을 것을 사기 위한 기억 과제를 수행할 때 기록한 내용이다.

알로츠카(5세 2개월)는 점심을 준비하기 위해 분주하게 움직였고, 실험자에게 소금이 필요하다며 여러 번 이야기한다.

알로츠카가 상점에 가야 할 차례가 되자 바쁘다는 표정을 지으며 "Z.

M., 제가 무엇을 사야 하죠? 소금이요?"라고 하였다.

실험자는 이게 전부가 아니라고 하며 필요한 물건 네 개를 더 말해 수 었다. 알로츠카는 주의를 집중하여 들으며 고개를 끄덕였다. 알로츠카는 시장 바구니, 승낙서, 돈을 챙겨서 가다가 금방 다시 돌아왔다.

"Z. M., 제가 사야 할 것이 소금, 우유 그리고 또 뭐가 있었죠? 잊어버 렸어요."라고 하였다.

실험자는 사야 할 물건을 다시 말해 주었다. 이번에 알로츠카는 실험 자가 한 단어씩 말할 때마다 작은 목소리로 따라서 했다. 그러고 나서 알 로츠카는 자신에 찬 목소리로 "제가 무엇을 잊어버렸는지 알겠어요."라고 하더니 나갔다.

상점에서 알로츠카는 판매원에게 가서 진지한 표정으로 네 가지 물건 을 한 단어씩 천천히 말하였다.

그리고 "더 있었는데 잊어버렸어요."라고 말하였다(Istomina, 1975, pp. 25-26).

여기서 우리는 알로츠카에게 상위인지 지각 능력이 출현하고 있 다는 것을 볼 수 있다. 과제를 수행하는 동안, 아이는 자신이 무엇을 기억하고 있으며 무엇을 잊어버렸는지 인지하고 있었다. 처음에 아 이는 '고개를 끄덕이는 것'과 같은 단순한 전략을 사용하였다. 하지만 이 전략이 통하지 않는다는 것을 금방 깨달았다. 그래서 그다음에는 '실험자가 말할 때 작은 목소리로 따라 하는 것'과 같은 다른 전략을 사용하였다. 이 전략은 좀 더 성공적이었다. 이 사례는 목표를 달성하기 위해 자신의 지식, 기억, 또는 하고 있는 일의 효율성에 대한 현재 상태를 모니터링하고, 수행을 향상시키기 위해 사용하는 인지 전략을 조정하는 것과 같은 상위인지 처리 과정을 보여 주는 훌륭한 예이다. 이것은 성인이 되어서 글을 읽을 때 사용하는 전략이다. 독해를 할 때, 우리는 새로 배운 것을 이해하고 있는지 지속적으로 점검하고 알고 있는 것이 맞는지 확인한다. 만약 이해가 되지 않는다는 사실을 인지하면, 독해 전략 중에서 다른 것을 찾아서 그 상황을 해결하려고 한다. 주의를 좀 더 집중하여 마지막 문단을 다시 읽거나, 관련이 있는 부분을 찾아 책을 넘겨 보거나, 어떤 방향으로 논지가 흐르고 있는지 생각해 보거나, 사전에서 단어를 찾아보는 등의 전략을 사용한다. 때로는 늦은 밤이거나 피곤해서 집중력이 떨어지고 있다고 생각해서 커피를 마시거나 잠시 쉬거나 잠을 잔 후 아침에 다시 시도해 볼 수도 있을 것이다. 이 모든 것이 우리의 상위인지 능력의 발달로 인해 가능한 것이다.

현재 받아들여지고 있는 상위인지 처리이론은 넬슨과 나렌스(Nelson & Narens, 1990)가 개발한 것으로 [그림 7-1]에 제시되어 있다. 그들이 제시하고 있는 이론의 핵심은 우리가 정신 과제를 수행하고 있을 때 동시에 최소 두 개의 수준이 작동하고 있다는 것이다(심지어 남자도!). 우리는 '목표' 수준에서 실제로 과제를 수행하고 있으며, 이와 동시에 우리는 '상위' 수준에서 과제 목표를 마음에 담아 두고 해당 과제나 유사한 과제와 관련된(유추, analogy) 정보에 접근한다.

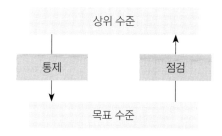

[그림 7-1] 넬슨과 나렌스(1990)의 상위인지 처리 모델

이 정보는 기존 경험으로부터 온 장기기억을 의미한다. 우리는 또한 상위 수준에서 우리가 바라는 목표에 비추어 수행 정도를 비교하고 필요하다면 목표 수준을 조절한다. 이것이 가능한 것은 목표 수준에 있는 정보가 상위 수준으로 흐르고 계속해서 상위 수준에서 처리 과정에 대한 표상을 업데이트하고(점검, monitoring) 반대 방향으로 정보가 흐르면서 사용하는 인지 전략을 조절(통제, control)하기 때문이다. 발달하면서 기존 경험에 의해서 축적된 상위인지 지식이 이 피드백 고리(feedback loop)가 효율적으로 수행될 수 있도록 하고, 우리가 잘 알고 있는 과제들은 매우 부드럽게 풀리고 자동적이며 효율적으로 향상된다. 우리는 이러한 처리 과정을 의식할 수도 있다. 아마 어떤 특정한 과제를 수행하는 데 있어서 초심자인 경우에 대부분 그러할 것이다. 하지만 대부분의 경우 의식적으로 전혀 지각하지 못한 채 이러한 처리 과정이 일어난다.

그러나 어떤 과제가 상대적으로 새롭거나 낯설 경우, 요구되는 상위인지 활동을 수행하기 위해 상당한 노력이 필요하며 유아의 작업 기억 용량에 과부하를 가져올 수 있다(5장에서 논의한 바와 같이). 이러한 관점은 최근 여러 연구에서 유아의 상위인지 활동을 보여 주는 과제들이 연령에 적합했다는 결과로 뒷받침되고 있다. 예를 들어, 디로체와 동료들(Deloache et al., 1985)은 18개월 영아가 손유희 활동 시 오류를 수정하는 전략이 어떻게 발달하는지를 보여 주었다. 블로트와 동료들(Blöte et al., 1999)은 새로운 종류의 과제인 '유사-차이' 과제(same-different task)를 이용하여 4세 유아의 조직화 전략을 연구하였다. 이 과제는 장난감으로 구성되어 있고 기억 요구를 최소화하여 구성된 과제이다. 유아들은 7개씩 두 세트로 구성된 장난감—동일한 세트 포함—이 서로 같은지 또는 다른지를 구별해 내는 것이다. 이 과제에서 유아들은 즉흥적인 행동이 매우 전략적이었으며 연구자들은 유아들이 그렇게 행동하도록 훈련시켰다. 이러한 전략은 다른 과제에서도 사용되었다. 즉, 그들은 플라벨과 동료들이 기존 연구에서 밝힌 유아의 '생성 결핍'이 상위인지 처리 때문이 아니라 작업기억 용량 문제로 인한 결과일 수도 있다는 것을 증명하였다. 이후 살펴볼 나의 연구에서도 3세 유아의 놀이 행동에서 상위인지와 자기조절 행동이 나타남을 알 수 있다. 브론슨(Bronson, 2000)은 지금까지 수행된 많은 연구를 검토하여 아동이 출생부터 초등학교를 졸업할 때까지 인지, 정서, 사회, 동기 영역에서 자기조절 능력이 점진적으로 출현하고 발달하는 일련의 과정을 보여 주었다.

　그렇지만 유아의 상위인지 능력이 아주 어린 연령부터 출현하여 유아가 나이가 들어 가면서 발달하고 성숙해지며, 유아 간에(심지어 성인들 간에도!) 능력의 차이가 있다는 것에 대해서는 의심할 여지가 없다. 이 두 가지 점은 교육적 측면에서 매우 큰 중요성을 가진다. 예를 들어, 왕과 동료들(Wang et al., 1990)은 방대한 양의 연구를 검토하여 상위인지가 학습을 예측하는 가장 강력한 요인이라는 결론을 내렸다. 최근에는 베엔맨과 동료들(Veenman et al., 2004)이 전통적인 방식으로 측정된 지능에 의해 상위인지 기술이 학습 수행에 유일하게 기여를 하였음을 보여 주었다.

　자기 자신의 인지를 점검하고 통제하며 자기 자신의 능력, 여러 가지 과제나 인지 전략에 대한 매우 복잡한 상위인지 지식을 발달시키는 것의 중요성은 인간발달 및 교육과정 등 방대한 범위의 영역에서 다루어져 왔다. 예를 들어, 추론과 문제해결(Whitebread, 1999), 수학(de Corte et al., 2000), 읽기와 글 이해(Maki & McGuire, 2002), 기억(Reder, 1996), 운동발달(Sangster Jokic & Whitebread, 출판 중)에 대한 연구가 있다. 학습에 어려움을 겪는 아동들이 공통적으로 상위인지 결핍(Sugden, 1989)을 보인다는 사실이 여러 연구에서 밝혀지고 있다. 유아에게도 자기조절능력이 나타난다는 점이 크게 받아들여지면서 최근의 여러 연구는 특히 이를 유아교육에 적용하는 데 초점을 둔다. 예를 들어, 블레어와 라자(Blair & Razza, 2007)는 미국 저소득층 가정의 3~5세 유아를 대상으로 자기조절(특히 억제 조절, 후기에 발달하는)이 약 1년 후 유아의 기초 수학이나 읽기 성취를 예측한다는 결과를 보고하였다.

자기조절 강화를 위한 교육: 비고츠키와 사회적 상호작용

　다행히도 상위인지, 자기조절 기술 및 성향의 개인차의 기원은 앞서 언급한 두 가지 연구 경향에서 밝혀졌다. 비고츠키의 이론과 인간의 동기를 이해하려고 했던 '사회'심리학자들에 의하면, 작업기억 용량이나 상위인지적 행동 등에서 유아가 겪는 어려움은 성인의 지원과 성공적인 수행에서 유발되는 보상에 의해 극복될 수 있다.

비고츠키 이론에 근거한 자기조절 발달 관련 연구들은 상위인지 학습이 어떻게 나타나며, 이를 교육현장에서 어떻게 적용할 수 있는지를 제시하였다. 비고츠키에 따르면, 유아의 학습발달은 타인조절(또는 성인이나 또래의 도움을 받아 과제를 수행하는 것)에서 자기조절(자기 스스로 과제를 수행하는 것)로 옮겨 가는 과정이다. 6장에서 논의하였듯이, 비고츠키의 가장 유명한 개념은 '근접발달영역(ZPD)'이다. 이것은 유아가 스스로 할 수 있는 현재 상태와 성인이나 좀 더 경험 있는 또래로부터 조금 도움을 받아 할 수 있는 상태 간의 차이를 의미한다. 비고츠키는 유아가 ZPD 내에서 활동하고 있을 때 가장 강력하고 효과적인 학습이 일어난다고 하였다. 따라서 그에 의하면 모든 학습은 사회적으로 시작한다. 6장에서 살펴본 것처럼, 최근 몇 년 동안 상당히 많은 연구에서 성인이 어떻게 유아의 학습을 지원하는지 그 과정에 대해서 연구하였다. 이 연구들은 비고츠키의 접근을 지지하였으며, ZPD 안에서 유아의 학습을 지지하고 촉진하는 데 있어서 특히 더 효과적인 역할을 수행하는 성인의 특성에 대해서 밝혔다. 이러한 성인은 격려, 설명, 질문, 과제 단순화, 목표 상기시키기, 제안하기, 핵심 강조하기, 피드백 주기 등의 방법을 사용하였다. 이와 같이 다양한 형태의 상호작용이 결합되어 '비계설정'을 제공하는 능숙한 성인이 된다. 비계설정이란 유아가 어떤 특정한 과제를 성공적으로 수행할 수 있도록 돕는 일시적 지원책으로 유아가 기술을 습득하고 이해를 증진시킬 수 있도록 해 준다. 그러나 결정적으로 훌륭한 비계설정자의 주요 특성은 아동이 과제를 더 독립적으로 할 수 있을 때가 되면 조금씩 물러나고 스스로 통제적 역할을 할 수 있도록 해 주는 것임이 연구에서 밝혀졌다(이 영역의 연구에 관한 우수한 개관은 Schaffer, 2004 참조).

따라서 비고츠키가 말하는 학습은 내면화의 과정이라고 할 수 있다. 어떤 과제를 성공적으로 마무리하는 과정은 처음에는 성인이나 더 경험이 있는 또래가 시범을 보이고 설명을 하지만 점차 자기지시적 또는 '혼잣말'로 자기 자신에게 말을 하게 된다. 마지막에는 유아가 내적 언어나 추상적 사고를 사용하여 완벽하게 자기조절을 할 수 있게 된다. 이 이론은 상위인지와 자기조절 기술이 사회적 상호작용을 통해 학습된다고 제안한다. 만약 이것이 사실이라면 유아교육자들에게 매우 큰 가능성을 안겨 주는 것이다. 현재 유아의 상위인지와 자기조절능력을 향상시키기 위해 교육적 개입을 개발하고 평가하는 것과 관련된 많은 연구에서 비고츠키의 입장이 사실임이 밝혀졌고, 그것을 교육할 수 있다는 것을 보여 주었다.

유용하게도 디그나스와 동료들(Dignath et al., 2008)은 초등 저학년 아동을 대상으로 한 자기조절 개입에 관한 연구들을 메타분석하였는데, 이러한 개입은 일관되게 긍정적인 결과를 보여 주었다. 보통 이러한 개입은 상위인지와 학습 전략이 드러나도록, 그리고 유아가 자신의 학습에 대해서 깊이 생각해 보고 말하도록 격려하는 것이었다. 몇몇 교육학적 기술이 연구되고 개발되었는데, 이는 다음과 같다.

• '협동적 집단과제(cooperative groupwork)'(Forman & Cazden, 1985): 아동을 협동 과제에 참여하게 하여 자신이 이해하고 있는

것에 대해 설명하게 하고, 자신의 수행을 평가하며 자신의 학습
에 대해 깊이 생각해 보도록 하는 것

- '상호교육(reciprocal teaching)'(Palincsar & Brown, 1984): 구조화
  된 교육 방법으로서 교사가 특정한 과제를 아동에게 가르치면
  서 시범을 보이고 아동이 다른 아동을 가르치도록 하는 방법
- '자기설명(self-explanation)'(Siegler, 2002): 예를 들어, 과학 현상
  이나 이야기 안의 사건에 대해 '어떻게'와 '왜'에 대해서 아동이
  설명하도록 하는 설명하기 기술. 아동에게 자신이나 성인이 추
  론한 것에 대한 설명을 하도록 함(성인은 자신이 생각하고 있는 것
  을 말하고 아동에게 성인이 왜 그렇게 생각했을지 또는 어떻게 그러한
  답이나 결론을 얻게 되었을지에 대해서 질문함).
- '자기평가(self-assessment)'(Black & Wiliam, 1998): 자신의 학습에
  대한 아동의 자기평가와 관련된 교육학적 개념을 포함하는데,
  예를 들어 자신이 수행할 과제의 난이도 수준을 고려하여 아동
  이 스스로 선택하도록 하고 포트폴리오를 만들 때 자신이 가장
  잘한 것을 선택하도록 함.
- '보고하기(debriefing)'(Leat & Lin, 2003): 어떤 활동이나 학습한 것
  에 대해 깊이 생각해 보는 기술로 '학생들에게 질문을 하도록 격
  려하기' '자기 자신에 대해 설명하기' '수업의 목표에 대해 의사
  소통하기'를 포함함.

본래 이 연구들은 좀 더 나이 든 아동들을 대상으로 수행되었는데,
나의 연구에서는 숙련된 유아교육자들과 함께 3세 유아에게도 실행
가능성이 있음을 관찰할 수 있었다. 또한 유아들이 저학년 집단에 적

응할 수 있으며, 아동들에게 매우 열정적으로 반응하였고, 아동의 자기조절 발달을 지지하는 데 있어서 매우 효과적이었다. 앞서 언급하였던 케임브리지서 독립 학습(C.Ind.Le; Whitebread et al., 2005, 2007) 프로젝트에서 3~5세 유아를 가르치는 32명의 유아교사가 이러한 몇 가지 교육학적 기술을 실행하여 그 효과를 검증하였다. 그 결과, 이 기술들이 아동이 자신의 학습에 대해서 말하는 능력에, 그리고 교육 현장에서 자신감 있는 학습자로 성장하는 데 분명히 영향을 미치고 있다는 사실에 놀랐다. 6장에서 살펴본 닐 머서(Neil Mercer)와 함께 수행한 최근 연구에서 5~6세 유아를 가르치는 1학년 교사들도 마찬가지로 유아가 생산적이며 협동적으로 문제를 해결하고 토론하는 모습을 보고 놀라워하며 즐거워했다.

　이와 같은 다양한 연구에서 한 가지 더 살펴보고 강조해야 할 것이 있다. 유아가 자신이 사용한 전략이 효과적인지에 대해서 생각해 볼 기회를 가지는 것이 결정적으로 중요하다는 점은 일관되게 나타났다. 특히 유아들도 종종 그러한 전략을 사용한다는 것을 알 수 있고 (플라벨의 처음 기억 실험에서 그랬듯이), 그것을 사용했을 때 수행이 증가한다는 것을 안다. 그러나 유아가 특정한 전략을 사용한 결과 자신의 수행이 증진되었다고 생각하지 않는 이상 아동이 다른 유사한 과제에서 같은 전략을 사용할 가능성은 낮다. 예를 들어, 파브리치우스와 하겐(Fabricius & Hagen, 1984)은 6~7세 유아에게 조직화 전략을 가르쳐서 기억 과제 수행을 증진시켰다. 수행 능력이 증가한 이후로 몇몇 유아는 그것이 전략의 결과라고 귀인하였다. 그러나 어떤 유아들은 자신의 수행에서 원인을 점검하지 못하고 자기가 오래 쳐다보거나 뇌를 더 많이 사용하거나 천천히 했기 때문에 기억을 더 잘했다고 생각하였다. 후자에 속한 유아들은 32%만, 그리고 배웠던 조직화 전략의 영향이라는 점을 명백히 인지한 유아들은 99%가 다른 기억 과제에도 전략을 다시 사용했다는 것은 별로 놀랄 일이 아니다. 닐 머서와 함께 1학년 아동을 대상으로 수행한 나의 연구에서 아동들의 집단 활동이 얼마나 잘 이루어졌는지, 왜 그들이 '토론 규칙'을 사용 했을 때 더 성공적이었는지에 대해 토론하는 것이 보고하기의 매우 중요한 요소였다.

자기조절 지원을 위한 교육: 정서, 사회, 동기 요소

그러나 유아의 자기조절 발달과 관련된 지식에 있어서 더 중요한 요소들이 있다. 그리고 이것을 밝히는 데 있어서 인간의 동기 이해에 관심을 둔 '사회'심리학자들이 기여하였다. 그것은 최근에 이 분야 연구에서의 중요한 발견으로 시작되는데, 이는 상위인지 능력이 행동과 수행에 영향을 미치지만, 어떤 특정한 과제를 수행할 때 그 사람이 그 능력을 사용하기 위해 얼마나 노력하는지의 정도에 따라 달라진다는 것이다. 폴 핀트리치(Pintrich, 2000)와 다른 연구자들은 과제의 중요성에 대한 개인의 신념, 과제에 대한 정서적 반응(예: 난이도에 대한 느낌, 흥미도, 개인적인 관련성 등), 유사 과제에서 이전에 경험한 성공이나 실패의 원인에 대한 귀인이 '목적 지향(goal-orientation)'에 영향을 미친다고 보고하였다. 예를 들어, 과제를 수행할 때 개인적인 목표가 영향을 미치는 것과 같다. 그리고 그것은 궁극적으로 상위인지에 영향을 미친다. 유아교사라면 누구나 바로 알아차렸을 것인데, 교육 활동이 얼마나 잘 계획되었는지에 상관없이 유아의 흥미를 유발하지 못한다면, 유아는 다른 방향에 초점을 두기 때문에 가치 있는 경험이 되도록 과제에 충분히 집중하는 노력을 하지 않을 것이다. 6장에서 살펴본 공동 주의 과제에서 성인의 '주의 따라가기'와 '주의 바꾸기' 양식은 이 현상과 밀접하게 관련되어 있다. 동기의 중요성에 대한 인식으로 패리스와 패리스(Paris & Paris, 2001)는 자기조절 학습이 '기술과 의지의 조합'이라고 주장하게 되었다.

최근 연구에서는 자기조절의 인지적 측면과 동기적 측면의 관계가 중요한 요소로 다뤄지고 있다. 셩크와 짐머맨(Schunk & Zimmerman, 2008)은 이 연구 분야에서 중요한 연구들을 검토하여 정리하였다. 그들은 '자기효능감(노력하면 자신의 능력을 향상시킬 수 있다는 유아의 믿음을 바탕으로 '학습된 무기력감'이 아닌 '숙달 지향성'을 가지게 되는 것)', 흥미(개입하고 참여하는 것), '자기결정(유능성, 자율성, 관계성—또는 긍정적 사회적 관계—에 대한 유아의 욕구 만족도가 결정적으로 유아 자신의 동기와 규제를 조절하는 능력에 영향을 미칠 수 있다고 제안하는 것)'에 대한 연구들을 살펴보았다. 상위인지 이론가들이 동기의 중요성을 더 높게 인식하는 것과 같이, 이에 부응하여 (2장에서 살펴본 바와 같이) 정서조절 발달에 있어서 상위인지적 측면의 중요성에 대한 정서발달 연구자들의 인식이 높아지고 있다. 그 결과, 대니얼 골먼(Goleman, 1995)의 정서지능이론의 출현에까지 이르게 되었다.

자기조절의 정서적 측면과 인지적 측면의 통합 모델은 신경과학에 대한 지식에 의해 지지된다. 상위인지, 자기조절적 실행 기능 발달은 전두엽 발달과 관련이 있는 것으로 나타났다. 바클리(Barkley, 1997)는 전두엽 기능에 관한 여러 이론을 종합하여 다섯 가지의 실행

기능을 제안하였다. 이것은 자기조절 체계를 포괄적이고 통합적으로 구성한다. 이 다섯 가지 요소는 다음과 같이 인지적 · 정서적 요인을 분명히 포함하고 있다.

- 억제: 자동적 또는 진행 중인 처리 과정을 멈추거나 방해하는 요인
- 작업기억: 과거 사건에 대한 회상과 미래에 대한 계획을 세우는 요인
- 내적 언어: 현재 과제를 수행할 시 자기조절적 · 의식적으로 기능하게 하는 요인
- 동기 평가: 정서와 동기가 의사결정에 제약이 되게 하는 요인
- '재구성' 또는 행동 평가: 행동을 분석하고 재구조화하는 요인

여기서 재미있는 사실은 각 전두엽 기능 요인들이 발달심리 분야에서 밝혀진 이론적 요인과 명확하게 관계가 있다는 점이다. 5장에서 작업기억과 관련된 연구를 살펴보았고, 6장에서 내적 언어에 대해서 살펴보았다. 이 장의 후반부에서는 자기조절 평가를 다루면서 억제에 대해서 살펴볼 것이다. 정서, 동기, 행동 평가의 개념은 이 분야의 이론에서 기본적인 요인이다. 우리는 2장에서 부분적으로 정서와 관련지어 살펴보았고, 다음에서 정서적 접근을 다루면서 살펴볼 것이다. 이와 같은 심리학 연구와 신경과학 연구의 일치는 자기조절 이론의 타당성에 대한 강한 확신을 준다.

많은 경험 연구에서 상위인지, 정서, 동기 자기조절 처리 과정이 이론적으로 상호 연관성이 있음을 보여 주었다. 예를 들어, 핀트리

치와 그루트(Pintrich & De Groot, 1990)는 7학년을 대상으로 한 연구에서 동기, 자기조절 학습과 학업 성취의 상관관계에 대해서 밝혔다. 그들의 연구결과에 의하면, 긍정적 자기효능감 신념과 내재된 과제 가치는 인지, 상위인지 전략과 관계가 있었고, 또한 난이도에 대한 지속성과 관계가 있었다. 달리 말하면, 자신의 능력을 인식하고 학교 과제에 진심으로 흥미를 가지고 있는 학생이 다른 학생들에 비해 인지 전략의 사용과, 과제 수행 시 이 전략의 조절 가능성이 더 높았다.

다른 연구에서 페크룬과 동료들(Pekrun et al., 2002)은 자기조절 학습(self-regulated learning: SRL)에서 정서의 역할에 대해 연구하였다. 그들의 연구에서는 '즐거움과 희망' 대 '불안감과 지루함'이 뚜렷하게 대조되는 결과를 보여 주었다. 긍정적인 정서는 노력, 흥미, 정교화된 전략, 자기조절과 정적인 관계가 있었고, 관련 없는 생각과는 부적인 관계가 있었다. 부정적 정서는 반대 패턴을 보여 주었다. 즉, 부정적 정서는 흥미, 노력, 정교화된 전략, 자기조절과 부적인 관계가 있었고, 관련 없는 생각과 외적 조절은 정적인 관계가 있었다.

정서적·동기적 요인의 중요성에 대한 인식이 증가함에 따라 연구의 흐름이 변화하였다. 즉, 단순히 상위인지 기술과 전략을 직접 교수하는 것에서 변화하여 자기조절 발달을 지원할 가능성이 있는 사회·정서적 교육 환경에 초점을 두게 되었다. 새로운 경향을 잘 보여 주는 두 개의 본보기 사례가 있다. 즉, 페리(Perry, 1998)는 2, 3학년 아동의 문해 활동을 관찰하였고, 마이어와 터너(Meyer & Turner, 2002)는 6학년 수학 수업 시간에 교사의 비계설정 대화를 관찰하였다.

페리(Perry, 1998)는 6개월 동안 2, 3학년 아동의 문해 활동을 관찰하였다. 관찰과 면접을 통해 과제 종류, 평가 형식, 작문 과제를 수행할 때 학생 규제에 대한 권위 체계, 지지, 통제 및 신념에 대한 지각, 가치 판단, 기대가 읽기 활동에 미치는 영향에 대해 연구하였다. 관찰 결과, 그녀는 수업이 두 가지 다른 종류로 구분된다는 것을 밝혔다. 즉, 높은 자기조절 학습 교실과 낮은 자기조절 학습 교실이다.

높은 SRL 교실은 다음과 같은 특징을 가지고 있었다. 도전적이고 개방적인 쓰기 활동을 하고 있었다. 이 교실에서는 학생이 도전 수준을 조절할 수 있는 기회, 자기평가를 할 수 있는 기회가 있었다. 전략 교수를 통해 자율성을 지지하고, 숙달 지향적으로 접근할 것을 격려함으로써 도전에 대한 긍정적 감정을 배양하고, 개인적 성취를 강조하고, 실수는 학습의 기회라고 받아들여졌다. 반면에, 낮은 SRL 교실에서는 활동의 종류를 선택하는 데 있어서 선택의 폭이 제한되어 있었다. 평가 과정이 주로 성인에 의해서 통제되었고, 모든 학생에게 동일한 수행을 강조하여 사회적 비교를 유발시켰다. 이 학생들의 수행을 관찰한 결과, 높은 SRL 교실에 있는 학생이 낮은 SRL 교실에 있는 학생보다 과제에 체계적·전략적으로 접근하는 능력이 있었고, 보다 유연한 방법으로 문제를 해결하고 도움을 적절하게 요구하였다. 학생들을 대상으로 한 반구조화된 회고적 면접에서도 중요한 차이를 알 수 있었다. 높은 SRL 교실의 학생들은 숙달 지향적 접근이 지배적이며 심지어 낮은 능력을 갖춘 학생들에게서도 이러한 경향이 나타났다. 반면에, 낮은 SRL 교실의 학생들은 도전적인 과제에 참여하기를 회피하는 경향을 보였으며 취약한 동기를 보였다(Perry et al., 2002).

6학년 수학 수업 시간에 교사의 비계설정 대화를 탐색한 마이어와 터너(Meyer & Turner, 2002)의 연구에서도 유사한 결과가 나타났다. 세 가지 범주의 비계설정이 관찰되었는데, 이는 ① 이해, ② 전략 교수를 통한 자율성과 점진적인 책임감 전이, ③ 긍정적 감정, 협동, 숙달 지향성을 강조하는 교실 분위기이다. 동시에 두 가지 범주의 비(非) 비계설정 교수법도 나타났는데, 이는 ① 교사 통제적 반응과 ② 비(非)지지적인 반응이다. 이 연구결과에 따르면, 높은 SRL을 보고한 학생들은 다음과 같은 특성을 가진 교실에 참여하고 있었다. ① 긍정적이고 지지적인 교실 분위기, ② 학생들의 이해에 가장 큰 초점을 두는 분위기, ③ 책임을 교사에서 학생으로 전이시킴으로써 자율성을 격려하는 분위기, ④ 학습에 대해 책임을 분배하는 분위기이다.

C.Ind.Le 프로젝트: 유아기 자기조절 발달

앞서 제시한 연구들은 나이가 있는 아동을 대상으로 하였다. 반면에, C.Ind.Le 프로젝트에서 나는 첫 장에서 서술한 바와 같이 유아들의 자기조절에 대한 교육 철학과 관련된 핵심 요소들을 연구하였다. 우리는 정서적 따뜻함과 안정감, 통제감, 인지적 도전, 학습 표현(예: 말하는 것) 등을 주제로 연구하였다. 나는 이 연구들을 검토하였고 다른 책(예: Whitebread et al., 2008)에서 유아교육현장에서 교실을 조직할 때의 개입 방법에 대해 좀 더 상세히 다루었다. 그리고 어린 아동이 자기조절 학습자로 발달하도록 충분히 지원하는 교실을 관찰하면서 얻은 생각이나 아이디어를 아래에 요약하면서 이 장과 이 책을 마무리하고자 한다.

이 프로젝트의 주요 성과는 심지어 3세의 유아들도 교육적 맥락에서 자기조절 기술을 보여 준다는 명백한 증거가 있다는 것이다. 그리고 지지하고 격려해 주면 유아들은 이러한 기술을 더 발달시킬 수 있다. 우리는 케임브리지셔에 위치한 2~5세 대상 유아교육 현장 32곳에서 100시간 분량의 영상 자료를 수집하였다. 여기에는 도시, 농촌, 사회적으로 결핍된 경우, 부유한 경우, 교외 지역이 포함된다. 우리는 자기조절 행동의 증거가 될 만한 에피소드를 600건이나 발견하였다. 이 증거들은 명확히 관찰 가능한 언어적 그리고 비언어적 행동이었다. 자기조절 행동은 유아 혼자, 소집단, 대집단 그리고 반 전체 이야기 나누기 시간에 관찰할 수 있었다. 성인이 있는 경우 또는 부재 중인 경우, 실내와 실외에서, 일과 중에 관찰할 수 있었다. 그러나 중요한 것은, 대부분의 경우 아동이 스스로 하는 활동을 할 때 주로 관찰되었다는 것이다. 그리고 소집단에서 놀고 있을 때, 문제해결을 위해 함께 활동하고 있을 때(예: 바닥 퍼즐을 완성하기, 건축 재료로 만들기), 또는 상상이 필요한 사회 역할극 놀이를 하고 있을 때 관찰되었다. 다른 책에서 나는 이 프로젝트에서 발견한 증거들을 좀 더 자세히 실었다(Whitebread et al., 2005, 2007).

C.Ind.Le 프로젝트의 일환으로 케임브리지셔 유아교육현장에서 5일 동안 진행되는 교육과정도 개발하였다. 주로 유아를 위해 개발한 접근이 받아들여졌기 때문에 매우 성공적인 결과였다. 이 과정을 마무리하면서 참여자들이 자신의 일터, 교실 등에서 가장 바꾸고 싶고, 나아졌으면 하는 부분에 대해서 발표하는 시간이 있었다. 또한 그들은 아동발달 단계에서 변화를 계획, 발달, 평가하는 것에 대해서

이야기했다. 참여자들은 자주 그리고 당연히, 이 프로젝트에 대해 우려도 많았지만 유아들이 무엇을 학습했는지, 어떠한 혜택을 받을 수 있는지, 믿음을 가지고 한 단계 도약한다는 것을 인정하는 데는 만장일치를 보였다. 그들은 유아가 활동에 마음을 쏟고 참여한다는 것, 교실의 사회적 분위기, 유아가 학습자가 되는 데 있어서 방해를 하는 것이 아니라 지원해 줄 수 있는 교육철학을 개발할 수 있다는 사실에 대해서 얘기한다. 이러한 사실을 현장전문가들과 함께 나눌 수 있다는 것이 항상 기뻤다. 그리고 진정한 능력을 보여 줄 수 있는 기회가 주어졌을 때, 학습에 대한 유아들의 활력과 열정의 기쁨이 이 책 전반에 걸쳐 받아들여지기를 기대한다.

유아의 자기조절에 대한 평가

상위인지와 자기조절에 관한 초기 연구들은 주로 성인이나 나이든 아동에게 초점을 두었다. 대부분의 경우 방법론적으로 제약이 있었기 때문이다. 예를 들어, 많은 연구에서 자기보고식 질문지와 '소리 내어 말하기' 기술이 사용되었다. '소리 내어 말하기'는 피험자가 실험 과제를 수행하면서 자신이 생각하는 것을 소리 내어서 말하는 것이다. 두 과제 모두 유아에게 적용할 수는 없다. 디지털 영상과 영상 분석 프로그램의 출현으로 C.Ind.Le 프로젝트에서 수집한 다량의 관찰 자료를 분석할 수 있게 되었다. 그리고 이로 인해 유아의 자기조절 행동에 대한 관심이 촉진되었다. C.Ind.Le 프로젝트에서 수행한 관찰 분석에서 3~5세 연령 유아의 자기조절 능력의 건강한 발달을 나타내는 신호로 보이는 특징적인 행동을 규명할 수 있었다. 이는 아동의 독립 학습 발달(Children's Independent Learning Development: CHILD) 관찰 도구로 개발되어 연구에서뿐 아니라 교실에서 교사들이 사용할 수도 있다. 후속 연구에서 이 측정 도구의 타당성이 높다는 것이 밝혀졌으며, 다른 상위인지 능력 실험의 측정 도구와 상관관계가 높은 것으로 밝혀졌다(Whitebread et al., 2009). 따라서 유아교사들이 유아의 자기조절 발달을 평가할 때 사용하기에 신뢰할 만한 도구이다. 그리고 여러 현장전문가들은 이 도구가 EYFS 프로파일에서 나오는 공식적인 평가 도구를 대신할 만하며, 자녀발달에 관심 있는 부모들과 의논할 때 훨씬 더 의미 있는 자료를 제공한다고 하였다. 〈표 7-1〉에 제시된 22개의 진술문은 CHILD 관찰 도구를 포함하고, 사례들은 유아에게서 이러한 현상이 나타난다는 증거를 보여 준다. 이 장의 마지막에 제시된 활동안에는 CHILD를 어떻게 활용할지에 대한 설명이 제시되어 있다. 이 방법은 수많은 유아교사가 유아의 자기조절에 대한 이해를 높이기 위해 활용한 방법이고, 이와 같이 중요한 발달을 어떻게 지원할지에 대해서 기록하였다. 또한 유아의 억제 조절(즉, 하고 있던 일을 멈추고 다른 일을 하기 위해 자신의 행동을 의도적으로 통제하는 것)를 측정하기 위해 연구에서 활용한 간단한 과제도 제시하였다. 억제 조절은 유아의 자기조절 발달의 기본적인 인지적 요소로 자리 잡았다. 당신이 이 연구 분야에서 힘껏 노력하길 바란다.

⟨표 7-1⟩ 아동의 독립 학습 발달(CHILD) 진술문과 예시

진술문	예시	설명
독립 학습의 징서적 요인		
다른 사람의 행동과 그 결과에 대해 말할 수 있다.	클립에 대한 설명	흥미 영역에서 유아 세 명이 놀이를 하고 있다. 게임을 주도하고 있는 것으로 보이는 여자아이가 다른 아이들에게 클립이 위험할 수도 있다며 바르게 사용하는 방법을 보여 주면서 설명한다.
자신 있게 새로운 과제를 해결하려고 한다.	100까지 세기, 큰 숫자 더하기, 거꾸로 세기, 무한대로 세기	교사가 인지적 구조화를 충분히 제시한 다음에 유아가 자발적으로 조금 더 도전이 되는 수학 과제를 제시하고 해결하는 방법으로 발전하는 모습이 계속해서 나타난다.
주의를 통제하고 방해 요인을 견뎌 낸다.	자전거 고치기	한 아이가 흥미 영역에 진입해서 그 자리에 계속 있었던 자전거를 고치려고 한다. 유아는 여러 다양한 도구를 사용하고 자신의 행동의 결과를 확인하면서 오랜 시간 동안 과제를 수행한다.
과정을 점검하고 적절한 도움을 요청한다.	다리 만들기	여러 명의 유아가 성에 이어지는 다리를 만들기로 결정했는데 다리가 자꾸 무너졌다. '건축가들'은 무슨 일이 일어났는지 궁금해서 다가온 친구들에게 문제해결을 위한 조언을 적극적으로 구한다.
어려움에 처했을 때 집요하게 계속한다.	드라이버 찾기	산타 활동 영역에 한 여자아이가 진입한다. 유아는 장난감을 만들기 위해 드라이버를 찾고 있다. 유아는 열심히 드라이버를 찾으며 다른 친구들에게 도움을 구한다. 15분이 지난 후 유아가 다른 활동을 하고 있는 것처럼 보였는데 "나 드라이버 찾았어!" 라고 외친다.

독립 학습의 친사회적 요인

과제를 언제, 어떻게 수행할지에 대해 협상한다.	게임 계획하기, 소집단 놀이 하기	유아들에게 고리와 공을 이용한 게임을 만들어 보도록 하였다. 유아들은 누가 고리를 붙잡을 것이고 누가 공을 던질 것인지에 대해 적극적으로 의논한다. 모두 차례대로 해야 한다는 것으로 의견을 모은다. 누군가 "그렇게 하지 않으면 공평하지 않은 것이야."라고 말한다. 유아들은 반 친구들에게 가르치기 전에 한번 게임을 해 본다.
또래와 사회적 문제를 해결한다.	중재하기	만들기 영역에 너무 많은 유아가 있다. 한 유아가 이 상황을 인식하고, 누가 계속하고 누가 그만해야 할지를 결정하기 위해 중재자처럼 행동한다. 유아는 문제를 해결하기 위해 "여기에서 놀고 싶지 않은 사람?" "여기에서 가장 오래 동안 놀았던 사람?" 등의 다양한 질문을 한다.
다른 사람의 감정을 인식하고 돕고 위로한다.	카드 만들기	한 여아가 카드 만들기를 하는 남아를 돕는다. 여아에게 남아 대신에 만들지 말고 무엇을 해야 할지 보여 주라고 하였다. 그 과정에서 여아가 도움을 주었으며 '남아를 지켜보는 행동'을 하였다. 여아는 자기가 다 해 주지 않으면서도 도와주는 과정에 대해 자랑스러워했다.
또래와 독립적 협동활동을 한다.	아기 돼지 삼형제 연기하기	역할 영역에서 유아들이 아기 돼지 삼형제 놀이를 하고 있다. 큰일이 생겼다고 하였다. 커다란 늑대가 아기 돼지 삼 형제의 집으로 들어오는 전기를 끊어 버렸다. 유아들은 손전등을 탐색하면서 그것으로 무엇을 해야 할지 알아본다.
나누고 서로 차례를 지킨다.	차례 지키기	몇 명의 여아가 복권게임을 하고 있다. 즉흥적으로 차례를 지키며 "누구 차례이지?"라고 하고 서로에게 "이제 네 차례야!"라고 알려 준다.

독립 학습의 인지적 요인

자기 자신의 강점과 약점을 인식한다.	콩 세기	한 여아가 손인형을 이용하여 콩을 세고 있다. 세이야 할 콩이 너무 많다는 것을 인식하고 손인형이 '잘 셀 수 있도록' 콩 몇 개를 한쪽으로 치우기로 한다.
일을 어떻게 하였고 무엇을 배우게 되었는지에 대해 말한다.	불 그리기	미술 영역에서 남아 두 명이 나란히 앉아서 불을 어떻게 그릴지에 대해 의논하고 있다. 한 명은 지그재그 모양이라고 하며 예를 들어 그리고, 자기 어머니가 이러한 모양이라고 말했다고 한다. 다른 아이가 논쟁을 하며 처음에는 아주 작았다가 아주 커진다면서 아래 방향으로 선을 짧게 그렸다가 수직으로 길게 그린다. 두 아이는 불이 어떻게 번지는지, 불꽃이 어떻게 움직이는지에 대해 대화를 나눈다.
계획한 활동에 대해 말할 수 있다.	성 만들기	여아 두 명이 성을 만들려고 한다. 교사의 질문을 받고 성에 무엇을 넣어야 할지, 어떤 재료가 필요하며 먼저 무엇을 해야 할지 언어로 표현한다.
논리 정연한 선택과 결정을 한다.	동물 이야기	이야기 만들기를 하던 남아 두 명이 특별한 동물을 만들고 싶다며 누군가에게 사진을 찾아 복사해 달라고 한다.
질문을 하고 답을 제안한다.	뼈에 대한 학습	유아들이 뼈에 대해 관심을 가지고 있어 교사의 도움으로 한 유아의 몸을 대고 그린 후 책의 그림을 보고 뼈 모양을 채워 넣는다. 그림을 그리면서 자기 몸속의 뼈를 느껴 본다. 뼈에 대한 질문을 하고 때로는 한 유아가 다른 유아의 질문에 답을 한다.
기존에 보았던 전략을 사용한다.	글쓰기를 할 때 친구에게 도움 주기	한 아이가 글쓰기를 어려워하는 것을 보고 남아 두 명이 돕는다. 분명한 의사소통을 하며 교사에게서 배운 전략을 사용하고 상대의 감정에 민감하게 반응한다.

들었던 말을 필요할 때 사용한다.	편지 쓰기	글쓰기를 하고 싶어 하는 남아를 여아 두 명이 돕는다. 그들은 남아가 무엇을 했는지 살펴보고 벽에 있는 예시 문장을 가리키며 개별 철자를 하나 하나 읽어 준다.

독립 학습의 동기적 요인

활동을 주도한다.	컴퓨터 만들기	유아 두 명이 상자로 컴퓨터를 만들기로 한다. 서로 협동해서 일하고 무언가 잘 안 될 때는 참는다. 예를 들어, 탁자에 상자(컴퓨터 화면)를 연결할 때 협력한다.
성인의 도움 없이 스스로 자료를 찾는다.	골디락스와 곰 세 마리 이야기 각색하기	유아들이 골디락스와 곰 세 마리 이야기를 각색해 보기로 한다. 그들은 크기가 다른 상자 세 개를 찾아 침대로 사용하고 그릇과 숟가락 각각 세 개와 오트밀을 끓일 냄비를 찾는다.
과제를 수행하는 자기만의 방법을 개발한다.	책 만들기	한 아이가 종이 세 장을 붙여서 책을 만들었다. 유아는 간단한 그림을 그린 후 선생님에게 글을 대신 써 달라고 하였다. 완벽한 이야기였다. "고양이가 길을 잃었어요. 꽃은 외로웠어요. 개는 친구가 없었어요. 해가 떠서 친구들을 모두 기쁘게 해 주었어요." 교사가 반 친구들에게 내용을 읽어 주자 4주 후 반 아이들의 절반 이상이 동일한 방법으로 책을 만들었다.
과제, 목표, 목적을 자기 스스로 설정한다.	크리스마스 선물 포장하기	유아들이 놀이 영역을 산타할아버지의 작업실로 바꾸었다. 유아들은 선물을 포장한다고 하였다. 유아들은 필요한 재료를 찾았고 각자의 역할을 협상하였다.
문제해결과 도전을 즐긴다.	다리 만들기	교사가 도전 과제를 주었다. 내용은 교실 한쪽 끝에 있는 보물을 찾아오는 것인데 가는 길에 악어가 득실거리는 강을 건너야 한다. 유아들은 다리를 만들기로 하고 목적을 달성하기 위해 협력한다.

교실 또는 현장에서 정서적 따뜻함과 안정감을 경험할 수 있는 환경을 조성하기 위해 다음과 같이 할 수 있다.

- 아동은 한 인간으로서 대하고 관심을 가지며 자기 자신의 개인적 삶을 나눈다.
- 아동의 타고난 놀이성을 즐기는 모습을 보여 주면서 재미있게 행동하고 즐거워한다.
- 아동과 정서적 어려움에 대해서 대화를 나누며 자기조절의 모델을 제공한다. 이때 자신이 힘든 일과 같이 교사 자신의 문제에 대해서 대화를 할 수도 있다.
- 아동이 만든 것이나 성취한 것에 대한 노력과 열정을 인정한다는 것을 표현한다.

　교실 또는 현장에서 통제감을 경험할 수 있는 환경을 조성하기 위해 다음과 같이 할 수 있다.

- 아동이 자신의 놀이 목적을 이루기 위한 다양한 재료에 접근할 수 있어야 한다.
- 아동에게 활동을 선택할 수 있는 기회를 제공한다.
- 학급 규칙이나 일과, 학급 배치, 계획 등에 대해 아동과 대화를 나누고 아동의 생각을 받아들인다.
- 역할놀이 영역, 배치 등을 설계, 전개, 유지시킬 때 아동을 참여시킨다.
- 아동이 원하는 활동을 찾아서 할 수 있도록 시간을 유연하게 구성한다. 여기에는 아동이 만족할 수 있는 놀이 활동, 불필요한 방해 요인을 제거하는 것 등이 포함된다.

　교실 또는 현장에서 인지적 도전을 경험할 수 있는 환경을 조성하기 위해 다음과 같이 할 수 있다.

- 아동이 활동을 계획할 것을 요구한다.
- 개별적으로 수행하려고 계획했던 활동을 집단 협동 과제와 같이 좀 더 도전적으로 만들 수 있는지 고려해 본다.
- 왜, 만약에 그렇다면 무슨 일이 일어날까, 어떤 이유로 그 말을 하게 되었지 등 상위 수준의 사고를 요구하는 진정으로, 열린 질문을 한다.
- 아동 스스로 활동을 조직화할 수 있는 기회를 주고 너무 일찍 성인이 개입하는 것을 피하도록 한다.

교실 또는 현장에서 자신의 학습에 대해 말하는 경험을 할 수 있도록 다음과 같이 할 수 있다.

- 짝끼리 또는 작은 협동 집단을 만들어 활동을 수행하거나 놀고 문제를 해결할 수 있도록 격려한다.
- 한 아동이 다른 아동을 가르치는 또래학습을 계획하고 격려한다.
- 자기평가에 아동을 참여시킨다.
- 과제를 소개하거나 설명할 때, 아동이 과제에 주의를 기울이고 있을 때 또는 과제 후 복습 시간에 학습 의도를 분명히 말해 준다.
- 사고와 전략을 정교화하는 자기지시의 본보기(예: 폐품 만들기, 재료 선택하기)를 보여 준다.

🗐 토론을 위한 질문

- 자기조절을 하는 아동은 항상 바른 행동을 하는가? 왜 그렇지 않다고 생각하는가?
- 어떻게 하면 교육현장에서 아동이 자신의 학습을 조절할 수 있는 기회를 촉진

시킬 수 있는가?

- 아동의 흥미를 고려하여 안내를 제공하고 있는가?
- 아동에게 학습과 관련된 상위인지 질문을 하는가?
- 결과물보다는 아동의 노력을 보상하고 아동이 노력하면 더 발전할 수 있다는 것을 아동이 믿을 수 있도록 격려하는가(모델링을 통해)?

🧑‍🤝‍🧑 활동

A. 활동을 통한 평가

유아의 자기조절능력의 특정한 부분을 평가하기 위해 고안된 과제들이 몇 개 있다. 그중에는 유아의 억제 조절, 즉 눈에 보이는 분명한 것을 하지 않고 의도적으로 다른 일을 하는 것을 측정하는 과제가 있다. 이것은 인지적 · 행동적 조절을 성취하기 위한 근본적인 토대가 된다고 알려져 있으며, 개별 유아마다 다른 속도로 유아기 동안 발달한다. ADHD 유아들은 억제 조절이 떨어진다. 이 과제들의 예시는 다음과 같다.

1. 사이먼 가라사대: 아마도 대부분의 사람이 이 게임을 알 것이다. 착한 돼지와 나쁜 늑대(착한 돼지가 명령하는 행동만 하는 것이며 이 게임을 하기 위해서는 인형이 필요하다)와 같이 이 게임의 변형도 많다. 학급에서 주의를 환기시킬 때, 기다리기 어색한 5분 동안 하면 매우 재미도 있고 유아의 억제 조절에 대해 많은 것을 알려 준다.
2. 루리아(Luria)의 손 게임: 유명한 러시아 심리학자가 개발한 게임으로 성인과 유아(두 명이 해도 괜찮다!)가 하는 게임이다. A가 상 위에 주먹을 쥐거나 손을 펴서 올려놓는다. 게임을 시작할 때 유아 또는 B는 A가 한 행동을 단순히 따라 한다(약 20번 동안). 잠시 후 게임의 두 번째 파트에서는 반대로 해야 한다. 이 게임은 정말 흥미로운 사실을 알려 줄 것이다!
3. 포니츠와 동료들(Ponitz et al., 2008)의 발가락을 만지자 게임: 이 게임은 루리아의 손 게임과 매우 유사하다. 단지 처음에 유아는 머리 또는 발가락을 만지고 게임의 두 번째 파트에서 규칙을 반대로 하는 것이다. 이와 같은 단순한 과제는 5세 미만 유아의 일반적인 자기조절 발달을 놀랄 만큼 예측할 수 있다.

B. 관찰을 통한 평가

CHILD 관찰 도구는 다양한 방법으로 활용할 수 있다. 독립된 상황, 다양한 맥락에서 개별 유아를 관찰하여 각각의 진술문과 관련된 유아의 특정한 능력이 나타나는 사례를 수집한다. 처음 시작할 때 연습을 하기 위해 동일 유아를 맡은 교사와 합의하여 학급에서 3명의 유아(능력 수준이 상, 중, 하인 것으로 보이는)를 선택하고 그 유아들을 당신과 당신의 동료들이 한 주 동안 5~6개의 상황(가급적 다른 상황으로)을 3~5분씩 관찰하는 방법을 제안한다. 그다음 유아의 자기조절 수준에 대한 전반적 평가를 내린다. 각 진술문별로 당신이 관찰한 유아의 행동이 항상(3점), 때때로(2점), 가끔(1점), 전혀(0점)에 해당하는지 평가한다. 그렇게 하면 당신과 동료들이 3명의 유아에 대해 평가한 것을 서로 비교할 수 있다. 서로 간 의견 차이를 살펴보는 것은 매우 생산적인 연습으로, 각 문장의 의미와 각 유아에 대한 평가를 공유하는 데 의미가 있다.

그렇게 한 다음 도구를 이용하여 학급이나 집단의 다른 유아를 평가할 수 있고 특별히 우려가 되는 유아를 평가할 수 있다. 발달을 추적하기 위해 몇 달 후 반복하여 평가할 수 있다. 도구를 사용하는 것이 계획을 평가할 때 가치가 있다고 볼 수 있다. 예를 들어, 교사들은 지금까지 기회가 없었기 때문에 합리적인 결정을 내리거나 사회적 문제를 해결하거나 자원을 선택해야 할 때 유아의 능력을 평가할 수 없음을 깨달았다고 말했다.

📖 참고문헌

Barkley, R. A. (1997). *ADHD and the Nature of Self-Control.* New York: Guilford Press.

Black, P. & Wiliam, D. (1998). *Inside the Black Box: Raising Standards through Classroom Assessment.* London: King's College School of Education.

Blair, C. & Razza, R. P. (2007). 'Relating effortful control, executive function, and false belief understanding to emerging math and literacy abilities in kindergarten', *Child Development, 78,* 647-63.

Blöte, A. W., Resing, W. C., Mazer, P. & Van Noort, D. A. (1999). 'Young children's organizational strategies on a same-different task: a microgenetic study and a training study', *Journal of Experimental Child Psychology*, 74, 21-43.

Bronson, M. (2000). *Self-regulation in Early Childhood*. New York: Guilford Press.

De Corte, E., Verschaffel, L. & Op't Eynde, P. (2000). 'Self-regulation: a characteristic and a goal of mathematical education', in M. Boekarts, P. R. Pintrich & M. Zeidner (eds) *Handbook of Self-Regulation*. San Diego, CA: Academic Press.

Deloache, J. S., Sugarman, S. & Brown, A. L. (1985). 'The development of errorcorrection strategies in young children's manipulative play', *Child Development*, 56, 125-37.

Dignath, C., Buettner, G. & Langfeldt, H-P. (2008). 'How can primary school students learn self-regulated learning strategies most effectively? A meta-analysis of selfregulation training programmes', *Educational Research Review*, 3, 101-29.

Fabricius, W. V. & Hagen, J. W. (1984). 'Use of causal attributions about recall performance to assess metamemory and predict strategic memory behaviour in young children', *Developmental Psychology*, 20, 975-87.

Flavell, J. H., Beach, D. R. & Chinsky, J. M. (1966). 'Spontaneous verbal rehearsal in a memory task as a function of age', *Child Development*, 37, 283-99.

Forman, E. A. & Cazden, C. B. (1985). 'Exploring Vygotskian perspectives in education: the cognitive value of peer interaction', in J. V. Wertsch (ed.) *Culture, Communication and Cognition: Vygotskian Perspectives*. Cambridge: Cambridge University Press.

Goleman, D. (1995). *Emotional Intelligence*. New York: Bantam Books.

Istomina, Z. M. (1975). 'The development of voluntary memory in preschool-age children', *Soviet Psychology*, 13, 5-64.

Leat, D. & Lin, M. (2003). 'Developing a pedagogy of metacognition and transfer: some signposts for the generation and use of knowledge and the creation of research partnerships', *British Educational Research Journal, 29*(3), 383-416.

Maki, R. H. & McGuire, M. J. (2002). 'Metacognition for text: findings and implications for education', in T. J. Perfect & B. L. Schwartz (eds) Applied Metacognition. Cambridge: Cambridge University Press.

Meyer, D. & Turner, J. C. (2002). 'Using instructional discourse analysis to study scaffolding of student self-regulation', *Educational Psychologist, 37,* 17-25.

Nelson, T. O. & Narens, L. (1990), 'Metamemory: a theoretical framework and new findings', in G. Bower (ed.) *The Psychology of Learning and Motivation: Advances in Research and Theory, Vol. 26.* New York: Academic Press.

Palincsar, A. S. & Brown, A. L. (1984). 'Reciprocal teaching of comprehension-fostering and comprehension-monitoring activities', *Cognition and Instruction, 1,* 117-75.

Paris, S. G. & Paris, A. H. (2001). 'Classroom applications of research on self-regulated learning', *Educational Psychologist, 36,* 89-101.

Pekrun, R., Goetz, T., Titz, W. & Perry, R. (2002). 'Academic emotions in students' self-regulated learning and achievement: a program of qualitative and quantitative research', *Educational Psychologist, 37,* 91-105.

Perry, N. (1998) 'Young children's self-regulated learning and contexts that support it', *Journal of Educational Psychology, 90*(4), 715-29.

Perry, N., Vandekamp, K. O., Mercer, L. K. & Nordby, C. J. (2002). 'Investigating teacher-student interactions that foster self-regulated learning', *Educational Psychologist, 37,* 5-15.

Pintrich, P. R. (2000). 'The role of goal orientation in self-regulated learning', in M. Boekaerts, P. R. Pintrich & M. Zeidner (eds) *Handbook of Self-Regulation*. San Diego, CA: Academic Press.

Pintrich, P. R. & De Groot, E. V. (1990). 'Motivational and self-regulated learning components of classroom academic performance', *Journal of Educational Psychology, 82*, 33-40.

Ponitz, C. E. C., McClelland, M. M., Jewkes, A. M., Connor, C. M., Farris C. L. & Morrison, F. J. (2008). 'Touch your toes! Developing a direct measure of behavioural regulation in early childhood', *Early Childhood Research Quarterly, 23*, 141-58.

Reder, L. M. (ed.) (1996). *Implicit Memory and Metacognition*. Mahwah, NJ: Lawrence Erlbaum.

Sangster Jokic, C. & Whitebread, D. (2011). 'The role of self-regulatory and metacognitive competence in the motor performance difficulties of children with developmental coordination disorder: a theoretical and empirical review', *Educational Psychology Review, 23*, 75-98.

Schaffer, H. R. (2004). 'The child as apprentice: Vygotsky's theory of socio-cognitive development', in *Introducing Child Psychology*. Oxford: Blackwell.

Schunk, D. H. & Zimmerman, B. J. (eds) (2008). *Motivation and Self-Regulated Learning: Theory, Research, and Applications*. Mahwah, NJ: Lawrence Erlbaum.

Siegler, R. S. (2002). 'Microgenetic studies of self-explanation', in N. Granott & J. Parziole (eds) *Microdevelopment: Transition Processes in Development and Learning*. Cambridge: Cambridge University Press.

Sugden, D. (1989) 'Skill generalization and children with learning difficulties', in D. Sugden (ed.) *Cognitive Approaches in Special Education*. London: Falmer Press.

Veenman, M., Wilhelm, P. & Beishuizen, J. J. (2004). 'The relation between intellectual and metacognative skills from a development perspective',

Learning and Instruction, 14, 89-109.

Wang, M. C., Haertel, G. D. & Walberg, H. J. (1990). 'What influences learning? A content analysis of review literature', *Journal of Educational Research, 84*, 30-43.

Whitebread, D. (1999). 'Interactions between children's metacognitive processes, working memory, choice of strategies and performance during problem-solving', *European Journal of Psychology of Education, 14*(4), 489-507.

Whitebread, D., Anderson, H., Coltman, P., Page, C., Pino Pasternak, D. & Mehta, S. (2005). 'Developing independent learning in the early years', *Education 3-13, 33*, 40-50.

Whitebread, D., Bingham, S., Grau, V., Pino Pasternak, D. & Sangster, C. (2007). 'Development of metacognition and self-regulated learning in young children: the role of collaborative and peer-assisted learning', *Journal of Cognitive Education and Psychology, 6*, 433-55.

Whitebread, D. with Dawkins, R., Bingham, S., Aguda, A. & Hemming, K. (2008). 'Organising the early years classroom to encourage independent learning', in D. Whitebread & P. Coltman (eds) (2008). *Teaching and Learning in the Early Years*, 3rd edn. London: Routledge.

Whitebread, D., Coltman, P., Pino Pasternak, D., Sangster, C., Grau, V., Bingham, S., Almeqdad, Q. & Demetriou, D. (2009). 'The development of two observational tools for assessing metacognition and self-regulated learning in young children', *Metacognition and Learning, 4*(1), 63-85.

찾아보기

내용

David Whitebread

데이비드 화이트브레드는 케임브리지 대학교 교육대학 발달심리 및 유아교육학과 부교수로 재직 중이며, 현재 심리 및 교육학회의 회장을 맡고 있다. 그는 1970년 킬 대학교에서 심리학과 영문학 학사학위를 취득하고, 뒤이어 노팅엄 소재 클리프턴 대학에서 PGCE(영국 교사 자격 인증 석사학위)를 취득하였는데, 그의 지도교수는 도로시 가드너(Dorothy Gardner)였다. 레스터서와 테헤란 영국학교에서 유아교사로 12년간 근무하였다. 노팅엄에서 석사학위를 취득한 후, 아동의 인지발달 관련 박사과정을 피아제학파인 에릭 룬저(Eric Lunzer)의 지도하에 시작하였다. 그 후 1986년 케임브리지 소재 호머튼 대학에서 강의를 하였다. 1990년 호머튼 대학에서 유아 PGCE 과정을 맡았고, 1997년에서 2002년까지 유·초등 PGCE 과정 책임자로 재직하였다. 대학 간 통합이 이루어진 후, 교육대학 내에 교육심리학 석사과정을 신설하였으며, 현재 박사과정 학생들과 연구를 활발히 진행하고 있다.

그는 유아의 상위인지능력 발달 및 학습과 놀이에 관련된 많은 연구를 수행하였다. 또한 이 주제와 관련된 수많은 저서 및 학술논문을 저술하였으며, 다양한 국내 및 국제학술대회에서 주제발표를 하였다. 그의 대표적인 저서로는 The Psychology of Teaching and Learning in the Primary School(2000), Teaching and Learning in the Early Years(3판, 2008)가 있다. 유아교육 및 유아발달심리 전문가로서 2009년에는 BBC 호라이즌, BBC 과학 프로그램에 출연하여 놀잇감의 교육적 영향에 관해 논의하였다. 그는 유아교사협회인 TACTYC의 회원이며, 호머튼 어린이집의 원장으로 재직 중이다. 최근에는 덴마크 LEGO 학습연구소 자문위원으로 선정되었다.

그의 가족으로는 각자의 역할을 충실히 수행하고 있는 아내 린다와 두 딸이 있다.

역자 소개

성미영(Sung Miyoung)
서울대학교 대학원 아동학박사
서울법원어린이집 원장
서경대학교 아동학과 교수
현 동덕여자대학교 아동학과 교수

정현심(Jung Hyunsim)
서울대학교 대학원 아동학박사
SK하이닉스어린이집 원장
서울대학교 어린이보육지원센터 백학어린이집 원장
현 한국방송통신대학교 생활과학과 강의교수

정하나(Chung Hana)
서울대학교 대학원 아동학박사
서울대학교 생활과학대학 어린이집 부원장
울산여성가족개발원 부연구위원
대구가톨릭대학교 아동학과 강사

발달심리, 유아교육을 만나다

Developmental Psychology &
Early Childhood Education:
A Guide for Students and Practitioners

2017년 7월 25일 1판 1쇄 발행
2023년 9월 20일 1판 4쇄 발행

지은이 • David Whitebread
옮긴이 • 성미영 · 정현심 · 정하나
펴낸이 • 김 진 환
펴낸곳 • (주) **학지사**

04031 서울특별시 마포구 양화로 15길 20 마인드월드빌딩 5층
대표전화 • 02) 330-5114   팩스 • 02) 324-2345
등록번호 • 제313-2006-000265호

홈페이지 • http://www.hakjisa.co.kr
인스타그램 • https://www.instagram.com/hakjisabook

ISBN 978-89-997-1315-6   93370

정가 14,000원

역자와의 협약으로 인지는 생략합니다.
파본은 구입처에서 교환하여 드립니다.

이 책을 무단으로 전재하거나 복제할 경우 저작권법에 따라 처벌을 받게 됩니다.

출판미디어기업 **학지사**

간호보건의학출판 **학지사메디컬** www.hakjisamd.co.kr
심리검사연구소 **인싸이트** www.inpsyt.co.kr
학술논문서비스 **뉴논문** www.newnonmun.com
원격교육연수원 **카운피아** www.counpia.com